都是随人说短长

潮白新闻时评精选之五

田东江◎著

南方日报出版社
NANFANG DAILY PRESS

图书在版编目（CIP）数据

都是随人说短长 ：潮白新闻时评精选之五 / 田东江著. — 广州 ：南方日报出版社，2014.12
ISBN 978-7-5491-1199-2

Ⅰ. ①都… Ⅱ. ①田… Ⅲ. ①时事评论－中国－文集 Ⅳ. ①D609.9-53

中国版本图书馆 CIP 数据核字(2014)第 273320 号

都是随人说短长——潮白新闻时评精选之五

著　　者：田东江
出 版 人：周洪威
责任编辑：周山丹　陈盈璐
封面绘图：赵晓苏
封面设计：明　室　邓晓童
责任技编：王　兰
责任校对：阮昌汉
出版发行：南方日报出版社
地　　址：广州市广州大道中 289 号
电　　话：（020）87373998-8502
经　　销：全国新华书店
印　　刷：广州市怡升印刷有限公司
开　　本：889mm×1194mm　1/32
印　　张：11
字　　数：250 千字
版　　次：2014 年 12 月第 1 版
印　　次：2014 年 12 月第 1 次印刷
定　　价：20.00 元

投稿热线：（020）87373998-8503　读者热线：（020）87373998-8502

网址：http://www.nanfangdaily.com.cn/press　http://www.southcn.com/ebook

发现印装质量问题，影响阅读，请与承印厂联系调换。

目 录

第一部分 那些“文化”

文化面前没有新鲜事。在这个讲文化的时代，文化有时却好像一面照妖镜，照出了不少“文化”的真实面目。或者模仿鲁迅先生：撩开叫作“文化”的皮袍，会发现都藏着一个叫作GDP的“小”来。

第二部分 那些文化人

文化的声势轰轰烈烈，文化人自然功不可没。遗憾的是，也有些文化人在这当中显得不够庄尊。“庄尊”者何？无法“言传”但可“意会”。《西游记》里，孙悟空和如来佛打赌，大圣在人家巴掌上翻完跟斗，写好“到此一游”之后，“又不庄尊，却在第一根柱子根下撒了一泡猴尿”。

第三部分 观诸广东

每个历史悠久的地域，理论上都有自己的历史文化风貌，就物质形态而言，主要体现在建筑之上。留存下来的那些串联在一起，形成一条文脉，构成地域文化的灵魂。没有“旧”的，无所谓文脉；缺乏“新”的，文脉则不能延续。“旧”与“新”之间，并非隔着鸿沟一道，二者完全可以和谐共处。表现在精神层面的地域文化，同样如此。

第四部分　有“最佳”，也该有“最丑”

我们干什么从来都是要锦上添花，“拆台”的事、给人难堪的事基本上不干，除非双方存心就要掐架。但如果看不到消极层面的那些东西，难免沉湎于自我陶醉之中。我们也该有方方面面的“最丑”评选，作为一种警示。

第一部分

那些“文化”

文化面前没有新鲜事。在这个讲文化的时代，文化有时却好像一面照妖镜，照出了不少“文化”的真实面目。或者模仿鲁迅先生：撩开叫作“文化”的皮袍，会发现都藏着一个叫作 GDP 的“小”来。

有必要出台“文化”用地标准

昨天连续看到了两篇调查，一篇是《南方周末》的《山东：中华文化标志城真相》，另一篇是《三联生活周刊》的《再造圆明园调查：能否100%重现原貌成最大疑问》。前者使我们看到，貌似严肃严谨的“中华文化标志城”，从项目发起到“院士签名”，一系列过程更像是一场闹剧。后者使我们看到，横店那里的人造景观居然造上了瘾，“天安门”“故宫”“清明上河图”……层出不穷，“圆明园”不过是水涨船高的升级版而已。

两个人造的号称“文化”的东西同一天“被调查”出真相，巧了一点儿。在我看来，虽然它们的名目不同（一个是政府主导，一个是民间自发），行为主体也不同，但本质上并没有什么两样。我们还看到的是，从民间到官方，都如此热衷于追逐非驴非马的“文化”设施，不仅是对文化的无情嘲弄，而且对现实产生了极大的破坏作用。

“圆明园”要占用6000亩土地，尽管一半是荒山，毕竟还有一半是耕地；“标志城”就更离谱了，范围达到300平方公里，而除了九龙山只是一个山头，周边全部是村庄和田地，有报道说为此要搬迁十几个村庄上万村民。我们以前只是看到，工业用地因为低成本过度扩张，助长了大量低水平重复建设；殊不知，所谓“文化”设施对土地的蚕食有过之而无不及。横店人以为自己很会算账：“每年每亩地补1000斤粮食，相当于800块钱，比种田利润要高。”但粮食究竟是要长在土壤里的，富裕的地方，谁的手上没有两个钱？难道大家都把自己的土地糟蹋了之后，再跑到别人那里去买粮食？在刚刚闭幕的全国两会上，全国政协常委、中国工程院院士袁隆平反映个别地方粮库是空的，建议秘密严查，查清真实情况。国家粮食局高度重视他的意见，说明粮食问题在咱们国家已经到了比较严重的程度。

国土资源部从去年元旦起正式实施了《全国工业用地出让最低价标准》，现在看起来，非常有必要出台一个“文化”用地标准。左一个“圆明园”，右一个“标志城”，这样下去的话，还得了吗？济宁的“中华文化标志城”本来试图在全国政协大会上向国家伸手要钱、要政策、要地位，结果“偷鸡不成蚀把米”。在他们自己，属于典型的弄巧成拙；不过，在我们却要感到庆幸，幸而他们开了口，才使这个刚刚召开新闻发布会没几天的浩大工程得以置于全国人民的监督之下、评判之下。济宁市市长已强硬表示：允许有争论，但是标志城肯定要建。不管他是意气用事还是“开弓没有回头箭”，我们都肯定要反对，直到把它们拉下马，不论是今天的什么“标志城”“圆明园”，还是今后一定会继续出现的形形色色的披着文化外衣但骨子里毫无文化内涵的任何货色！

“圆明园”打算投200亿，“标志城”打算投300亿——还是2004年预算得出的数目。可见，在我们的国土上造假东西的“魄力”越来越大，手笔也越来越大。这一方面反映出，一些决策者对文化叶公好龙的投机心态越来越强，越来越偏离真文化；另一方面，为了有效制止此类货色的此起彼伏，还有必要出台一个标准——应该叫什么我没想好，总之依照这个标准，能够杜绝空洞无物的人造“文化”景观“按下葫芦浮起瓢”，让那些发展经济束手无策，只是一味打算借伪文化生财的地方，能够彻底打消诸如此类的念头。

（2008年3月21日）

国民参政会变身洗脚城之感

重庆国民参政会遗址变成了一家洗脚城，不仅引发了当地群众的非议，连我们这些外地人也觉得不大像话。国民参政会是国共两党第二次合作的产物，其由成立、发展到最后消亡的历史，反映了国共两党由合作到分裂的过程。这样一个见证历史的载体被用来做洗脚城，横竖都有亵渎文物之感。

认同这种做法的人，美其名曰要转变对文物的观念，把它们利用起来。经营洗脚城的人也正是这个思路吧。在他们看来，与其到处去找场子，而眼前的参政会遗址闲着也是闲着，何不正好用来干洗脚的买卖，还能取得“双赢”的效果？但人们为什么普遍不接受这种“双赢”，借用宋朝的一个故事或许能比较清楚地说明问题。张密学知成都时，僧文鉴是他的座上客。有一天文鉴来访，张密学还未及见，华阳主簿张唐辅也来了。两个人等在客厅里，初始尚且相安无事，忽然张唐辅头痒，想挠，“脱乌巾”，却一时找不到放的地方，乃“睥睨文鉴”，然后满不在乎地“罩于其首”。文鉴火了，大吵大叫，张密学赶快跑了出来，文鉴说：“某与此官人素不相熟，适来辄将幞头罩某头上。”张唐辅则显出一脸的无辜：“某方头痒，取下幞头无处顿放，见大师头闲，遂且权顿少时，不意其怒也。”张唐辅的行为用王朔的话来说，叫作“无知者无畏”，而把文物“利用”成洗脚城，异曲同工。国民参政会遗址是市级文物保护单位，大家不要以为保护“级别”不高的文物才任人宰割，像广州沙面欧陆古典建筑群这样的全国重点文物保护单位，也挡不住经济驱动下的野蛮破坏。2007 年，法国东方汇理银行旧址涉嫌非法内部改造惊动了国家文物局；未几又有“餐厅擅自装修给沙面大街 1 号造成了挽回不了的损失”的新闻传出。本埠媒体日前报道说，广州市文化局发布了《关于沙面文物保护情况入户调查的通告》，开始着手“切实解决沙面建筑群保护力度问题”。沙面建筑被蹂躏已司空见惯，人们有什么理由对本次“切实”报以期望呢，难道是因为“此次是非常高层的领导亲自做出批示”？

《文物保护法》多少年前就问世了，摆在那儿而已。在当下中国，大抵只有世界的什么，比如“遗产”之类才能吸引世人眼球并直接带来白花花银两的招牌，才能对肆意妄为者产生一点儿震慑作用。为了得到这块招牌，拆迁、整修完全可以不惜血本；而每每人家要“亮黄牌”的消息一出，马上又会成为新一轮整治周边的“指挥棒”。我们承认这些做法在客观上的确起到了保护的作用，但主观意识上，遗产啦，文物啦，在许多人尤其是决策者那里，就是赚钱的工具罢了。

对待文物建筑，的确需要转变思路，让它们“活”起来，利用起来，也能促进保护；但利用不等于赚钱就行，新的承载至少要与旧有的承载内涵相匹配。国人对文物建筑需要转换的观念，应该是真正认识其价值的观念，是不要动不动就打它的歪主意的观念。

（2008 年 11 月 18 日）

“雷锋式保安”，有点儿滥用

重庆洋人街雇了 3 名印度大汉当保安，据说，他们都是退役的印度特种兵，个个身怀绝技，“一般 10 个壮汉近不了身”。这样的人物一出街，立刻引来市民围观是很自然的。但有一点不能理解的是，3 名印度保安戴着写有“雷锋式保安”的袖章。在我看来，这个袖章上的文字不大妥，有点儿滥用“雷锋”。

雷锋是我们时代的一个英雄符号。滚滚长江东逝水，浪花淘尽英雄。40 多年过去了，在同时代数不清的众多典型人物中，唯有雷锋的名字依然响亮如初。雷锋本身，也从没有淡出时代。印度保安应该并不知道雷锋是谁，无论发给他们什么袖章，他们都会戴上，“每月 1000 元人民币，包食宿”，他们是受雇的。这个待遇，在重庆并不算高吧，但显见他们觉得划算。而发给他们袖章的人，显见也不大明白雷锋的真正内涵，而把雷锋单纯地理解成了一块吸引眼球的招牌。其实，比发袖章“层次”更高的人也未必知道，突出表现在他们时不时声称还原真实的雷锋，让我们见到的却始终是“片面”的雷锋。比如说，在提倡艰苦朴素的年代，雷锋的“节约箱”家喻户晓，“新三年，旧三年，缝缝补补又三年”，一时成为名言；而在讲究消费的年代，雷锋则成了“时尚青年”，他的欧米茄手表又成了美谈，他骑着摩托车，他拎着时尚的编织篮在天安门前留影，他当兵之前写过爱情小说、诗歌……雷锋就是这样，每每被开掘出“时代内涵”，却每每从一个极端走向另一个极端，完全被功利化了。

雷锋作为一个英雄符号，最重要的是他身上所体现出的那种精神。雷锋生前没有干过一件轰轰烈烈的伟业，非常平凡，干的就是日常的小事、琐事，但都是帮助他人、有益社会的好事。谁也不要小觑这些小事、琐事，就像毛泽东在1940年时说过的：“一个人做点好事并不难，难的是一辈子做好事。”然而，尽管很难，以雷锋为代表，还是有不少人践行了或正在践行着，这就是雷锋精神；而雷锋精神，才是任何时代都最值得弘扬的伟大精神。每年三月才想起来上街去干点儿好事，干点儿好事便大肆张扬不已，唯恐他人不知，这是异化了的雷锋精神，难免被人们讥讽为作秀。同样，这样的精神，岂是几个刚刚上岗，“目前还在实习期”的洋保安就承载得了的？

“雷锋式保安”大抵受到了“共产党员档口”之类的启发。不过，二者应该具有本质的不同，后者所表明的是“档主”的身份，这个身份是既成事实，在社会诚信不堪一提的今天，旨在以此身份担当中流砥柱，给人们以信心上的保证；而前者究竟如何，也就是印度保安究竟能不能归入“雷锋式”，则须待时间的检验、实践的检验，作为追求的目标尚可，自封肯定是不行的。

（2008年12月11日）

民族图腾不能与时俱进

龙，还该不该作为中华民族的图腾？这些天无端端地又成了人们议论的热门话题。之所以说“无端端”，是因为这不过是某个电视台主持人散发的言论；之所以说“又”，是因为前两年的时候，这话题曾经热闹过一回。

那一回是不知道什么人说，龙，dragon，容易被西方误解，应该放弃，换个别的。换个什么好呢？因为难定，当时还“正式被列入上海市哲学社会科学规划课题立项”。现在好了，因为正式落户台湾的“团团”“圆圆”成为海峡两岸关系改善的最新标志，管你学术界那边研究到哪一步了，这个主持人便迫不及待地抛出了自己的见解：熊猫。这种信手拈来，老话叫“得来全不费功夫”。问题果真这么简单吗？此主持人虽然并未道及“图腾”二字，但他的意思很清楚：龙已经成为非常固定的中国象征，其本身具有非常强的皇权、霸气的特点，没有熊猫的形象亲和。

图腾，totem，是文化人类学里的一个概念，来自北美印第安人语言的音译。作为图腾的物并无限制，动植物、非生物都可以。不管是哪一种，它一定都跟本氏族祖先的生产和生活发生过密切关联。也就是说，图腾崇拜不是凭空产生的。对本氏族内部而言，它是自己选择的想象中的始祖或保护神；对外，则是此氏族区别于彼氏族的标志。龙之成为中华民族的图腾，有人认为起源于蜥蜴，从七八千年前的河姆渡文化到约两千年前的辛店文化，出土酒器的口、肩、耳部，往往都饰以蜥蜴纹。蜥蜴擅长捕食蚊蝇，因此考古学家认为这是原始人类以“比拟巫术”的交感作用达到驱除蚊蝇的目的。也有人认为虹可能是龙的最直接原型，农事对雨水的要求与春季雨后之虹产生的联系，逐渐确立了龙的形象。诸如此类。

前人把龙作为图腾崇拜，虽然具有相当的“功利性”色彩，但在生产力谈不上发达的时代，他们的世界观就是如此，构成了“与天斗”的强大精神支撑。重要的是，世世代代地沿袭下来，龙就成了一种文化符号，进而转换成凝聚民族向心力的认同标志。侯德健先生那首脍炙人口的歌曲《龙的传人》，概括得最为精辟。“龙的传人”，正是中华民族区别于世界上其他民族的最形象的标志。那么，它与当今是否适合“代表正在更加开放与自由的当代中国”，不仅完全属于两个概念，而且任何个人都还不能轻率地做出否定结论。而明白了图腾的“历史”，可知“更换”这样的言论实在贻笑大方。在图腾问题上，是不能讲与时俱进的。大熊猫憨态可掬，人见人爱，那是另一个话题，民族图腾是根深蒂固的，你不能因为龙曾被皇家拿去装点门面，象征过皇权、霸气，而熊猫“基本上没有任何负面的联想”，就想当然地以此代彼。

不久前，山东电视台也有个主持人放出了高论，鉴于孔子第七十七代嫡长孙孔德成的去世，建议继续册封衍圣公，还上升到了维护文化传统的地步。宋诗已曰：“灵光殿古生秋草，曲阜城荒散晚鸦。惟有孔林残照日，至今犹属仲尼家。”后两句点睛之笔可以移来今用，散发着历史霉味的东西就不要当作文化来抖落了，除了呛得大家大打几个喷嚏，不会有别的什么。

（2008 年 12 月 28 日）

故宫开餐厅显得很多余

故宫餐厅 8 月 8 日开始试营业了。餐厅负责人表示，首日接待游客 100 多人，没有预期中火爆。为什么？大概如报道所说的“有点儿贵”。一碗拉面 30 元，咖啡、茶、奶昔等定价均在 38 元左右。这就是故宫餐厅的价格。

有点儿贵，自然是记者报道时比较留情面的说法；如果用宋丹丹小品里的话来说，那是“相当地”贵。须知，2007 年六七月间的兰州拉面涨价风波，不过是从每碗 2.5 元提高到 3 元。严格来讲，二者不具备可比性，但参照一下多少可以说明一些问题。接下来令笔者感到不解的是，故宫为什么要开个餐厅，又为什么以拉面为主。后面这个问题报道说了，是想向中外游客展示中国的拉面文化。很好。不过，中华饮食文化异彩纷呈，为什么故宫独独相中了“拉面文化”，并以之为弘扬的己任？这是比较费解的。敢是韩国什么都跟我们抢“源头”，独在拉面问题谦虚异常，认为兰州拉面是“拉面始祖”？敢是拉面也打算在申报世界遗产的长长队伍里挤个位置不成？

想必人们对故宫里的“星巴克”之争还记忆犹新吧。按照挑起“事端”的一名央视主播的观点，星巴克之所以不该在故宫存在，是因为在西方人的普遍观念中，那是“不登大雅之堂的饮食文化的代表符号”。现在我们自己的终于来了，又如何呢？笔者毫无瞧不起拉面的任何意思，但我们如果在故宫开餐厅旨在弘扬文化的话，则在那个荟萃了中华文化精品的所在，吃什么，显然不能根据投资人的好恶来决定；倘若如此，干脆就不要打文化的招牌。因为故宫的拉面搞得再好，像开张这天“一些外国客人连汤都喝光了”，但要吃地道的拉面还是得到兰州，且到兰州当地人耳熟能详的那几家才行，故宫这里的拉面属于“山寨”。打个比方说，虽然烤鸭店遍布京城，真正的烤鸭文化还是在“全聚德”那里，故宫这里即使挂起“烤鸭文化”的招牌也无济于事，千万不要高估自己。

当然，故宫的30元拉面还是大别于“鸟巢”10元一纸杯的矿泉水，后者因为“安检”要把观众随身携带的瓶装水全部没收，要么别喝，要么只能喝贵的。故宫还没这么霸道，印象中吃的喝的都可以带进故宫里去。这又涉及到了故宫有没有必要开餐厅的问题。开餐厅的本意是要方便游人，然而从其价格定位看，又显然不是为服务大多数人群着想的。一位老人说得好：“有再多的文化我们也不愿意花30元吃碗拉面，老百姓就讲究个实惠。”而故宫的身份地位，又注定它不可能如市井里巷那样实惠。横竖看去，故宫开餐厅都显得很多余，是非驴非马的一个角色。倘若拾起星巴克的话头，别人在故宫里搞了个星巴克我们认为是对中国文化的不尊重，那么我们搞个自己的餐厅难道就是文化自重的表现吗？

故宫餐厅投资人说：“与韩国、日本等国家的文化景点相比，一碗面30元是很便宜的。”还是别这样说话，这样说话很有点儿×石油、×石化人士强词夺理的口吻，不好。

（2009年8月9日）

该不该出台《地名保护法》?

石家庄这回可能真要改名了。

这句话得拆成几部分来表述：之所以说“这回”，是因为石家庄要改名是有些年头的问题了。记得1998年春天去那里出差就偶然和当地人聊到过，他们说曾经打算改名叫“中京”，因为哪个朝代在这附近定过都吧。去年在他们的两会上，有政协委员郑重建议改名，还给出了“西柏坡”“冀都”“北宁”等几个选择。之所以说“可能”，因为这并不是官方消息，千年古城正定县近日将并入石家庄市，改与不改乃因此而起，网络讨论得煞是热闹。之所以又要说“真”，因为瞧大家唇枪舌剑的那种态势，好像不是“等闲平地起波澜”。

从消息上看，石家庄要改名的话，是要改作“正定”。不错，“沧州狮子定州塔，真定菩萨赵州桥”，在前人的笔记丛刊里领略过，那是历史上河北的四大名胜。其中的“真定”就是今天的“正定”，名气自然比石家庄这个“翼王故里”的谜面要大得多。但那是历史上，好汉不提当年勇，倘若以后说河北省省会是“正定”，大家恐怕一时半会儿还不能转过弯来，要愣一愣神。毋庸置疑的是，经过这么多年的经营，“石家庄”的名气要比“正定”大得多，品牌也更有价值得多，有什么理由一定要舍弃呢?

石家庄人显然不会天真地认为改个名字就能促进经济发展，并且，他们之所以要改，也不是像“思茅”改成“普洱”，“徽州”改成“黄山”之类，要发展经济，或者发展旅游。石家庄之改，全然与经济无涉，而是他们横竖觉得现在的名字不好听——土，太土。用那位政协委员的话说，石家庄“需要一个更响亮、更富有韵味的名字”。庄，怎么就不好听呢? 对了，冀东三河县（现在叫市，也是不好听才改了吧），我的老家，村子就叫“翟各庄”，堂堂省会与寻常村子同名，看起来也就土在这里了。改就改吧，胳膊拧不过大腿，重要的是，目前正在向社会征求意见的《通用规范汉字表》上，“正”和“定”都是规范汉字，完全可以用作地名。

听上去不吉利可以改名，听上去没有突出本地特产或特色可以改名，如今，听上去太土也可以成为改名的理由，下一回不知道该哪里因为什么要跟自己的现有名字较劲了。这样的事情太多，就不知道我们该不该出台一部《地名保护法》，以遏制乱改。我是担心，有一天，我们的地名全被改乱了，要像两汉之际的王莽时代那样，诏书上提到的今名同时要附注原名。不过，在不少法律已然“空置”的前提下，即便真的有这么个法也未必顶事，我们中国人太善于变通，反而变得徒靡人力、财力。算了，立法的事，当作是我的馊主意好了。

（2009 年 8 月 13 日）

“曹操墓”让人感慨

刚刚在安阳“重见天日”的曹操墓，旋即有沦为“七十二疑冢”之一的可能。饶是质疑者也是各个方面的专业人士，也许“水平还不够火候”“不是搞考古的”（曹操墓发掘主持人潘伟斌语），但被质疑者若想取信于民，正确的态度显然应该正面回答而并非鄙夷这些质疑。

终于发现了曹操墓，虽然里面什么也没有，就只有几块马未都先生认为可能还是假的写着“魏武王”字样的石牌之类，但如果确凿，其文化意义仍然不可低估。安阳这个墓“可以是”曹操墓，不过倘若人家挑战说“这是许褚的墓地”，真的要看“搞考古”的人“拿什么反驳”；反驳不了或者反驳乏力，就可能“这个真不是”了。读书时跟考古专业沾一点边儿，但即便现在水平显然也更不够火候的笔者，对这样匆忙给出结论的事听闻得多了，不免在旁边小心翼翼地提点儿参考性意见。

前两年流行过考古发掘现场直播，因为饱受诟病而渐渐偃旗息鼓了。为什么诟病？就是刚挖到什么东西，马上对着镜头洋洋洒洒来一套解读，匆忙兼且武断。除此之外，动辄宣称把中华文明提前了多少年的“××文化”，也已经见识了几个，可惜有的闹了国际笑话；没闹到那个地步的，也都成了过眼云烟。以所谓名人墓而言，我印象最深的是早几年南京“发现”了秦桧墓。什么东西都没有，根据形制就敢那么定论；偏偏后来墓里又找到了女性头盖骨，怎么办呢？但人家有本事话题一转，说可能是秦桧小妾的墓。总之，横竖都要和“名人”挂上钩。如果可以把这种做法归结为闹剧的话，那么这些年地上的这类因为屡见不鲜而见怪不怪，为了争抢一个历史文化名人的情况，各个地方不是早就到了短兵相接的白热化程度？现在轮到地下的了，应该说自然而然。

在“曹操墓”发现的当晚，央视报道之余还做了个专题，题目居然叫作“魏武帝曹操”。曹操生前可曾称帝？公元 220 年，汉献帝刘协退位，魏文帝曹丕取而代之。在刘协与曹丕之间，几时夹着个叫作曹操的魏武帝？凡事大抵一旦匆忙，就容易忘乎所以；然忘乎所以事小，误导观众事大。

曹操可能是在我们这个时代才被“改邪归正”的吧，我不确定。从前，曹操的形象在舞台上属于“白脸”范畴，奸人。代表性的骂作当推宋人俞应符的诗句：“生前欺天绝汉统，死后欺人设疑冢。人生用智死即休，何有余机到丘垄。人言疑冢我不疑，我有一法君未知：尽发疑冢七十二，必有一冢藏君尸！”骂的也是曹操墓，后人誉之为“诗之斧钺”，骂得痛快。古人以所谓“正统”的观点衡量曹操，自然横竖看他不顺眼。感觉上，对曹操的“翻案”还是立得住脚的，不像现在若干学者的那些依据片言只字的惊人“发现”，全然没谱。

安阳的这个墓是不是曹操的其实并不要紧，要紧的是我国的文化人以及从事文化的人的信誉。在社会诚信极度缺失的今天，他们就不要火上浇油，凑些无聊的热闹了。

（2009 年 12 月 29 日）

“曹操墓”引发的效应

尽管外界还是一片质疑之声，日前召开的第 9 届“中国社科院考古学论坛”照样明确：出土于河南安阳的东汉大墓就是曹操墓，并将它列入 2009 年中国六大考古新发现。不过，中国社科院考古所所长王巍说了：“这个会议不是新闻发布会，也不是所谓的最终认定。”

由此则消息首先知道，年度考古新发现已由“十大”精简成“六大”。在权威评奖也屡下“双黄蛋”的背景下，“精简”出于何种考虑也是个饶有兴味的话题。不过，这里想说的，是“曹操墓”带来的效应。这样转移话题，部分是因为连历史学家、收藏家的一点质疑声音也概被视为“水平还不够火候”，而对真伪判别之类简直算是无知的我等，更不敢越雷池半步。并且，“曹操墓”发展到现在，有更加值得关注之处，那就是它所引发的效应，虽然目前还不好判断这种效应究竟是正面的还是负面的，但是属于经济的已毫无疑问。不知是谁，根据安阳“黄金周”时从每个旅游者腰包里“赚取”的 214.8 元，乘以临潼秦始皇陵兵马俑年接待 200 万人次，计算出“曹操墓”年获益有望达 4.2 亿元。太诱人了！但是，账有这么算的吗？

事到如今，安阳这个东汉大墓的出土，不仅“社会关注度超出了考古专家的预想”，而且也超越了“曹操墓”本身，以此为导火索，大有在全国掀起一轮找墓并挖墓的热潮。这不，江苏南京那里采用“精密磁测（GPM）技术进行地下勘测”，发现了“疑似孙权墓”。1 月17 日，四川彭山县干脆向社会发出“征集令”：征集与彭山县牧马莲花村莲花坝皇墓有关的文献、文物等资料。在他们看来，那个墓很可能就是刘备墓，莲花村 13 名村民甚至联名致信国家文物局和四川省文物局，请求相关部门对其进行保护性挖掘。他们的说法更朴实：“曹操都出来了，刘备还在彭山躺起?”好家伙，当年三国鼎立时的各自统帅，大有两千年后从地下重回地上团聚之势。

找孙权的墓应该不太难，古人早就给了提示，比借用后赵鲁潜墓的墓志铭指引出来的这个“曹操墓”还明确。朱元璋给自己选定墓地的时候说过，孙权是条汉子，留着给他看门，意思是不要把他的墓移走。明孝陵是定了位的，“门”在哪里不是很重要的线索吗？至于彭山县文管所一位工作人员表示，希望村民回家仔细找找，说不定家里的米缸就是国家一级文物，拨动了众多村民的心弦。横竖看去，都是“曹操墓”效益的诱惑所致。广东要不要凑凑热闹，借此找一找第一代南越王赵佗的墓呢？早就宣布不发掘的陕西乾陵，要不要改变初衷呢？从前的发墓，大抵除了泄愤，就是找宝，今天则除了找宝，外加引宝了。

“曹操墓”如果真的能重见天日，于学术研究肯定是一件好事，但倘若引发大家都试图把祖宗的传说坐实，乌烟瘴气地大兴土木发展墓葬经济，恐怕就不是什么好事。况且，因为经济而摧残文化，在我们早有不少的先例，不可不慎。

（2010 年 1 月 18 日）

在医圣故里作秀的不是张娜拉

韩国明星张娜拉在湖北蕲春祭拜“医圣”李时珍，被我们不少人质疑为作秀，众多的评论也将批判的矛头纷纷对准小张。别说她爸爸对此很是愤怒，认为那些说三道四的人“吹毛求疵”，连在下也忍不住要站出来为之辩解。

作秀的应该不是张娜拉，张娜拉只是一个道具。别看她爸爸试图以张的“外公是位很有名的老韩医”来关联二者，在她本人来祭拜前，也许未必知道李时珍是谁。因为要在《红楼梦》里扮个角色，才生平第一次翻开《红楼梦》，这样的报道我们以前看过，由此多少能推知“急来抱佛脚”是他们那个圈子里的“明规则”，无“潜”可言。有点儿可笑的是，张老爹试图跟中医套下近乎，在我们这里也许能讨点儿好，回去后不知该怎么交代。因为他们的文化遗产厅去年曾经宣布，联合国教科文组织于 7 月 31 日凌晨将韩国申请的《东医宝鉴》初刊本列入世界记忆遗产名录。这意味着韩医抢在中医之前成功申遗，意味着他们官方根本不承认自 1986 年起才产生的韩医概念与中医存在着承继关系，而认为二者完全是两回事。

记得这消息传来之时，照例惹得我们的人非常不快，但又照例只是嘴巴上一通声色俱厉而已。之所以说“照例”，是因为我们围绕韩医申遗自始至终的态度，与对待他们早前成功申遗的端午祭的态度，几乎没有什么两样。本来是我们的，他们给抢走了……很多时候，我们的舆论还表现得像一个深受委屈的小孩子，就差哇哇大哭了。不知出于什么心理，韩国人近年来把我们的好多文化遗产都说成根在他们那里，这样继续下去的话，我们的不少人可能又会成为鲁镇的祥林嫂，一轮接一轮地絮絮叨叨。而倘若我们的人做什么都离不开作秀嫌疑，“口惠而实不至”的话，真保不准韩国人老鼠搬家，一点儿一点儿地把我们的东西“据为己有”。

休扯太远。因为张娜拉在祭拜的同时，“正式签约成为李时珍故里的国际形象大使”，并在随后的发布会上由该县县委书记熊长江郑重宣布，赠予她一家人“蕲州荣誉市民”称号。据此，我们可以认为作秀的其实是当地政府，他们把此举当成了“振兴中医药，让中医药走向世界的途径之一”。明白了吧，不过又是眼球经济的一种。已经那么有名的张家界，还要蹭一蹭电影《阿凡达》的车，遑论几乎没什么知名度的蕲春县？人家张家界蹭车还有点儿影子可寻，他们认为《阿凡达》的悬浮山原型就在那里，看着也确实有点儿像；但蕲春弄出个并不相干的张娜拉又有哪门子道理呢？仅仅是小张的外公“对李时珍相当崇敬”吗？不务实，但务虚，把主要精力放在但求出名的“邪门歪道”上，该是当今一些地方政府作为的令人堪忧之处。

尽我最大的想象力，此前也决不会把李时珍与张娜拉关联到一起。不过可以想见，倘若权力在握的人们想干什么就干什么，那就还会有令我们更加难以想象的奇怪事情发生。对此，我们每个人都得有足够的心理准备，否则可能会“肺都要气炸”。

（2010 年 2 月 8 日）

以 DNA 考证“曹操墓”?

复旦大学新闻发布会传来的消息说，用 DNA 技术查验“曹操墓”真伪研究已有阶段性进展。什么进展呢？曹操并非夏侯氏后裔，曹家谱系真实存在，课题组已经推演了一份曹操后裔的迁移谱系，下一步将根据谱系确认的重点区域，进行曹姓男子的 DNA 采样。

平静了若干天之后，“曹操墓”涟漪又现。倘若阴间里的枭雄们有知，可能又要开孟德的玩笑了吧。不过明眼人都知道，发布会讲的前两句，貌似言之凿凿，其实也就是“一说”，课题组的见解而已。他们认为“曹氏源于夏侯氏”未见陈寿《三国志》本传记载，乃出自裴松之所注，而裴松之“收集的稗官野史，当中的讹谬乖违之处不可尽信”。读过《三国志》的人都知道，广采博引的裴注是一定要当作正文来读的，裴注不仅是对正文的必要补充，而且史料价值非常珍贵。诚然，裴注有颇多“讹谬乖违之处”，然而，焉知关于曹氏来源之注恰恰同归入这种成分呢？你可以认为我这是抬杠，但我相信，差不多两千年过去，谁是曹氏后裔问题根本不可能会有定论，也不可能存在定论。从“上海图书馆中收藏的 118 份曹氏族谱入手，绘出‘曹氏分布图’”，可以，但族谱本身，难道就是可靠的吗？

面对这么一座早已空空如也的大墓，如此兴师动众地立项搞科研，如我辈很难正常理解其意义究竟何在。虽曰“鉴定”，但鉴定者显然已先入为主，项目出资者横竖是要找出它和曹操的关系，则项目组也势必要不辱使命。因而在下敢斗胆预一下言：将来公布的鉴定结果必定会证实这正是曹操的墓！不幸如此，则所谓科研倒更像是一件摇旗呐喊的工具，在这里披了件貌似严谨的 DNA 外衣唬人罢了。我甚至认为，干脆全国人民异口同声地认为那就是曹操的墓算了，没必要一本正经地折腾来折腾去。

我之所以这样认为，在于即便最后鉴定的结果确为“曹操墓”无疑，它所具有的价值充其量也只能是学术价值，用以研究东汉末期像曹操这个级别的人物的墓葬结构，是否僭越之类，而所谓可带来 4.2 亿元经济效益的美梦十有八九会落空。地方上那些工于计算的精明之士，凭什么认为人们会像看临潼兵马俑一样来看“曹操墓”呢？兵马俑那里，出土的人、马车和军阵是秦代工匠通过写实手法的艺术再现，人物的脸型、发型、体态、神韵均有细节差异；马亦如此，双耳竖立的、张嘴嘶鸣的、闭嘴静默的，总之极富感人的艺术魅力，且排列起来气势恢宏，“使人们感到军阵巨大威慑力的深浅莫测”。到即便是真的却空荡荡的曹操墓那里，究竟看什么呢？

由“曹操墓”带来的帝王墓葬经济热，可能还会持续相当长的时间。在经济效益方面兜头不断泼些冷水，可能是平息此类闹剧的有效办法。嘴里嘟囔着这个那个，实际上盯着的还不就是个“钱”字吗？DNA 的挺身而出，在推波助澜的同时也让事件显得更加无聊。动辄弄出点儿新闻来吸引世人的眼球，这样下去，“曹操墓”真有点儿当年“周老虎”的味道了。

（2010 年 2 月 10 日）

游客有需求，纤夫就裸体？

不久前，关于恢复巴东裸体纤夫还只是当地两会的一个话题。从全国两会上该话题引起关注再到四条汉子前两天正式赤条条下水，半个月时间不到，行动之速令人啧啧称奇。但老实说，我对这种恢复是颇有非议的，尤其是所谓应游客需要之说，更觉得有点儿荒唐。

自从恢复之说见诸媒体，巴东神农溪就已经达到了吸引世人眼球的目的。裸体之后，景区一时间游客爆棚也是很有可能的，可不可持续再说。总之裸体的东西，现在最能吸引眼球。本埠一名主持人喜欢到国内著名的景点前或发生了重大新闻的所在裸体做俯卧撑，北京圆明园、长城，上海外滩，广州中山纪念堂等，无关风化，连脱带拍8秒钟就能搞掂，颇有迅雷不及掩耳盗铃之势。看过一些访谈，当事人讲述为何有这样的举动，诸如被圆明园废墟的瓦砾划伤了，也可以上升到“让身体疤痕成为社会的文化疤痕”之类，似乎很有意义，但于我还是横竖不能理解。此外，连官员把家人转移出去，只剩下自家为祖国效力，明明一件衣服都不会脱嘛，也成了“裸体做官”。裸体，就这样魅力无穷！

提起纤夫，不能不想到列宾，不能不想到他的那幅名画《伏尔加河上的纤夫》。当然，纤夫们衣衫褴褛，显然没有形成“裸体文化”，但画面上领头的那个胡须斑白的老者，其愁苦表情显示出的是对艰苦生活的无奈。那是俄罗斯的纤夫，我们的也许不同。我们有一种“纤夫”，不是浪漫得很吗？“妹妹你坐船头，哥哥在岸上走……我俩的情我俩的爱，在纤绳上荡悠悠、荡悠悠、荡悠悠”。但不知真正的纤夫听了，是陶醉于对往昔的美好回忆中呢，还是有机会的话，想给主创人员奉上一记耳光！就在不久前，湖南沅陵县在河边陡峭山壁上发现了一条建于明朝时期的古纤道，名曰“寡妇链”。当地业界人士介绍说，“寡妇链”是当年沅江流域纤夫攀爬的一条铁链，当地因缺田少地，男人多做纤夫，后因过滩失足者甚多，留下一村寡妇，后人乃如此命名之。这等于在揭示，我们的纤夫的实际生活图景也是辛酸无比的。

报道说，巴东县神农溪的裸体纤夫是三峡古老拉纤文化的活化石。不错，但补充一句，应该是进了博物馆的活化石，留给人类学家研究去好了，这种文化残存（Survival）正是他们的研究对象之一。巴东再现裸体纤夫，美其名曰还原纤夫原生态，而纤夫辛酸的这一页既然翻过去了，没有必要再翻回来。就算拉纤后面可以缀上“文化”二字吧，游客到底是去领略文化，还是直奔裸体？无须点破，我们都心知肚明。不过，从前他们为了谋生而真裸，现在纯粹是为了表演而假裸，给钱就干，当然，表演同样是为了谋生。报道说，四名纤夫脱掉身上的最后一件衣物时，还有一点儿害羞，相信要不了多久就会坦然。而当纤夫和游客坦然之后，我们的社会应该有一丝羞愧才对。

最后想说，假设游客有要求就要还原的说法成立，那么请容许我抬一下杠，有一天游客有要求再现北京“八大胡同”的盛况呢？要求广州珠江上的“花船”继续“朱楼画榭，连续不断”呢？要不要满足他们的要求？游客愿意出钱，有人愿意表演嘛。

（2010 年 3 月 29 日）

“故里之争”无关文化甚事

河北省临城县和正定县围绕三国名将赵云故里进行的争夺战，愈发不可开交。与以往单纯依靠史料的片言只语作为武器不大一样的是，正定一方甚至动用了“社论”出战。细看新闻，这篇东西还是去年 9 月发表的，不知当时为何没有反响，又不知为何现在才翻出来，敢是事态的发展到了短兵相接该打白刃战的程度了？

名人故里之争，在我们的国土上已经到了走火入魔的境地。倘若谁要来个汇总，必定洋洋大观。非个别而普遍，就不能说是一种正常的现象。临城和正定乃同省兄弟，跨市而已；还有不少跨省的，甚至跨几个省的，呈犬牙交错之势，不亦乐乎。而争抢的双方或多方，看上去全然失去了理智，为抢而抢，盯住的都是可能给自身带来的经济利益。过于见钱眼开，非但不能双赢，还可能像临城和正定这样反目成仇。正定的社论说：“（临城）堵门骂阵、欺人太甚……这张石家庄城市名片，因为屈从而旁落，或者因为‘那仅是传说’的欺人之谈而自觉自欺、掩耳盗铃，那么这一代人将愧对祖先、无颜当代、祸及后人。”这一段文字，以及其旅游局副局长“撼山易，撼赵云故里难”的严正表态，可以理解为反目成仇吧？

故里之争往往被认为是文化之争，我坚决不这么看，因为我从中看见的只是写着“文化”的招牌，没有文化的影子。如果一定要和文化二字沾边的话，那么它也只能是一种“伪文化”——倘若嫌那个“伪”字扎眼，那也得给“文化”打上双引号才行。不仅窥不到文化的任何影子，相反，这种毫无理智的争抢倒有玷污文化之嫌。临城和正定都自诩“赵云故里”，然而两地都没有核心的相关文化设施，今年才迅速开工上马的所谓“赵云故居”以及“赵云墓”，空手套白狼，临时抱佛脚，即便建成了，自然也可归入彻头彻尾的山寨货色！

在某种程度上，人们对“乱哄哄你方唱罢我登场”的故里之争，已经“审丑疲劳”。临城和正定的唇枪舌剑之所以尚有“新意”，引起人们议论的兴趣，在于它将成为一个标志，标志着争夺所谓“文化”资源的升级，原本从炒作中获得“共赢”的预期，转换成了有我没你的决一死战。当我们今后总体回望这出闹剧的时候，必然会发现临城和正定这种对抗的极端恶劣一面。

故里之争既然无关文化甚事，那又关乎些什么呢？微观一点儿看只关经济，宏观一点儿看只关政绩。我们不难发现，对这种乌烟瘴气的现象，只是民间的义愤才溢于言表，上级部门完全是“坐山观虎斗”的架势。也许没有哪个“部门”与此“有关”，也许“有关部门”把现象的产生推给了“市场经济”，以为不可干涉，不必干涉。但杞人如我，生出一种担心，继续这样疯狂下去的话，只怕无端淆乱了后人对“历史”的理解。

（2010年4月21日）

“故里之争”颇似继承传统

今天有报道说，全国有 30 多个地方在争夺陶渊明笔下的“桃花源”，如湖南常德桃源县、湖北十堰竹山县、江苏连云港宿城乡、江西九江星子县、安徽黟县等。循例都“有理有据”地认为，自己那里才是《桃花源记》的真正原型。这种事情如今见得太多，“观众们”都该厌烦了吧？反正我的这种感觉十分强烈。本来已经觉得没什么好说的了，忽然想起日前读李贽《焚书》时的一个“发现”，谈及的居然是李白的“籍贯”问题！而“李白故里”之争当下不是正如火如荼吗？看看前人怎么说，庶几可以借鉴。况且，卓吾老夫子说得实在太有意思，实在不忍“独乐乐”。

那是卓吾先生读史所得，由杨慎的议论而起。杨慎说：“（李）白慕谢东山，故自号山东李白。杜子美云‘汝与山东李白好’是也。刘昫修《唐书》，乃以白为山东人，遂致纷纷耳。”杨慎是明朝三大才子之一，倘若这样的说明让人对这位大学者印象还不够深刻，那么说他是“滚滚长江东逝水，浪花淘尽英雄”的版权所有者，大家可能就恍然大悟。对，那阕《临江仙》虽是《三国演义》的开篇，作者却并非罗贯中，最近饱受抄袭非议的汪晖先生，大抵承继的就是罗贯中这种不注明出处的做法。结果，明明是转引别人的，却让读者误以为是他自己的。杨慎所说的谢东山，即淝水之战中指挥淡定的谢安。杨慎主要是想说，李白籍贯山东的说法如何荒诞不经。当下的“李白故里”之争牵涉了两国四市，国内的分别是四川江油、湖北安陆和甘肃天水，并无山东介入，山东方面没有揪住《旧唐书》的片言只字跟着起哄，是听从了杨慎的告诫，还是自家连圣人都有好几个，根本不屑于此？

卓吾先生接着杨慎的见解说话了：“蜀人则以白为蜀产，陇西人则以白为陇西产，山东人又借此以为山东产，而修入《一统志》，盖自唐至今然矣。”那么，“李白故里”之争，看似在这个讲“文化”的时代才热闹起来，其实已经历史悠久了。老夫子说到这里，干脆打起圆场：“余谓李白无时不是其生之年，无处不是其生之地。亦是天上星，亦是地上英。亦是巴西人，亦是陇西人，亦是山东人，亦是会稽人，亦是浔阳人，亦是夜郎人。死之处亦荣，生之处亦荣，流之处亦荣，囚之处亦荣，不游不囚不流不到之处，读其书，见其人，亦荣亦荣！莫争莫争！”

这里得明确一下，“亦是巴西人”的“巴西”，不是首都叫作巴西利亚的那个国度，而是指四川西部，“巴东三峡巫峡长”的那个“巴”。“李白故里”之争诚然超越了国界，但来争的那个国家是吉尔吉斯斯坦，谁叫咱们那位著名的郭大诗人在《李白与杜甫》中开篇就说“李白出生于中亚碎叶”呢！当然，那不是他“考证”出来的，但他的传播作用无人能望其项背。此外，卓吾老夫子的议论快则快矣，但我真担心他的圆场弄巧成拙，所谓会稽人、浔阳人、夜郎人说无端掀起风浪，给那几个地方的人们旋即抓住“证据”——开个玩笑。

“举头望明月，低头思故乡。”然李白思的究竟是哪里？只有寄望有朝一日能起之于地下而问个清楚了。至于“桃花源”，要起陶潜而问之？全都如此的话，“地下”的古人怕要乱作一团了。尽管“故里之争”是一种文化传统，但不像今天争得这么邪乎，这么不顾礼义廉耻。难道要怪时代讲“文化”了吗？

（2010年4月29日）

用《说文解字》识繁体？

今天《人民日报》报道说，河南省漯河市六部门联合下文，在全市范围内深入开展“读《说文》、识繁体、解汉字”活动。有趣。前年全国两会，提不出建设性提案的若干个文艺界明星委员，曾经干脆呼吁在小学开始设置繁体字教育。我们都还记得，提案甫一露面，即遭大量舆论的迎头痛击。现在，漯河更进一步，波及了整个市民群体。

漯河的这一活动是要市民“每人至少认识500个繁体字；每人至少知晓500个常用字的形、音、义”。这还没什么，用他们官方人士的话说：“作为中国人，认识500个繁体字不为过。”令人不可思议之处，在于活动要求“每人要读一遍《说文解字》”。眼没花，真的是这么写的，天方夜谭吧？须知《说文解字》不是通俗读物，而是文字学的工具书。我的书架上就有一册中华书局版的《说文解字》，大概一年才能翻动一两次，限于用到某个汉字时看看其如何“象形”，检索而已。就算文字学的专业学者，又有多少人曾经读过一遍《说文解字》？我实在想象不出，漯河市民的文化素养高到了何种程度，苟不然，该如何具备阅读的能力？重要的还在于，《说文解字》释义的汉字以小篆的面貌出现，跟认识繁体字好像有点儿风马牛不相及。

漯河的官方人士又说了，他们只是提倡，“并没有规定必须讲几节课，参加几次会，也从不会与师生的业绩或干部职工的考核挂钩”。要我说，倘若无须论证即可知此举太不切实际，则提倡也不要提倡，否则，提倡本身就是笑柄。明知不可为而为之，他们自己想必是噼噼啪啪拨弄了一番算盘的。繁体字虽然早就退出了公众视野，但繁体字的书仍然汗牛充栋，何以青睐《说文解字》？夫子不肯自道，小子代言之：许慎是漯河人，他们是要借此炒热许慎，进而增强漯河的眼球吸引力，打造“许慎文化”早进入了他们的宏观视野也说不定。使对方产生错觉以出奇制胜，兵法上叫作声东击西。想一想，连文学作品中以淫贼著称的西门庆，大家都为他的老家在哪里争得面红耳赤了，何况流芳百世的乡贤？

我的推测如果不错的话——当事人倘若会认为这是小人之心，不足为奇——则这个活动其实是当下愈演愈烈的利用历史名人资源吸引眼球的一个变体。真不如一杆丈八蛇矛直挺挺地刺过来了事，无端牵连市民，不怕他们啧有烦言吗？我还有兴趣做个猜想：许叔重先生对此事的态度。他若地下有知，不知会是高兴还是奇怪。他有可能高兴，因为如此冷僻的著作两千年后居然可以大热；他也有可能奇怪，因为这样艰深的学术成果居然也有大众化的市场。不过，他最有可能的表情应该是哑然失笑！

孔夫子倡导中庸之道，今天我们大力弘扬儒家文化，孔子学院在国外也不知开了多少，但国人行起事来却从不中庸，要么不做，要么发狠，从一个极端到另一个极端。就繁体字来说，要么连街上的店铺招牌、报刊的刊名都必欲除之而后快，要么就正儿八经地弄出提案，甚至如漯河这样不分青红皂白地实践。在繁体字之外，我们可以见识不胜枚举的他例，留心留心谁都能自陈一二。

（2010 年 5 月 11 日）

“黄河中下游分界线”也属多余

洛阳孟津与郑州荥阳开始争夺“黄河中下游分界线”了。几年前，荥阳在桃花峪竖立起了分界线界牌，现在，孟津正面向社会公开征集“黄河中下游分界线”地理标志图稿，准备建一个主题公园。征集截止时间正是今天，6 月 8 日。

看惯了“名人故里”之争后，“分界线”之争算是有了一点儿新鲜感，“品种”不同了嘛。“故里之争”实在让人已经“审丑疲劳”了。严格地说，“分界线”之争也不是很新鲜，前两年的“南北分界标志”之争庶几近之，都是试图把原本属于“朦胧”的东西弄得精确无比。那一回江苏淮安笑到了最后，河南信阳等地只有先愤愤不平再嘟嘟囔囔的份儿了。失败者要在自己身上多找原因，古训云“先下手为强，后下手遭殃”嘛，谁叫你不牢记了？先下手，来个既成事实，一定程度上正等于先入为主。届时，游客谁管你这标志来得科学不科学，两脚一叉，再来个 V 型手势，就算同时脚踏祖国南北大地了。更关键的是，因此就有门票收入了，就能增加 GDP 了，完全是双赢的效果。

一直以为，所谓南方北方分界、河流中下游分界之类只是相对的概念，不会像一条马路那样，立块牌子，这边归哪个交警大队管，那边归哪个交警大队管那么泾渭分明。现在看来，这种以为是错误的。想想也是，科学都叨咕那么多年了，连个分界线都弄不精确，丢人啊，就是得北纬多少东经多少，即便不科学至少也得貌似科学。中科院前几天发布报告了，连北京人上班平均要费时 52 分钟，广州人上班平均要费时 48 分钟都算出来了，一条大河分出上中下来有何难哉！什么，你质疑？这么精确的东西你还质疑？当然，你要坚持就坚持好了，横竖你那质疑属于感觉，是“唯心”的东西。

但“黄河中下游分界线”横空出世之后，参照“故里之争”中那种如火如荼的热闹场面，不能不引发一种担心。长江呢？珠江呢？我国的江河纵横交错，早就是近乎美丽富饶的代名词，那么多著名的江河可能一下子要因聒噪而喧嚣起来。况且，在中下游之外，还有中上游呢？是不是但凡“有条件”的地方都要来争，没有条件的地方创造条件也要凑凑热闹呢？很有这种可能。不说别的，在这个日益强调创新的时代，我们实际上还是严重缺乏创意的，只要有一个创意出来，马上群起仿效之。“印象刘三姐”火了，西湖、丽江、海南岛乃至大红袍就都跟着“印象”了一把，以至于湖南临湘市有个副市长实在看不惯，在网上实名发帖称“张艺谋的印象系列搞乱了中国”。河流中下游分界线居然也有“商机”，也有油水可捞，这不是给许多富民乏术的地方提了个醒，打了强心针？

“南北分界标志”之争时，笔者写过一篇《“南北分界标志”纯属多余》；到了“黄河中下游分界”这里，同样可以这么认为：也属多余。由此还想到，我们的社会貌似每天发生不少光怪陆离的事情，禁不住细细归纳，归纳一下会发现，颠来倒去的就是那么几件。

（2010 年 6 月 8 日）

“毁遗”事件所暴露的

江苏镇江入围2009年“全国十大考古发现”的宋元粮仓遗址、安徽泗县始建于宋代的释迦古寺，近来相继被毁。取而代之的，不是什么了不得的传世之作，而是再寻常不过的商品房开发。当然，也不寻常，泗县还在建设中的那个楼盘已成了当地高价楼盘之一，按广告用语，还能跟“高尚”沾上边吧。

这一类消息传出，基本上会引来群情激愤，尤其泗县，还是文化部授予的“中国民间文化艺术之乡”呢！但于本人，丝毫不觉得奇怪，“虱子多了不咬人”“哀莫大于心死”，或者别的什么都可以搬出来借喻。“文化搭台，经济唱戏”，是早些年的常见说法，坦率得很，没有天机，文化就是要为经济服务。也许是后来意识到这样说话太露骨，太没文化，尤其是这两年，文化是软实力，决定发展后劲之类又成了时尚用语之后，“文化”被更多的决策者更突出地挂在嘴边了，但那只限于大会上做报告，讲道理，谈意义，至于究竟什么是文化，根本没弄清楚，也不想，叫我学舌我就学。说到这里我很想“越俎代庖”，以为综合各种怪现象不难代他们制订一个判断什么是文化的标准：能不能直接带来GDP。能，就是；否，就属于破烂货。那么，“毁遗”事件所暴露的，是一些决策者口中固然大谈文化，但只是鹦鹉那个层次。

用这个“标准”来对照现实，就可以“释然”了。不就是一个号称有多少年历史的破庙嘛，不就是一个只能“见底”却被考古工作者唤作粮仓的东西嘛，占着那么好的地皮，哪有不让给楼盘的道理？瞧人家安阳“曹操墓”，虽然几乎空空如也，专业人士也是一片质疑，但怎么了，西门庆还是小说里的人物呢，有卖点就可以“打造文化景区”。前两天从“曹操墓”传来的消息说，一座新建面积为787平方米的展馆已基本建成，游客有望下个月可以走进展馆参观。记住了，“门票价格初步定为60元”。这意味着，他们向当初估算的可带来4.2亿元的收益目标迈出了坚实的一步。反观宋元粮仓之类，“小命不保”几乎注定了，你自己说，你靠什么吸引游客呢？呜呼，什么叫输在起跑线上，此例再明白不过。

有一点我想来想去也想不明白，宋代释迦古寺既然已经存在千年之久了，为什么还只是“县级文物保护单位”，报道还说“早在1981年就已列为”？这么多年了，休说“国保”，怎么连个“省级”甚至“市级”也没混上？须知，我们中国人是非常讲究级别的，到什么级别享受什么待遇。并且，这种讲究是全方位的，不仅见之于人，而且见之于物。比如现在级别最高的是“世遗”吧，我们拿了牌的地方刚想越轨，打点儿歪主意，他们那里就以“摘牌”相威胁，我们这边不是马上就又“规规矩矩”了吗？避免宋元粮仓遗址、释迦古寺之类的悲剧重演，还是需要“级别”这样的“护身符”，建议国家文物局根据我国城市建设现状，降低文物级别的评定标准，在这个问题上搞批发跟批发官职不同，因为无奈，人们可以理解。否则，过些年提升级别时，东西早就人为地灰飞烟灭了！

“丹霞”刚刚申遗成功，门票涨价就成了焦点话题，仿佛申遗的目的就是为了涨价提供证据。当下，各地传出的大量文化新闻，其实都不干文化甚事，像鲁迅先生那样撩开皮袍，会发现都藏着一个叫作GDP的“小”。

（2010年8月17日）

再议“申遗”与“曹操墓”

“申遗”与“曹操墓”，成了当下两大文化热点。应了“太阳底下没有新鲜事”这句俗话，这两个所谓热点，已经被舆论反复咀嚼过多次了。当然，每一次引人注目，都还略带一点新意。不像好多别的新闻，如传统节日应该怎么样，帝王陵发不发掘之类，每一次“轮回”，都完全只是对上一次的简单重复。

“申遗”是什么新鲜话题吗？早就不是了。按每两年评选一次，每次每个国家只限申报一两项来排队，我们的申遗队伍已经排到了下个世纪的门槛，这种话我在三四年前就写过，所以看到有人对“丹霞”引发的申遗热重复这些内容，不能不暗自发笑。“曹操墓”也不是什么新鲜话题，像陕西那个“周老虎”一样，甫一问世便面对铺天盖地的质疑，但是，丝毫不妨碍人家入选去年“中国考古六大新发现”，也丝毫不妨碍他们原址造馆，并且高调宣称：下个月就开张经营了，票价 60 元。有“砖家”曾向政府部门建议：“曹操高陵因其深远的影响，票价起码要定在百元以上。”建议未被采纳，看来，当地政府“以人为本”落实得好，所以手下留情了。

前面说了，此番这两个热点毕竟也有一些值得议论的新意。就申遗来说，集中在了花钱上面。“中国丹霞”申遗成功，花了十几亿元之多，消息传出，大家都吓一跳，但业内人士披露这个数字时是当作美谈的，在他们眼里钱花得非常值。但接下来连带了“门票涨价”，大有“堤内损失堤外补”的意味，舆论终于对这种大手大脚的花钱法再也不保持沉默了。孰料此波未平，彼波又起。前两天的消息说，湖南衡阳有“南国故宫”之称的南岳大庙门票要提价了，从现在的 40 元提到 60 元，听证会也开过了，就等着物价局批准了。为什么要提价呢？为了申报世界自然遗产，因为要投入大量资金对古镇和大庙进行整修。那么，与“丹霞”的“秋后算账”不同，他们属于“未雨绸缪”。逻辑上看，前者起了不良的示范作用，应该确凿无疑吧？

而就“曹操墓”来说，焦点上升到了“不是质疑，而是打假”的层面。像当年摄影界专业人士用色温之类的专业术语痛击“周老虎”一样，此番有学者从所谓“鲁潜墓志”的汉字书写上指出了诸多破绽。我们的脑袋只好拨浪鼓一般跟着转来转去。而一个更有趣的现象是，“挺墓派”与“倒墓派”互相指责对方没有常识，该去翻哪本古书。看来，这不仅仅是个常识问题。比较可取的是，开口谩骂的流氓习气还没有浸透到双方的队伍中。比对“周老虎”的教训，我们会发现国家文物局坚定地站在了“挺墓派”一方，显得不大明智，倒不如学学当年国家林业局如何打太极，在需要定论的时候来个始终语焉不详。当然，可能他们那顶“中国考古六大新发现”的桂冠奉送得太早，大家已经穿上了同一条裤子。

无论这两个话题还会不会热下去，热多久，可以肯定的是，申遗在我们国度已经严重变异，成了“转基因”产品，培育出来的品种却让人不大放心。至于“曹操墓”，必有身败名裂的一方，鉴于“周老虎”的教训，还没有人上升到提头担保，但我们相信，它已经不是简单的学术问题。透过这两大“文化”热点，多少能够窥见我们某些领域混乱不堪的现状。

（2010 年 8 月 24 日）

张家界以后去哪里认祖归宗？

张家界继“南天一柱”正式更名为“哈利路亚山”之后，新近又把去年完工的黄龙洞生态剧场更名为“哈利路亚音乐厅”。网友在掀起新一轮的不买账之余，调侃张家界何时改名“哈利路亚市”？

按照张家界不知何时才能尽兴的态势，不能说调侃没有成为现实的可能。“张家界”这个市名，不就是从“大庸”那个先县后市的名字改过来的吗？他们之所以要抛弃关联春秋时期庸国所在地、明朝即已定名、据说合《大学》《中庸》为之的具有相当文化内涵的名字，是为了和风景名胜“张家界”名称“协调”。我们看到，“潞南”成“石林”，“徽州”成“黄山”，都是这种路数。什么叫“协调”？说穿了就是“注意力经济”。既然如此，张家界再上层楼，为了更加吸引眼球，改多一次又有何妨？不仅无妨，而且简直自然而然。“哈利路亚音乐厅”由黄永玉老先生题名，可见这样重量级的文化名人也是认可的。

张家界自身的文化魅力本来无可替代，却因为一部风靡全球的电影《阿凡达》而认定了该披上这张“洋皮”，看似使人百思不得其解，却也有其必然的一面。老舍先生《茶馆》说的是清末的事情，里面的小刘麻子谄媚宪兵司令部沈处长时说：“他呀，老把‘好’说成‘蒿’，特别有个洋味儿！”你看，那个时候，一个继承了父亲“说媒拉纤，心狠意毒”的小人物，都嗅出了洋味儿的不同。如今，既曰与“国际化”接轨，举凡楼盘、服装、汽车、电器、店铺之类的取名、商标、招牌等等，自然都要弄个洋名，至少也要疑似，让你以为是这样。张家界觉得有了“哈利路亚”才底气十足，哪有不抓住大作文章的道理？

说起来，《阿凡达》导演詹姆斯·卡梅隆真是个傻瓜，当初他要不是说取景中国黄山而径言张家界，不但本地人无须找证据反驳，而且早就成了“荣誉市民”也说不定。然张家界既傍住了《阿凡达》，让后来者知道所以然，还要学学庐山放映《庐山恋》，再修家“哈利路亚电影院”专门放映《阿凡达》才行了。很显然，张家界把大自然的慷慨赐予，赋予了“此山是我开”的心态，这才会有一系列的随心所欲。放眼全国许多看似不可理喻的“文化”现象，实际上都可以如此理解。但俗话说得好，只有民族的，才是世界的。当张家界的方方面面都“哈利路亚”之后，不知它该去哪里认祖归宗。

说来真怪，自从文化被我们认识到是发展后劲之后，形形色色的“文化”便目不暇接，然而，乱哄哄的都是些什么玩意啊！“故里之争”之类，笔者现在真懒得提起，也羞于提起，咱们自己看来都是笑话，遑论传出国门？但这种乱哄哄究竟什么时候才是尽头呢！今天又有两则新闻，河南安阳原定今天举办曹操诞辰 1855 周年大典，“接上级通知”而取消了；明年是辛亥革命 100 周年，如何庆祝不知，先见四个城市热热闹闹地在争夺庆典的落户权。我的天啊。

（2010 年 9 月 16 日）

新建什么地标比得了“爱莲堂”？

来自《光明日报》的消息说，坐落在湖南省衡阳市郊华新开发区柘里村的“爱莲堂”，拆迁已成定局。为什么地方族人抵制拆迁，且社会各界瞩目了数月之久的这个祀奉周敦颐的重要场所，最终仍然遭受这种命运呢？因为当地的文物部门给出了结论：那根本不是文物。既非文物，那就是几间摇摇欲坠的破房子，拆起来顺理成章。何况，也不是灭顶之灾，挪个地方，人家还给你重建呢！

关于宋代理学大师周敦颐，不熟悉他这个人的人可能很多，但熟悉他那些脍炙人口的句子的人可能更多。他的《爱莲说》被编进了中学课本，应该影响了几代人吧。“予独爱莲之出淤泥而不染，濯清涟而不妖，中通外直，不蔓不枝，香远益清，亭亭净植，可远观而不可亵玩焉……”衡阳的“爱莲堂”，显见脱胎于此。“爱莲堂”是不是文物权且搁置，看到这则新闻时我首先感到的是困惑，困惑什么呢？“文化”之争在我们的国度愈演愈烈早已有目共睹，连孙悟空、西门庆这种子虚乌有的人物，也纷纷有了“故里”，而且不止一处，你撕我咬，乐此不疲，以至于连国家文化部长都看不过眼，前两天出面痛斥了各地的这种乌烟瘴气；何以衡阳反其道而行之，对历代相传实际上形同坐实的文化招牌却反而视之如敝屣呢？

但凡咱们中国的事情如果想不通，就往“经济利益”那里去联系，大抵不会有错。果然，他们本地的《法制周报》先前报道说，“爱莲堂”所在之处已被规划成一条宽阔的马路，周边拔地而起的一幢幢商品住宅楼将伫立在道路两旁，有人直言不讳“这里将是衡阳的富人区”。那么，这处原本充满了郁郁生机的市郊，已为政府视为GDP的一个新增长点，众多房产开发商没有理由不把它当作掘金的必争之地。这样看来，“爱莲堂”的毁灭结局简直顺理成章，且进一步印证了在不少决策者眼中，“文化”纯粹是一件能否牟利的工具：能带来经济利益的，不是文化也可以冠上“文化”的招牌，美滋滋地“继承”“弘扬”；而不能带来经济利益的，只有闪开、让路的份儿。就算“爱莲堂”属于文物，在这个口头上讲“文化”的时代，有人要动它的脑筋，它也只能是命该如此。

当地文物部门说，该祠堂在抗战期间受到过一次大的破坏，2003年族人集资修缮时，大量使用钢筋水泥、瓷砖等现代材料，建筑原风貌发生根本改变，仅两边的风火墙保留了旧观；祠堂所悬挂的周总理题款，摹自他处，与周总理原手迹无直接关联，云云。不能说没有道理，但这种专业部门的“文物观”，在我这个非专业人士听来，也近乎吹毛求疵。用这样的标准来衡量文物与否，全国很多挂着保护单位牌子的建筑都可以毫不犹豫地推倒了。1944年被破坏的“爱莲堂”就是宋代遗存？武汉黄鹤楼那里有个陈列，我们可以看到黄鹤楼一个朝代一个模样，是不是只有唐朝崔颢题诗时的那个才叫文物呢？就说天安门吧，1970年的那次大修就是拆掉重建的，建好后的城楼甚至增高了，还应该叫文物吗？我们当然期望文物部门的工作实事求是，但最担心他们沦为地方权势的工具。

衡阳市要让取代“爱莲堂”的商品住宅成为本地的新地标，而一个不用动脑筋就能想到的问题是，还有什么比“爱莲堂”这个千百年传承而来的地标更有号召力和吸引力呢？

（2010年12月1日）

“脊梁”不过是“伎俩”

“共和国脊梁”获选者倪萍女士这边刚说完该活动没收取任何费用，那边活动组委会外联部阮仕林在接受南方都市报记者采访时就泄露了天机：“这种活动当然是要收钱的了。”虽然这“脊梁”收多少钱还不知道，但网友曝光的一份文件显示，参会者交纳 9800 元，便可申报“中华脊梁十大杰出人物”。可惜，“共和国脊梁”和“中华脊梁”之间是什么关系，也还没有真相大白，虽然涉及两个奖项的发起单位和主要人物，“我中有你，你中有我”早就是不争的事实。

当然，人家说了，9800 元是会务费并非拿奖费，“不是说交了钱就给评奖”。想想也是，9800 元就能换条“脊梁”，太便宜了，简直浑然漠视我们 GDP 已为世界第二的既成事实。得奖本来是件该高兴的事，现在却只是在颁奖的舞台上高兴一时，旋即堵心得很，搞得倪萍女士要公开承认自己“不配拿这个奖，仅是沾了职业的光”。既如此，我们不妨称之为“中奖”。一个理论上算是“正面”的奖项，中了还不如不中，那么奖项本身肯定出了问题，绝不只是奖项的名目与作为中奖者的倪萍反差过大的问题。倪萍之外，那些尚未表态的中奖或得奖者就觉得自己可以坦然受之吗？

乱七八糟、多如牛毛、屁用不顶的各种大奖“你方唱罢我登场”，扰攘我们这个社会已经好多年了，吊诡的是，从来没有妨碍颁奖舞台上的春意盎然。此番大家见怪而怪，全在于自以为是的活动主办方玩过了火。又是“中华”的，又是“共和国”的，一下子弄出两条“脊梁”，盗用了神圣的名义。再给他们点儿时间，保不准再炮制个“人民脊梁”出来，把咱们的国名拆分，充分利用起来，体现权威性嘛。《西游记》里，孙悟空三打白骨精之后说：“他是个潜灵作怪的僵尸，在此迷人败本；被我打杀，他就现了本相。他那脊梁上有一行字，叫做‘白骨夫人’。”也就是说，虽然白骨精一会儿变作个“月貌花容的女儿”，一会儿变作个“满脸都是荷叶折”的老太太，一会儿又变作个“白发如彭祖，苍髯赛寿星”的老公公，能够以各种面目出现，终究只是个“尸魔”。当代这两条“脊梁”的本相究竟是什么，只要媒体抛开“穷寇勿追”的古训，只要读者耐住性子，就算是像“达芬奇家具”那样今天一点儿明天一点儿地“挤牙膏”，相信最后也一定能够挤出来。

无须到最后，即在当下我们也不难感受到，这两条“脊梁”不过都是一种“伎俩”、手段或者花招。利用堂皇的名目，巧妙地实现了颁奖者与得奖者之间的“双赢”。说巧妙其实也没什么，如今行业内、圈子里如何得奖，难道还存在秘密吗？不由得记起改革开放未几的那阵子，流行“入选《世界名人录》”，某个人物的简介后面，每每言必及之，以显身价。开始的时候颇有唬人之效，刚刚重新开眼看世界，国人对“世界名人”怎不刮目？但看得多了，发现阿猫阿狗尽可登堂入室，恍然大悟那原来是“一手交钱一手交货”的买卖，以至于后来没人敢提“世界名人”，提起来会让人笑话。现在我倒有点儿担心，“脊梁”一词就此走向反义。

很不理解，我们国土上那么多昭然若揭的荒诞之事为什么能够大行其道。神话故事里，“尸魔三戏唐三藏”，现实中的我们打算被戏弄多少回才遏制这股歪风邪气呢？顺便提一句，大量城市又是动员又是突击以争取各种貌似炫目的奖项，与“脊梁”之类的区别究竟又在哪里呢？

（2011 年 7 月 19 日）

修复秦桧墓看来为期不远了

福建莆田准备花巨资修复蔡京的墓，预计下个月就动手了。蔡京是谁？北宋时的宰相，也是《宋史·奸臣传》中的人物。还不知道的话，看过《水浒传》没有？晁盖、吴用他们智取的“生辰纲”——十万贯金珠宝贝玩器等物，是梁中书打算“送上东京与他丈人蔡太师庆生辰”的礼物。这个蔡太师，就是蔡京。并且，刘唐还探听到：“去年也曾送十万贯金珠宝贝，来到半路里，不知被谁人打劫了，至今也无捉处。”所以，今年照样可以动手。最主要的是，好汉们认为“不义之财，取之何碍”？于是有了“三阮撞筹”“七星聚义”，进而奠定了梁山义军的最初班底。

《水浒》描写的只是一个侧面，蔡京的历史形象基本上是定格了的。当然，当下流行给历史人物“翻案”，商纣原来“是一位文武双全、功勋卓著的帝王”，司马相如原来是个骗财骗色的角色，一言以蔽之，“负面”的“翻”过来，“正面”的“翻”过去。你说是像顽童一样存心作对吧，说话的人却又都顶着教授的衔头，“观点都是言之有据，绝对没有哗众取宠”。在这样的背景下，真的要给蔡京“平反”，就也算不上稀奇之事。但是，翻的话，总得给点儿说法吧？蔡京的儿子蔡绦曾经说过，他存世的那本《铁围山丛谈》，客观上记载了北宋太祖至南宋高宗约两百年间的朝廷掌故、琐闻轶事，一向为学者所重视。但蔡绦在书中处处“欲盖其父之恶，而不恤污蔑贤者”，对其家“侫幸滥赏、可丑可羞之事，反皆大书特书以为荣”，尤其把祸国殃民的罪恶完全归咎于童贯、王黼、蔡攸等人，好像与当时重权在握的他爸爸全无干系，蔡绦因而被斥为“小人之尤”。此一番，岂是一句“名声上曾经有污点”所能轻巧带过的？

按照莆田当地一个文化研究会负责人的说法，这是莆田蔡氏后裔自发捐资筹款征地；而当地一个副镇长认为，不管蔡京曾经如何声名狼藉，至少他是历史名人，名人具有名人效应，把他的陵墓打造成文化旅游景点，有利于促进莆田旅游产业经济的发展。那么，占地面积30亩、预计投资900多万元的蔡京墓修复，甚至要“建成自然景观优美，文化内涵丰富，集纪念、文化与旅游为一体的园林式胜地”的做法，显见是政府之为，要借用蔡京的名气。正是因此我才生出一种担心，如果莆田巨资修复蔡京墓成为现实，修复秦桧墓也就为期不远了。讲到名气的话，秦桧比蔡京大得太多了，根本无需本文开头时的一番啰唆。当然，前提还得弄清秦桧埋在了哪里，别给人家乱认坟地。前几年，南京郊区发掘了一座南宋古墓，刚开始就被武断地认定为秦桧墓；等到发现空空如也，又认定是秦桧的疑冢；再等到发现了一缕女人的头发，又说可能是秦桧的爱妾墓。总之，是要咬定秦桧不放松了。东晋的桓温有句人所共知的名言：“既不能流芳百世，亦不足复遗臭万载邪？”蔡京、秦桧之名，正属于后者。名气越大，意味着越臭不可闻。

蔡京墓，作为文物保护单位以及相应的修葺，笔者毫无异议，但如果文化建设客观上成了“逐臭”，这种文化就变味儿乃至变质了。都说文化决定发展后劲，蔡京墓之类倘若能胜任，岂不把天下人的大牙笑掉？

（2011年8月17日）

“鄂”或“楚”，有那么重要吗？

有消息称，湖北省荆楚文化研究会将组织对“湖北简称‘鄂’还是‘楚’？”进行课题研究。据此，新浪微博甚至还搞了个“你觉得湖北的简称应该叫什么？”的网上调查，自然是各有一派支持者。如今的假消息太多，我疑心这一个属于此类。因为无论是“鄂”还是“楚”，名字而已，简称而已，符号而已，真的有那么重要吗？叫“鄂”不是空穴来风，叫“楚”也有一定的道理，但来来回回也就那么点儿纸面上的依据，弄个课题来研究，佐以科学论证的味道，太煞有介事了吧。而改还是不改，据经验来看，往往就是拍板人一句话的事情。

在很多人看来，名字肯定非常重要，否则，我们就无以解释全国各地风起云涌的地名更改潮了。“石林”“黄山”“普洱”什么的，直白得一览无余，浑然不理睬原名蕴藏的丰厚文化内涵，径由风物特产本身赤裸裸地披挂上阵，因为本地就这玩意最能吸引世人的眼球，还美其名曰“改名经济”。河南的周口要改“陈州”的时候，有人不是估算出“陈州”的招牌价值100亿元人民币吗？不知道他们后来改成了没有，改成的话印证了“空手套白狼”之不虚，没改成的话真是亏大了。改简称又是因为什么呢？也有无所不在的经济成分作祟？不得其详，但至少有这么个说法，叫作“鄂”字“不好听”，跟“恶”“饿”同音。这当然怪不得产生这种听觉的人们，他们大概受传统文化的熏陶太深了。孔子当年过盗泉，“渴矣而不饮”，就是“恶其名也”。倘若今天仍然奉“名不正则言不顺”为圭臬，则要改简称的就不仅仅是湖北了。比如我所来自的黑龙江省，它的简称“黑”就得非改不可，“鄂人”“鄂商”听起来，总比“黑人”“黑商”要顺耳得多。不知道现居“黑省”的人们就此是否受到“鄂省”的启发，如果也提上日程的话，则笔者抢先建议简称“龙”，浑然天成，且是中华民族的图腾，一下子不知神气几千万倍。不过，这是哪儿跟哪儿呢，十足的阿Q相罢了！

从历史纵深来考察，改地名倒是我们土地上习见的一种现象，尤以王莽时登峰造极。有人统计过，西汉末共有103个郡国，名字被王莽改了75个，占73%；1587个县，给他改了730个，占46%。今天已经改了多少，大抵还没有如此用心的人。王莽改得太多，我们在阅读《汉书·地理志》时就会发现有些很搞笑的地方，那就是大量郡县名字的后面都有小字标注“莽曰”，也就是王莽时期叫什么。举广东所在的“南海郡”为例，郡辖六县：番禺、博罗、中宿、龙川、四会、揭阳。其中在“揭阳”的下面，注释“莽曰南海亭”，意谓王莽把秦朝既已设置（且沿用至今）的“揭阳”，硬生生地叫了一阵子“南海亭”。即使在王莽当时，因为有的地方一年改名达五次之多，弄得连当地人也闹不清当地该叫什么，所以下诏书时还得同时附上原名。王莽这么热衷于改地名，是因为他泥古，认为改制后的一切都要符合古义，而今人则纯粹掉进了钱眼里。两相比较，谈不上孰优孰劣，五十步与百步之别吧。

话说回来，如果关于“鄂”或“楚”的那个消息是真消息，那就意味着当下的改名潮有了升级版。不仅由改地名“进化”到了改简称，而且意味着本地特产风物摇身一变成为地名之改已经成了小儿科，毕竟那只涉及县市而已，现在延伸到省一级了。这样的“敢为天下先”是否可取值得有关方面三思。至于这种以学术课题为“后盾”的做法无不无聊，就只能交给公众评判了。

（2011年10月10日）

圆明园这回根本没有“复建”之说

圆明园“修存之争”又热闹起来了，源自11月17日，北京市人大教科文卫委员会传出建议研究论证恢复重建圆明园的消息。报道说，在几大网站的相关调查中，反对者的投票占到九成以上。如何认识圆明园的废墟价值、屈辱史、民族情感之类，说过了不知多少遍的话又重新说了一遍。

倘若真的是要复建圆明园，笔者也是坚决反对的，且认同吴祚来先生的说法，建议研究论证恢复重建圆明园本身便是一个“无良动议”。几年前浙江横店宣称复建的时候已经反对了一回，今后也还将继续反对下去。但此番定睛看去，却完全不是大家所义愤的复建那么一回事。可以说，大家对“复建”一词过于敏感，以至于盲人摸象一般还没弄清楚情况就下结论了，一顿乱棍就抡过去了。中国圆明园学会学术委员会委员刘阳说：“圆明园至少有五处景观如果不进行修缮保护，未来十年内将倒塌或彻底消失！”因此，如果一定要用“复建圆明园”这几个刺激性字眼的话，实际上也只是复建“几处遗址保存完好、山形水系完整的独立景点，如廓然大公、武陵春色”。现在，反对者仅仅看到“复建”两个字就跳了起来，大约以为此举是要使今天标志性的“大水法”“远瀛观”遗迹再现当日的辉煌了。可能吗？

真的复建圆明园，前几年横店确实吵吵嚷嚷了一阵，要筹资200亿元，要占地面积350公顷，跟真的一般大小。好几年过去了，按他们当时的5年初步规划，如今应该可以见到那些东西仿真的程度究竟如何了，奇怪的是一直悄没声息，敢是早就胎死腹中？横店是要给圆明园搬个家，而就在原址上复建，清朝也的确动过心思，跟今天差不多，没隔几年就成为话题。陈康祺《郎潜纪闻初笔》载，“同治初政，满御史有建议修复（圆明园）者”，不过遭到了“严旨切责”。为什么？那本书没说，日后在别的记载中一定能够读到，倘若读到，跟今天比对一下会是很有意思的事情。同治十一年（1872 年），这种声音又响起来了，有个叫李光照的广东人还主动请缨，愿意把复建所需用的木材承包下来，所谓“请报效木植，重修淀园”。同治很高兴，当然，别看他是皇帝，也没有今人看问题的视野和境界，他的复建想法很简单，“正思两宫（慈安、慈禧）听政过劳，无娱游休息之地”，所以“俯从光照请”，同意复建。但不幸的是，李光照开的是皮包公司，根本就没有资本，其目的不过是“冀以近悻为护符，得游川、楚、江、浙诸产木之区，勒索肥己”，倚仗攀附上的权力“空手套白狼”，从中捞一把，所以这一回复建又是不了了之。然复建圆明园的旨意既出，朝野还是莫不感到错愕，以沈淮为首上书力争，游百川更是“袖疏廷诤，谔谔数百言，声震殿瓦”。这样看来，即便李光照货真价实，复建也未必进行得下去。

同治朝的大臣之所以激烈反对，理由也和当下的网友差不多。比方“淀园之毁，非由天灾，今时事艰难，仇人在国，即国库充溢，亦不当遽议兴修”，这里面就含有国耻说的成分；而且间接地表示，即便国家有几个钱，也还有很多该干没干的事呢。道理就是那点儿道理，而圆明园这回根本没有“复建”之说，网友凭空树了个假想敌，这顿乱棍抡得就更无趣了。

（2011 年 11 月 21 日）

祖宗的事该由祖宗承担

南京江宁博物馆新馆——非“先知者”所云秦桧博物馆——撤掉了引起公众义愤的秦桧“坐像”，这是预料之中的；预料之外的，是馆方似乎迫于“岳飞后人”的压力才有此举。岳飞的 8 个“后人”（涵盖其 30－33 代孙），以岳飞后裔联谊会副会长岳军为首，赶至江宁博物馆，“每个人都一脸愤怒”，岳军还掏出了一份书面的《严正要求》。12 月 19 日是星期一，江宁博物馆闭馆维修日，但这几个岳家后人“要求一定要进馆看看，如果秦桧像还在，最好是把它砸了”。对于博物馆里介绍秦桧文字中的“名相、权臣等字眼”，他们表示“感觉很不舒服”，为此还找了博物馆负责人，对方表示文字修改没问题。

江宁博物馆把秦桧坐像“请进来”陈列非常不妥是可以肯定的，那个所谓艺术家的作品在塑像的名目上——《跪了 492 年，我们想站起来歇歇了》——已有哗众取宠之嫌。岳家后人义愤也是可以理解的，但采取这样一种方式来表达不满，轮到在下有点儿不舒服，分明感受到了我们这个日益强调法治的社会的某种“丛林”状态。一个本该由社会做出的对历史人物的评价问题，似乎变成了两个家族之间延续的是非恩怨。在公众的舆论压力之下，江宁博物馆自然会审时度势，实在无需岳家后人赤膊上阵。其实，对某些没有这么响当当的历史人物也是这样，如何虚誉后人不管，倘有贬损就坐不住了。记得早几年有部叫作《走向共和》的电视剧播出之后，片中涉及到的赵启霖，其后人就要求该剧编导道歉，因为赵氏孙辈在查阅了大量史料之后，认为该片对其祖父完全“歪曲”了。那件事不知结果如何，但是我一直记挂着。

早几年还有一则新闻，道是生活在河南平顶山岳飞与汝州金兀朮的后人，“终于抛却历史恩怨，实现了第一次握手”。金兀朮乃何许人也？20 世纪 80 年代，刘兰芳的评书《说岳》风靡一时，有过那段经历的国人对其中的金国四太子兀术（完颜宗弼）都会耳熟能详，那是敌方最主要的军事将领。“你有金兀朮，我有岳少保”，民谣更明白地道出他的地位正相当于咱们的岳飞。秦桧之毁我长城，长的就是他们的志气。但是，两家的后代坐在一起了。在见面会上，岳飞后人、全国岳飞思想研究会副会长岳玉顶说：“过去的一切皆成历史。我们两家能够聚到一起，对于后人来说，也有一定的历史意义。”金兀朮的后人、完颜氏研究会汝州分会负责人完颜本玉说：“祖辈的恩怨是在特定的历史条件下产生的，如今都已成为历史，相信我们会成为好朋友。”这种认识应该说是比较理性的吧。

反观去博物馆的岳飞后人说：“一些大一点的城市，我们岳家和秦家不通婚的。”据说，在一些地方，因为杨家将的故事，杨潘两姓也有绝不通婚的。1991 年我在粤东北山区的一个杨姓村落进行田野调查，那里就是这样。放在从前的宗法社会尚可理解，在今天真的有些不可思议，只能说时代进入了 21 世纪，但理该扬弃的某些宗法意识仍然非常浓厚。秦桧干了什么，与他的后人何干？祖宗的事情正该由祖宗承担，后人不必代为受过，更不必迁怒于当年仇家的后人，把仇恨不断地延伸下去。

我倒很想知道，平顶山跟金兀术后人化干戈为玉帛的那些岳飞后人该如何看待江宁博物馆的秦桧坐像，以及如何看待秦桧后人。未知哪路记者能发现这个新闻线索，跟踪一下。

（2011 年 12 月 21 日）

才识“孔方兄”，又见“元宝塔”

2 月 7 日即农历正月十六，河北鹿泉灵山景区现身了一座“财富塔”。塔的最不同寻常之处，在于“圆锥体塔身由块块金光灿烂的元宝缀接成振翅远航的风帆状”。不知是照片的角度不对，还是笔者愚笨，看了半天，硬是没觅到“风帆”的影子，但见的只是极其写实的一摞一摞的“元宝”，金光灿灿。报道说，塔内有集世界各种财神理念的八大财神像，喻示着各路财神庇佑十方的吉祥之意。目前，这座高 30.7 米的“元宝塔”——这样说其实更准确一些——正在申报世界第一高财富塔吉尼斯世界纪录。

报道还说，前来祈福的市民络绎不绝。得，在下又要抠抠字眼了，是应该前来“求财”才对，对着个“元宝塔”有何福可祈呢？

"福"等于"财"？这个等号显然画不上，画上了，就无以解释"散财童子"这个传统文化符号，以及前人甚至今人"散财以求福"的动机了。当然，求财也没什么不可以的，更没有什么见不得人的。西晋鲁褒有著名的《钱神论》传世，对财的主要构成——钱，即元宝——有过精辟的论述："钱之所在，危而使安，死可使活；钱之所去，贵可使贱，生可使杀。是故忿诤辩讼非钱不胜，孤弱幽滞非钱不拔，怨仇嫌恨非钱不解，令问笑谈非钱不发。"不难看出，鲁褒虽然在描述客观事实，但明显带着情绪说话，也就是"语含讥讽"。俗语"有钱能使鬼推磨"，估计就是由他那句"有钱可使鬼"衍生而来的。"有钱可使鬼"，人自然就更招架不住。原南昌市委常委、南昌县委书记汤成奇因受贿 3901 万余元，并玩忽职守，滥用职权，造成国家损失 2.8 亿多元，新近被一审判处死缓。有人给他算了笔账，从第一次受贿至案发时，汤成奇平均每年受贿 200 余万元，平均每月受贿 16 万余元，平均每天受贿 5700 余元。原本的"经济能人"，一下子成了腐败"大亨"，这肯定不是他的角色转换快慢的问题。

《世说新语》里有个王夷甫，"雅尚玄远"，嘴里倒是从来不言"钱"字，大约觉得那是俗人才挂在嘴边的吧。他老婆有一次故意试他，趁他睡觉之时，"令婢以钱绕床"，看他什么反应。结果，夷甫醒来呼婢曰："举却阿堵物。"宋人释曰："阿堵，晋人方言，犹言这个耳。"则王夷甫是在说，把那些东西拿开，就是不肯直指。王夷甫无心插柳，至于会意的"阿堵物"与象形的"孔方兄"一样，后来都成了钱的代名词。不过，东晋王隐所撰《晋书》说："夷甫求富贵得富贵，资财山积，用不能消，安须问钱乎？而世以为不问为高，不亦惑乎！"今天有人谈论某些大人物的轶事，往往也有其身上从不带钱、手里从不摸钱的美德，其实王隐已经告诉我们了，那样的人物又安需自家带钱、掏钱乎？不要说大得不得了的人物了，元朝的刘敏中就是个寻常高官而已，也可以做到"身不怀币，口不论钱"，有人前后给他张罗就是。

今人唯金钱马首是瞻，早成不争的事实。但沈阳才建了个外形酷似“孔方兄”的大厦，鹿泉便竖了个“元宝塔”，广州刚刚露面的“大金环”建筑也给人不那么美妙的联想，归结到一起，还是折射出当下社会对金钱崇拜的赤裸裸，愈发有堂而皇之的意味了。饶是市场经济时代，也觉得实在有一点儿过分。

（2012 年 2 月 7 日）

把名言警句印在人民币上干什么？

曾经表示今年全国两会上会带去轰动性建议的江苏政协委员陈光标先生，终于没有耐住寂寞，提前公开了建议的内容：可以对流通量较大的面值 50 元以下的人民币进行改版，“印上孔子、老子的名言，印上中华民族的文化精髓”。之所以是提建议而不是交提案，因为他还不是全国政协委员，只能旁听的缘故。

这个建议的确轰动，还没到全国两会上呢，已然震倒了一大片，包括本人就有些目瞪口呆。这要是可行的话，根本不是“改版”的问题，国家得考虑发行第六套人民币。虽然陈先生做过实验，“在人民币上印这些名言，不会挤，完全排得下去”，但这显然又不是“排版”的问题。2000 年 5 月 1 日开始施行的《中华人民共和国人民币管理条例》，在第二章“设计和印制”中，只说“新版人民币由中国人民银行组织设计”，并没有明确的具体要求，更没有不准什么，因而陈先生的建议就在理论上存在实现的可能。假设真的付诸行动了，涉及的是两个关键性问题。

一个是孔子、老子说过的什么话印在上面合适呢。《论语》《道德经》饶是算不上大部头，但也实在不是一张面积不大的人民币所能承载得了的。这一点，陈先生倒是想到了，他举了两个例子，一例是“子曰：‘积善之家，必有余庆；积不善之家，必有余殃。’”另一例是“子贡问曰：‘有一言而可以终身行之者乎？’子曰：‘其恕乎！己所不欲，勿施于人。'”这些“都是倡导要助人为乐”，不过我要问了，你现在搞慈善，从助人为乐出发，那么教育界是否觉得“学而时习之，不亦说乎”，组织部门是否觉得“为政以德，譬如北辰，居其所而众星共之”才更合适呢？这不是抬杠，实在是对取舍犯愁，《论语》里的名言警句多得很，再加上《道德经》《弟子规》可怎么得了呢？

再一个是把名言警句印在人民币上干什么。陈先生说“人们会记住传统文化的精髓，并耳濡目染地学习”，钱嘛，大家都摸。可惜，中学课本里的政治经济学知识就告诉我们，货币是从商品中分离出来固定地充当一般等价物的商品，具有价值尺度、流通手段、支付手段、贮藏手段、世界货币的职能，偏偏没把“教育”列进来。人民币作为货币的一种，其职能显然不可能特立独行，所以，“宣传和弘扬传统文化、传统道德以及现代人的环保意识、慈善理念”，便不可能成为人民币承载的使命。对了，陈先生找到了与国际对接的轨道，说人家就“在票面上印制一些宣传爱国精神、社会和谐、责任意识、环保意识等积极意义的标语、口号”。殊为可惜的是，他没有举例说明哪个国家的货币上印着这些明显具有中国特色的文字，我们常见的美元上倒是印着字：In God We Trust（我们信仰上帝)。

陈先生的出发点或许是积极的，但他显然过分看重了名言警句的功效。我们从来不缺名言警句，漂亮话多的是，结果呢？这种状况借用孔夫子的话倒合适不过：“始吾于人也，听其言而信其行；今吾于人也，听其言而观其行。”不知从什么时候开始，全国两会结束后，民间都有评选“十大恶俗提案”之举，虽然属于自发，毫无权威性可言，但“入选”的每每“不负众望”。因为这个前提，我对陈先生的建议就难免生出些许担心，虽然它并非提案。

（2012 年 2 月 9 日）

“维修”或“保护”性拆除之所以引起公愤

北京的“梁林故居”刚被拆除，还在舆论的风口浪尖上，重庆那里又拆了蒋介石抗战时期的“重庆行营”。让人开眼界的是，这两起完全可以归入野蛮的拆除行为，出发点都是“积极的”，前者是为了“维修”，后者是为了“保护”，因此诞生了不仅现时也许今后提起来也会被笑掉大牙的两个诡辩用语：“维修性拆除”和“保护性拆除”。

何以这样定论呢？因为把“维修性拆除”与被拆成一片废墟的“梁林故居”对照一下就不难发现，撒谎根本没有这么撒的，真是把世人都当成了傻瓜。赵匡胤自己要当皇帝，非说手下硬给他黄袍加身，“汝等贪富贵，立我为天子”，弄得身不由己。但这种倒打一耙在“逻辑上”终究顺理成章，理性的后人才分析出那出戏如何导演，如何上演；而对着一堆废砖烂瓦谈“维修”，却是明眼人一家伙就可以洞穿的，天底下还有比这更大的笑话吗？“重庆行营”大约记取了“梁林故居”的教训，他们懂得另辟蹊径，易其名曰“保护”。但从被拆残的照片看，那建筑好像还“硬朗”得很，残到那个份儿上了，也毫无颓像。那么就难免使人狐疑，即便“保护”的出发点真的能与“积极”为伍，也不用拆了个稀里哗啦，然后“在原址原貌复建”吧？

什么都别说了，“维修”或“保护”性拆除，一丘之貉！

“梁林故居”被“维修性拆除”，“重庆行营”被“保护性拆除”之所以引起公愤，在于大家都知道它们不能被拆。“梁林故居”是著名建筑学家梁思成、林徽因于1930—1937年在京租住的居所，国家文物局2009年12月即下发行政复议决定书，要求将该院落列入不可移动文物。什么叫“不可移动文物”?《文物保护法》说得分明：“使用不可移动文物，必须遵守不改变文物原状的原则，负责保护建筑物及其附属文物的安全，不得损毁、改建、添建或者拆除不可移动文物。”“重庆行营”遭到的厄运就更离谱了，它还有一道“重庆市文物保护单位”的护身符呢！2011 年 11 月，该址的保护方案还通过了重庆市文物局的审批呢！文物建筑乃历史的记忆云云，这些浅显的道理大家都知道，唯有惦记那块地皮的人和能够满足他们欲望的权力在握者装聋作哑。在这个讲“文化”的时代，别看各地都是调门高高，然“不怕贼偷，就怕贼惦记”，一旦没有明确护身符保护或保护级别没到最高级的文物建筑“占用”的那块地皮被人相中，文物就难逃灭顶之灾！

“梁林故居”被勒令复原，“重庆行营”则摆出主动姿态，可惜，《文物保护法》第二十二条规定：“不可移动文物已经全部毁坏的，应当实施遗址保护，不得在原址重建。”虽然后面有个“因特殊情况需要”如何，但是，即便能复原得一模一样，那座没有梁思成、林徽因任何活动气息的东西，还有资格冠以“故居”的名堂吗？那座抗战时期国民政府军事委员会根本没有办过公、蒋介石根本没有住过的地方，还有资格冠以“行营”的名堂吗？《文物保护法》出台那么多年了，我想好多握有对文物建筑生杀予夺大权的人，恐怕连个 ABC 都不知道。说明什么呢？说明国人法律意识的欠缺是全方位的，在哪个领域都乐观不起来。

（2012 年 2 月 15 日）

发现关羽夜读遗址，有趣有趣

湖北南漳“一旅游开发公司施工人员”在春秋寨景区最险要处施工时，“发现”一处长宽各 4.5 米，厚度为 60 厘米的条石基础。接着，经南漳县文物专家“初步考证”：这正是多次考察遍寻不到的“春秋楼”遗址。“春秋楼”者何？关羽关云长当年秉烛夜读《春秋》的所在。报道说，关羽“每次来到这里，正襟危坐，左手抚虬，右手捧书”，于是（不知何时的）人们便把这座楼称为“春秋楼”。

关公秉烛夜读，是件很著名的事情，现在居然发现了夜读遗址，有趣有趣。但笔者在“欣慰”之余，更有兴趣知道：这是根据什么判断出来的呢？

先谈点别的。广州北京路上有个南越王宫遗址，很值得一看，作为全国重点文物保护单位，“身价”不言而喻，并且免费开放。然而遗址虽居闹市，因为门开得较侧（暂时的），不免有“养在深闺”之感，我去过几次，每次发现游人都寥寥无几。兴趣是一方面，尚不为人知恐怕是另一方面。不过我在这里是想说，那里出土了带有“华音宫”戳印的陶器残盖，为确定其中一个宫殿的名称和基址提供了重要依据。华音，华夏之音，则这个宫殿很可能是当年南越武帝赵佗接待汉使陆贾的所在，有人考证，赵佗见到陆贾时曾说，他好久没听到华夏之音了。与夜读遗址相比，这也是属于推测，但在逻辑上是成立的。而关羽在“春秋楼”读书甚至读《春秋》与否，却显然不能根据此处有个不知什么年代附会上去的“春秋”名目而下结论，虽然那里“距关帝庙残碑处仅一米”。

关羽秉烛夜读，以《三国演义》的描写最活灵活现。第二十七回，他护送嫂子到达荥阳后，有个叫胡班的“羽粉”夜里偷偷地观察过他。“潜至厅前，见关公左手绰髯，于灯下凭几看书。班见了，失声叹曰：‘真天人也！’”第五十回，曹操败走华容道时遭遇关羽埋伏，操曰：“将军深明《春秋》，岂不知庾公之斯追子濯孺子之事乎？”就凭这一句，曹操捡了条性命。前面那处根本没有交代他读什么书，但关羽能够“深明”，常读的该正是《春秋》。不过，这些都是小说家言。裴松之注《三国志》时引用《江表传》曰：“羽好《左氏传》，讽诵略皆上口。”也显然不能当作正史看待，《左氏传》，全称即《春秋左氏传》。相信许多人会想到一个有趣的问题：关羽一介武夫，为什么对文字过于简约，兼且隐晦难懂的《春秋》情有独钟？这一点，前人已有论证，撮其要者：《春秋》关联信、义，乃“文圣”孔子的作品，“孔子作《春秋》而乱臣贼子惧”（孟子语），东汉末年“挟天子以令诸侯”的曹操，在视刘家为正统的那些人的眼里，正属于“乱臣贼子”。就是说，关羽只有读《春秋》，才能与孔子“捆绑”在一起，才符合其“武圣”的身份定位。换句话说，造神之势不容他不读此书，因而他很可能是“被读”。如果此说成立，所谓“春秋楼”就更是空中楼阁了。况且就算关羽真的读了，何以像读书人一样非到“书房”去读，还要挑夜里？

所以，南漳方面还是先不要言之凿凿，请自家地盘的专家鉴定并不足够，得像人们希望的处理医疗纠纷那样介入“第三方”，不能为了自己营建的旅游项目能够有“卖点”，就胡乱地“攀龙附凤”。揪住这么个小问题不放，在于对真文物的安危漠视不理，对假古董却不惜倾尽全力的现象，在全国已是一个普遍存在，这股不良风气能刹住多少就得刹住多少。

（2012 年 3 月 15 日）

名字为改而改实在乌烟瘴气

改名的风气又有向电视剧蔓延的趋向。《甄嬛传》刚火了一下，此前的《宫》便摇身一变成了《甄嬛前传》;《悬崖》热播了，此前的《雪狼》便成了《悬崖第二部》；《雾都》则差一点被改成《烽火佳人》，有赖编剧和导演强烈反对才作罢。看报道，改片名似是电视台的行为。有业内人士透露说，之所以如此，还是因为电视台希望能博得眼球，通过追风或炒作，以提高收视率和影响力，借着刚刚播完的热门剧的影响力“抱大腿”，搭顺风车。

我们这些业“外”人士也会想当然地这么认为，这里面委实没有什么猜不透的玄机。而且我还会进一步想当然地认为，改片名是今天各地非常热衷的改地名、改校名做法，终于给予了电视台“启发”，是它们产生了“示范效应”的结果。时至今日，有多少地方是通过改名来提高所谓知名度，以期发展经济的？数一数的话，怕要开列一份长长的名单了。想改就可以改，无须征求辖区人们的意见就可以改成，这也是咱们的一个特色吧，暂不理他，只是一不小心，不少原名的文化味道没了，尽皆风景名胜、土特产什么的赤裸裸披挂上阵，倒是对那个地方的“特征”一目了然了。改校名的动机稍异之，至少与经济没有直接关联，大约主要是视听上的感受，诸如“学院”变“大学”，“专业性”变“综合性”之类，当然最大的诱因是“升格”。只是这里也有一不小心，有些本来响当当的名牌高校改名之后貌似野鸡大学。改名成为弥漫神州大地的一股风气，吹到电视台，使他们也以为找到了新思路，可以说自然而然。

既然那么多地方、学校已经改名了，改的时间也不短了，余以为足可以做一个研究课题了，就是综合“计算”一下改名的得失。在改之前，大家不是都抱着小算盘噼噼啪啪地算了笔账嘛，比方有个地方把珠子拨了几拨，不知怎么就得出改名后品牌价值100亿的结论，现在可以“求证”一下了。改之后，究竟是得大于失，还是失大于得，弄清这个问题，就能够弄清大家乐此不疲的举动究竟是战略取向，还是纯粹瞎胡闹。倘属前者，则跃跃欲试的地方无妨继续改下去；倘属后者，则改名风可以“斯速已矣”。感觉上——没有经过调查研究哈——如今太多的改名，不是在追求实在的“本”，而是在追逐花哨的“末”。仅仅改一下名目，与“换汤不换药”相去多远？南朝刘宋时的蔡兴宗说过：“改之以名而不以实，虽主意欲为轻重，人心岂可变邪！”他说的虽然是官位改名，但其“原理”完全可以推而广之。

不久前，福建泉州港三个港区并入湄洲湾港区，面对这个世界航海史上标志性名称的即将消失，泉州百姓不干了。福建省政府专题会议研究，最后决定保留。这是“泉州港”称谓之幸，某种程度上也是文化之幸。对那些具有历史文化内涵的地名的保护，这无疑是一个范例，对遏制随意改名定有裨益。日前，国家广电总局电视剧司副司长王卫平就《甄嬛前传》等现象回应说，电视剧改名播出需要向广电总局报批。我觉得已经播出了的电视剧，无论基于何种理由，都不应该再改，地名、校名亦然。名字诚然只是一种代号，不是绝对地不可以改，但像近几年来这样大行其道，为改而改，不是太乌烟瘴气了吗？

（2012年5月9日）

厂长儆鼠与韩愈驱鳄

浙江一家工厂捉到了一只老鼠，这本是很正常的现象，但那里把事情弄得不寻常。他们先是用绳子绑住了老鼠的四只脚，用钉子钉到板上，工厂负责人再代笔——代鼠——写了一纸“悔过书”，什么“请求组织对我宽大处理，如能回去，我一定戴罪立功……做一个人见人爱的老鼠，重塑鼠类形象”；又对该厂“全体员工数月的困扰深表歉意……”云云，末了还用鼠爪按了爪印，盖上了“审判单位”的大红公章。

可以想见，因为对机械设备电力线路构成的极大威胁，这家工厂对老鼠恨透了。而且众所周知老鼠的形象丑陋，“总让人觉得汗毛都要竖起来”，所以他们“就想到了这么一招，主要是自娱自乐一下，同时也发泄对这些老鼠的愤怒”。饶是自娱自乐，想来也会招致舆论的讥讽。别忙，这种貌似荒诞的举措其实也是传统的余绪，尽管他们自己未必有继承的动机。有一点可区别的是，今人自娱自乐，前人一本正经。

东汉童恢为不其县令，“邑有虎患”，他就派人捉了两头老虎，当庭审讯：“王法，杀人者死。汝若杀人，当伏罪；不者，号冤。”老虎好像听懂了，“一虎低头作震惧状”，童恢于是明白这家伙吃过人，“即杀之”；另一头虎呢，“视恢鸣吼，若诉冤者，遂释之”。头脑正常的人，都会认为史书的这一记载纯属扯淡。“王法”杀人者死，“虎法”饿了要吃，怎么可能拧到一块去？不过龚炜就此生出的感悟有些意思：“我尤异夫伏罪之虎，就死而不欺其志，愈于人之奸遁百出者多矣。”即是说，那些奸佞之徒连禽兽还不如。

跟动物讲人的原则，最有名的当推韩愈。《旧唐书》有云，潮州当年的鳄鱼为害十分严重，韩愈被贬初到，“询吏民疾苦”，大家都说鳄鱼“食民畜产将尽，以是民贫”。韩愈乃下决心拿鳄鱼开刀。届时，除了往水里丢进一豚一羊之外，韩愈专门写了篇《祭鳄鱼文》，先跟鳄鱼讲道理，什么天子既然派我来治理这里，你就不能跟我一争高低；你不想想，我虽驽弱，怎么可能向你们“低首而下哉”？然后为鳄鱼限定了离开此地的时间表，“三日乃至七日，如顽而不从，须为物害”，我就要“选材伎壮夫，挽劲弓毒矢”，跟你们干一场。几天后，水尽涸，鳄鱼果然“徙于旧湫西六十里”，按照规定的路线撤退了，“自是潮人无鳄患”。

韩愈驱鳄，在历史上是一件很轰动的事，成功了，自然有他的方式方法，没必要罩上神秘色彩。正因为这种神秘，使韩愈受到了后世的不少苛责。王安石就说他“诡怪以疑民”，当代学者更说他简直在演一出“无聊的闹剧”。但韩愈之举却很为后来者仿效，比方《芦浦笔记》里有《祭蝗虫文》，只是把鳄鱼换成了蝗虫。《湘山野录》亦载，荆州老虎伤人，杨叔贤就在“虎穴摩巨崖大刻《诫虎文》”，写些什么“咄乎，尔彪！出境潜游”之类的文字。后来杨叔贤改官知郁林，又把这一套带到岭南，当成经验，自己还赋诗“且将先圣诗书教，暂作文翁守郁林”，连行为都准备追随韩愈了。可惜打碑次日就接到报告：“摩崖碑下大虫咬杀打碑匠二人。”

清朝乾隆十八年（1753 年），京师附近闹蝗灾，曹秀先出了个主意：“请御制文以祭，举蜡礼（年终大祭）；州县募捕蝗，毋（只）借胥吏。”乾隆很有自知之明：“蝗害稼，惟实力捕治，此人事所可尽。若欲假文辞以期感格，如韩愈祭鳄鱼，鳄鱼远徙与否，究亦无稽。朕非有泰山北斗之文笔，好名无实，深所弗取。”曹秀先不可能不明白乾隆说的这番道理，而是马屁没有拍到点上罢了。人的法则焉可衡量动物？既曰动物，又焉有“引以为戒”的道理？

（2012 年 5 月 21 日）

也说“唐宋八大家”的“后裔”

前几天的一则消息说，自称“唐宋八大家”后裔的几名人士齐聚北京，就筹备“唐宋八大家宗亲联谊会”进行协商。早在7年前，自称韩愈、柳宗元和“三苏”后人曾在北京首次聚会，提出了成立“联谊会”的构想，目前算是进入实质运作。伴随消息的还有一张照片，“后裔”们都穿着不知哪个年代的“汉服”，看上去怪异得很。

通篇报道对“后裔”们都用了“自称”的字眼，比较客观。尤其是自称柳宗元后裔的柳哲的坦言，就更堪嘉奖了。柳哲说他的家谱中还不能证实自己是柳宗元的直系后人，只是在其收藏的清嘉庆时《泾川柳氏宗谱》复印本中，印有柳宗元、柳公权等多位柳氏祖先的画像。之所以说更堪嘉奖，在于我们国度从讲究门第的魏晋六朝开始，族谱里攀附名流、伪冒名族、滥造世系之风就成了一种现象。汤显祖《牡丹亭》中，男主角柳梦梅开场时便急急忙忙地表白自己“原系唐朝柳州司马柳宗元之后”，又说自己的朋友韩子才“是韩昌黎之后”；女主角杜丽娘的爸爸杜宝，则自称“乃唐朝杜子美之后”。拿传统文化的这一“现象”做尺子，报道里比较“幸运”的韩作海也要存疑，其韩愈37代孙的身份只是被清光绪二十三年（1897年）重修的《韩氏家谱》确认，证据不足。

我们中国人很喜欢“认祖归宗”，尤其“祖先”是名人的。虽然不断有专家学者指出注意族谱中的“冒认”现象，但并不能打消后来的人们言之凿凿地把自己依附于历史名人身上的欲望和行动。20世纪90年代初，我在粤东北田野调查，发现那里姓谢的基本上都是“东山家声”——以示淝水之战中一战成名的谢安的后代；姓杨的基本上都是“弘农郡望”——以示暮夜却金的“四知先生”杨震的后代。祠堂两侧对联一样大书之，昭告世人。留意新闻的人会发现，现在媒体也动不动就说哪里“发现”了哪个名人的“后裔”。以广东而言，怀集某镇就“发现”了4万李世民“后裔”，河源以及广州天河区都“发现”了大量苏东坡“后裔”。在下绝无否定他们之间的“血缘关系”的任何意味，只是倘若认真的话，光凭口头传说或者貌似确凿的族谱记载还不行，远远不够。三国时代，陈琳还是袁绍那边的人的时候，奉命大骂曹操，其中最恶毒的一句是“赘阉遗丑”。这句话，揪住的是曹操祖父乃宦官曹腾的辫子。实际上，曹操的父亲曹嵩是过继给曹腾做儿子，改姓为曹，原姓什么早成了历史之谜。所以我想，曹操在后来抓到陈琳的时候，并不计较那篇檄文，他自己的度量颇大是一方面，陈琳骂得根本不对则是另一方面，因为曹操只是曹腾名义上的后裔，那还遗什么丑？

祖先了得，后裔未必了得，这是人所共知的常识。鲁迅先生笔下的阿Q就是一个生动的实例，他的祖先再阔——姑且这样认为，那时的他也只能栖身土谷祠。《牡丹亭》中，柳梦梅的感叹就更有意思了：“因何俺公公造下一篇《乞巧文》，到俺二十八代元孙，再不曾乞得一些巧来？便是你公公立意做下《送穷文》，到老兄二十几辈了，还不曾送的个穷去？”如今，“唐宋八大家”的“后裔”齐聚北京，似是要宣传推广“唐宋八大家”的文学及文化，“唐宋遗风”网站也拟于一个月内开通。殊不知，“唐宋八大家”的成就早就超越了家族范畴，成为中华民族的宝贵文化财富。“后裔”们不必另起炉灶弘扬，起的话，也未必能胜任。

（2012年5月22日）

发现女娲骸骨该算无稽之谈

山西吉县“发现”了女娲骸骨！不过，不要说北大考古学教授表示质疑，就算稍微有点历史常识的人也会觉得匪夷所思。但这确是掷地有声的结论，是国家文物局原副局长张柏、故宫博物院副院长李文儒等 23 位考古、历史、神话、民俗专家近日“形成的共识”。根据呢？在于吉县人祖山那里有一具成人头骨进行了碳 14 同位素测定，距今大约有 6200 年之久；还有，就是明代当地人的一段墨书题记，“大明正德十五年（1520 年），天火烧了金山寺，皇帝遗骨流在此”云云。

就这么两个似嫌轻飘的证据，中华民族上古神话中的创世女神，弹指间“变成”了可触摸的“现实”。只是不知道，我们该为之庆幸，还是该为之悲哀。庆幸，是证实了神话所言之不虚；悲哀，是既曰神话，本来无须证实，也无法证实。自古以来，连三皇五帝究竟何指也根本没有定论，何以到了连“尸身”都明确的程度？《尚书大传》说三皇是“燧人、伏羲、神农”；《风俗通义》说是“伏羲、女娲、神农”；《三字经》又有“自羲农，至黄帝。号三皇，居上世”。共工怒触不周山，天柱折，女娲“炼五色石以补苍天，断鳌足以立四极”……《红楼梦》接过了这个神话，将这个今人仍然研究不已的故事，发端于一块被女娲皇遗弃在“大荒山”上“青埂峰”下的顽石……这样美丽的神话故事，就保留在民族神奇的幻想之中，永远地罩着奇异的色彩又何尝不可，为什么一定要运用所谓科技的手段煞有介事地进行确认？6200 年，貌似年代久远，衡之以“造人”的祖先，不是太短太短了吗？不说非洲的人类始祖“露西少女”，单是我们的元谋人，不是也有 170 万年了吗？

不错，学术界也有一种观点认为女娲是真实存在的历史人物。那些认证的专家也说了，女娲首先是原始氏族的名号，同时也成为氏族首领的名字，只是一个“追称”，女娲一代又一代地产生，现在“发现”的这一个“可能是某代或最后一代女娲”。姑且认为此说成立，然而报道又告诉我们，女娲骸骨的考古发现，“为中华文明探源工程填补了上古无文字记载的历史断层，说明山西吉县人祖山是中华文明的主要起源地之一”。而这一“发现”显见有偷换概念之嫌，把此女娲与彼女娲故意混淆起来，一方面让公众以为自己表错了情，另一方面言之凿凿地确立自己的“人祖”地位。出尔反尔，自相矛盾何其甚也！

神话是一种民族文化，它的产生虽然是某个民族生活经历和心理经历的表现，但神话就是神话，它如果能在现实中得以印证，就是历史了。我记得前些年有个地方甚至发现了孙悟空哥哥的墓地，不是令人喷饭吗？如今不少地方，都很有将神话做成事实的冲动，在愈演愈烈的公祭行为上突出体现了这一点，那神仙是在我这儿出生的，是在我这儿仙逝的，是在我这儿炼石补天的，神话里的人物都跟现实发生了密切关联。人们早已知道，这一切都无外是“文化搭台”，但经济的戏能不能唱成，还要存疑，遑论有的纯粹就是“政绩”冲动。“发现女娲骸骨”的报道说，参与吉县人祖山考古工作的单位中“有一家旅游开发公司”，有这一句，似乎什么都不用说了。

“女娲有体，孰制匠之?”伟大的诗人屈原当年也弄不清女娲的来历，故在他著名的《天问》中有此一问。当代“发现”了女娲骸骨，还是用神话概念本身的另一释义来解释比较中的：荒诞的无稽之谈。

（2012 年 6 月 11 日）

另眼看“我靠重庆”

湖北利川打在重庆公交车上的广告语“我靠重庆”，问世未几就夭折了，原因在于网络用语中“靠”字不那么好听。顷见一篇关于利川旅游局局长孙福民的采访，他仍然觉得委屈，认为大家“非要那样理解，真是没办法”，这是“曲解的网络语言绑架了中国语言文字的本真”。我不大认同他的说法，绑架也罢，毕竟“靠”字产生了约定俗成的“歧义”，你还是得正视那个“歧义”，正视你的“正解”效果不可能一厢情愿。

像社会变迁一样，字义也是随着时代不断变迁的。钱锺书先生说过："字有愈用愈宽者，亦复有愈用愈狭者，不可株守初意也。"容颜美丽，身材姣好，今天用之于巾帼，如果退回到春秋战国时期，也可用之于须眉。《左传》说宋华父"督见孔父之妻于路，目逆而送之，曰'美而艳'"；又说公子鲍"美而艳，襄夫人欲通之"。这里的"美而艳"，前一个指孔父之妻，后一个指公子鲍，即后来的宋文公，并行不悖。《晋书》里有时谚曰："石仲容，姣无双。"石仲容即石苞，以斗富闻名的石崇的父亲，纯爷们儿，"姣无双"，听起来肉麻不？有一点可以肯定，时人不是反话正说，实乃"古今字义渐变不同"。宋元之际的学者黄震就认识到了这个现象，他另举例说从前以"媚"字"为深爱而后世以为邪"，"佞"字"为能言而后世以为谄"。钱先生也说，那些用于男士的字眼"使出近代手笔，众必嗤为语病，播作笑枋"。当下则不仅要笑，而且势必以落笔之人为"断背"之士了。

龟，是众所周知的愈用愈狭的一类。唐朝好多人取名还用这个字，著名的就有乐工李龟年、诗人陆龟蒙。龟一特指，就如"人从宋后罕名桧"，大家都避之唯恐不及了。与之相反，驴，却有愈用愈宽的趋势。驴在从前是作为詈辞的，我的故乡骂不听话的小孩叫小活驴。现代汉语中，跟驴搭配的词也很多都是贬义，如驴打滚，高利贷的一种；驴肝肺，比喻极坏的心肠；驴唇马嘴，胡扯、瞎说；驴年马月，不可知的年月；等等。驴字愈用愈宽，就是今天的旅游者已经别称为驴友，虽是谐音，却毫不避讳这个字眼。看驴友的分类，史前驴、引路驴、头驴、逍遥驴等，全是津津乐道的口吻。"我靠重庆"中的"靠"，用法究竟是"狭"了还是"宽"了，怕要专业人士论证才行。

第六版《现代汉语词典》昨天（2012 年 7 月 15 日）已经正式发行，收录了如"给力""雷人""宅男""宅女"等许多日常生活中经常使用的时髦词语，其中不少都来自网络。无论"靠"字今后能否衍生出为辞书采纳的新义项，至少在"我靠重庆"这一句式中，"靠"字的含义被民间"限定"了。因此，利川方面即便非如网友所指摘的恶意炒作，吸引眼球的嫌疑是逃脱不掉的。我们根本没那个意思，全是你们想歪了，此前在城市广告语方面，公众领略过“一个叫春的城市”。而舆论的风向一旦不妙，当事方马上把自己摆在了窦娥的位置，这样的话，再三再四地出现只是时间问题。所以，“我靠重庆”公开面世之前，方方面面的“把关人”都没有提出这里面可能存在的歧义，不是没认识到，而是揣着明白装糊涂。

（2012 年 7 月 16 日）

“青花热水瓶”乃寻常小笑话

央视的《寻宝——走进晋江》节目最近闹了个笑话。不是节目本身，而是一名藏友展示的号称明朝永乐年间的“青花热水瓶”。他说“是郑和下西洋装开水用的”，证据为瓶底的文字：“明成祖内阁司礼太监御宝”“大明永乐六年戊子秋”。殊不知，恰恰是“证据”露了马脚。有个在荧屏前“没等专家鉴定就瞧出了破绽”的观众说：“永乐六年？朱棣还没死呢！刻着他年号的瓷器怎么会出现?”还有个在现场职司“鉴宝”的专家说：“一般来说，没有把皇帝的帝号写上去的，如明成祖、清世宗，没这么写的。”

“青花热水瓶”沦为了笑柄无疑，然这两位的“破绽”依据本身也露出了破绽。“永乐”是朱棣的年号，在现行的公元纪年之前，就是用来标识时间的，永乐六年即公元 1408 年。并且，此种纪年恰恰是皇帝活着的时候才能使用，“永乐”之前是“建文”，之后是“洪熙”，你不在了，才改弦易辙。当然，同一个皇帝的年号不一定只有一个，汉武帝即有“元朔”“元狩”“元鼎”“元封”等一大堆，他迷信，有点“兆头”就会改一个。此外，参照一下“活化石”也易于明了年号的功能，日本现在就仍然在传承着我们的这一用法，今年是他们的“平成二十四年”，“平成”即天皇明仁的年号，1989 年即位，在他之前是“昭和”。所以，从“永乐六年”还根本判断不了“青花热水瓶”是赝品与否。

那个现场专家的话呢？则太含混。因为不是“一般来说”，而是可以肯定地说“永乐六年”不会有“明成祖”。成祖是朱棣的庙号。何谓庙号？皇帝死后在太庙里立宣奉祀时追尊的名号，也就是对死了的皇帝的称呼，哪里有出现在其生前的任何可能？所以，专家在这个问题上应当斩钉截铁，没必要拖泥带水，如此会给公众一种错觉，好像那样说也可以。

“永乐六年”时出现了“明成祖”，时尚用语叫“穿越”。汤显祖《牡丹亭》中，柳梦梅欲发杜丽娘之墓，石道姑云：“《大明律》：开棺见尸，不分首从皆斩哩。你宋书生是看不着皇明例。”宋朝的书生如何看得到明朝的法律？然此种笔意用钱锺书先生的话说，叫作“时代错乱，亦有明知故为，以文游戏，弄笔增趣者”。但如“青花热水瓶”这种穿越，显然出于造假者的无知。不知道为什么，在我们引以为豪的元曲中，这种无知比比皆是。比如马致远的《破幽梦孤雁汉宫秋》，汉元帝登场时居然自道：“某汉元帝，自从刷选室女入宫，多有不曾宠幸，煞是怨望咱。今日万机稍暇，不免巡宫走一遭，看那个有缘的，得遇朕躬也呵。”乔吉《玉箫女两世姻缘》，唐中宗亮相也是说：“寡人唐中宗是也。”对照庙号的定义，可知此种自道有多么滑稽。在《晋陶母剪发待宾》里，作者秦简夫干脆让晋朝的陶侃去考隋朝才诞生的科举，还中了“头名状元”……因为类似的例子不胜枚举，钱锺书先生有个结论：“后世词章中时代错乱，贻人口实，元曲为尤。”这是种什么现象，需由专家释疑了。

“青花热水瓶”只是个寻常的小笑话，大兴土木营造假古董建筑的大笑话其实更值得关注。而在小事上做文章，无他，实在是文化史的一些基本知识于今太过欠缺，本人有“路见不平”之意。

（2012 年 7 月 26 日）

由“东方之门”成“秋裤门”而慨

苏州市的“东方之门”，尚未竣工就成了公众热议的话题。那个有关方面认为雄伟的造型，被网友调侃为就像一条低腰的秋裤。对照图片，相信任何人看了都难免发出会心一笑。略嫌刻薄却又极其传神，凝聚民间智慧的幽默总是这样令人拍案叫绝。

有关方面给出了回应，“东方之门”并非如网友想象的那般恶俗，而是拥有“世界第一门”“中国第一大高楼”等“八最”，是一扇让世界了解苏州、了解中国、了解东方的大门，同时寓意这里是从“古苏州”迈入“洋苏州”的重要门户，这一设计灵感来自于苏州水陆城门的创意。我想，此前谁也不会怀疑这座地标性建筑的寓意所在。问题在于，为什么这样深刻的寓意，竟然能够被公众“曲解”得如此南辕北辙，恰如当年的网友胡戈，用“一个馒头引发的血案”来诠释陈凯歌的电影《无极》？人家那么呕心沥血拍摄出来的力作，他就那么轻飘飘或曰轻薄地给“解构”了，气得凯歌先生放出了“人不能无耻到这种地步”一类的狠话。但是，既然公众服膺“解构者”的一针见血，被解构者就得虚心才行，先看看自家的东西是不是真的被人点中了软肋，一味“色厉”则有心虚的嫌疑。“东方之门”成“秋裤门”，适用于此。

这几年来，各地地标性的建筑越来越多，搞不清是城市真的需要，还是非如此不足以吸引公众对这个城市的关注。然而，受非议的这类建筑也越来越多，感觉隔三差五就有一回，此地或者彼地而已。“大裤衩”一类，“至今已觉不新鲜”，沈阳的“方圆”、广州的“大金环”，前赴后继。“方圆”还名列 CNN 的“全球十大最丑”。当然，我们可以说那是人家价值观的强加，但那建筑咱们看起来也的确不那么舒服，不就是赤裸裸的“孔方兄”吗？广州珠江岸边的“大金环”，更领略不到丝毫的文化含量。

与地标性建筑“遥相呼应”的，是大量城市雕塑的备受非议，新近就有乌鲁木齐的“飞天女神”和郑州的“孝顺猪”。先不要单纯地责怪公众想得歪，应当反躬自问对方案的拍板是否过于草率。本意的“孝顺猪”变成了“流氓猪”，你能说人家那是故意挑刺、找茬吗？恐怕不能。东西摆在公共场合了，就要有由人评点甚至戳点的必要心理准备。黄永玉先生有幅著名画作：小老鼠自语，你说我长得丑，可我妈喜欢我。任何公共场所矗立的东西，因为其“公共性”的一面，先不该“丑”，然后不该只有“他妈”喜欢。

城市地标性建筑或雕塑，虽非关国计民生，但如果经常闹出笑话也须引起重视，以为后来者戒。建筑是百年大计，不能因为“添堵”就把它拆了。唯其如此，尤要慎重行事，动辄引来嘘声一片势必丧失公众对公共决策的信心。不大明白的是，为什么这些“媳妇”的模样如何，不能先见见市民这些挑剔的“公婆”？见的话，有那么难吗？如果见了，“东方之门”或许能矗立得更堂堂正正，至少能避免成为“秋裤门”吧。

（2012 年 9 月 4 日）

看怀宁打造“中国爱情之都”

安徽怀宁准备打造“中国爱情之都”。这是个“孔雀东南飞文化产业园”项目，规划用地 40 公顷，总投资 27 亿元。较之不久前的“开封千亿打造汴京”，数字上虽然逊色不小，但考量二者的身份地位——一个是地级市，一个只是县，以及历史内涵——一个是硬朗朗的七朝都会，一个只是文学作品涉及到的地点，可以发现怀宁这一个仍然气魄非凡。

怀宁何以敢于声称打造“中国爱情之都”？产业园项目的名称已

经透露了底气，而项目的名称自然又是脱胎于著名叙事诗《孔雀东南飞》，国人都耳熟能详。其实那首叙事诗的题目是《古诗为焦仲卿妻作》，但开篇的“孔雀东南飞，五里一徘徊”，显然更蒙大家青睐，乃不知何时起首句成了诗题。《诗经》以及《论语》的篇目都是这种做法，不同的是，四书五经中的这两部是因为无题，而“孔雀东南飞”在于更富诗情画意。改革开放后，全国各地的大批优秀人才汇聚广东寻求发展，这种壮观景象也曾经被喻为“孔雀东南飞”，拓展了古诗意境的外延。

开封曾提出以千亿打造汴京，将老城区改造成近 20 平方公里的旅游区，以重现开封作为北宋都城时的盛况，同时他们还要建设一座现代化新城，接纳未来 4 年内从老城区搬离出来的十几万市民。消息既出，指责声纷至沓来，劳民伤财，得其形而失其魂，云云。对此，《开封古城控制性详细规划》的负责人、同济大学教授阮仪三不这样看，他认为开封的古城规划符合城市规划与名城保护规范的要求，也符合开封古城功能提升的需要。从阮先生对历史名城保护“生死相许”的一贯表现，不难推断此言不虚。那么，好事何以有变质的意味？阮先生认为“政府的夸大宣传可能导致了误读”。怀宁这一个不知究竟如何，既然“项目概念性规划通过了专家评审”，恐怕没有被误读的成分吧。

这样一来，怀宁投入如此大规模的土地，该弄些什么东西便不免使人担忧。《孔雀东南飞》是我国文学史上第一部长篇叙事诗，虽然诗前序文点明“汉末建安中，庐江府小吏焦仲卿妻刘氏”如何，时间地点非常明确，故事也非常完整，但它仍然只是一部文学作品。在想象中叠加想象？他们规划中的“历史人文景观主轴”或许道出了纯属人造景观的端倪：焦刘合葬墓、半月池、圆月池、同心雕塑、爱情广场、鸳鸯湖、爱情剧场等。这一类东西，在神州大地讲“文化”之后委实屡见不鲜，打着不同的旗号，戴着不同的瓜皮小帽罢了，殊途同归的是莫不为公众所诟病。各地何以仍然要“前赴后继”？清人钱泳有个观点似乎适用，其《履园丛话》有一条叫“易于传播”，说“毕秋帆先生为陕西巡抚重修马嵬驿，伊墨卿太守在惠州重修朝云墓，陈云伯大令在常熟重修河东君墓，皆民事之不甚急者”，但地方官吏都非常热心于此，在于那些东西“易于传播，人人乐道之”。马嵬驿是杨贵妃死难的地方，朝云是苏东坡忠心耿耿的小妾，河东君即“真名妓”柳如是（对应钱谦益的“伪名儒”），抓住这些噱头比什么都易于提高本地的知名度，提高了就达到目的了。在当政者看来，这比“民事”要“甚急”得多，文化嘛。

不过，怀宁倘若真的埋头苦干，则不知相邻的潜山县怎么看。看看潜山的“百科名片”，分明有“《孔雀东南飞》的故事就发生在潜山境内”。这些年来，包括神话传说在内的古代名人的“所属”，各地争抢得不亦乐乎，大家都要在古人的身上“分一杯羹”。因此，很想知道潜山方面如何对待焦刘故事的“版权”旁落。同时，也很想知道“梁祝故里”、天仙配“发生地”等该如何看待“中国爱情之都”。

（2012 年 9 月 20 日）

还是应当尊重莫言的态度

作家莫言获得诺贝尔文学奖后，媒体报道说，其被“消费”的程度，已到了令人咋舌的“疯狂”地步。莫言的书、莫言的手稿、莫言的旧居，等等。甚至莫言一篇应景的白酒软文，一部并没有开拍的电视剧剧本，也跟着身价倍增；更有甚者，房地产和烧鸡的广告居然都开始大打“莫言”牌。

莫言的书获得热捧，自然在情理之中。但以他的小说《蛙》来说，2009 年版 27 元，正在接受预订的新版内容只是换了一张封面，将“第八届茅盾文学奖获奖作品”换成“2012 年度诺贝尔文学奖获得者莫言作品”，价格便涨到 35 元，就很难以“情理”来考量。面对被“疯狂消费”，莫言自身无能为力，央视主持董倩像她的同僚一样不能免俗地追问莫言“你幸福吗”，被回答曰“我不知道”，也许正有这个层面的因素。但有些事情莫言知道，而且是很清楚的，比如对待自己旧居的态度。莫言的二哥管谟欣说：“去年，政府曾经提出要修缮旧居，莫言不愿意。”莫言认为这样做劳民伤财，也完全没有必要给地方政府添麻烦，因此他不止一次打电话给当地宣传部部长，不同意修缮。莫言获奖之后，高密已经高调宣布要重建莫言纪念馆，因为现在的莫言文学馆在高密一中里面，仅有两层小楼，展览面积也就1000平方米左右，不能满足接待需求。那么，莫言出生并生活了20多年的旧居，其修缮重新提上日程，显见只是时间问题。

莫言的故居是应当修缮的。虽然作为文化中心的京城，那里的名人故居也接二连三地惨遭厄运，但定睛看去，基本上都是因为它们的地理位置与惦记这块土地开发的人“利益冲突”所致。除此之外，名人旧居还是能够保留下来的。莫言旧居不存在“地价”问题，更是其“幸”之所在。莫言此番得奖，诚如某媒体的大标题所言“莫言空前，莫言绝后”，但“破天荒”的意味仍然不言而喻。从这点来看，旧居的纪念意义已然超出了家族本身，休言修缮，成为文物保护单位也是迟早之事。况且，如今的修缮，“麻烦”肯定是谈不上了，“劳民伤财”更风马牛不相及，相反，势必能够收获更多的回报，莫言对这一点委实倒不用担心。但是，在这个问题上还是应当尊重莫言先生的态度。如何尊重？我以为应该别像当下“过度消费”莫言一样，“过度开发”其旧居，尤其要注意保护旧居周边的“原生态”，故居的左邻右舍、背后蜿蜒流淌的胶河等等，令前来观光的人们若有所思，产生相应的联想。总之，没必要因为大兴土木而把四围拆个精光，让已经成为文化符号的“高密东北乡”的现实所在——大栏乡平安村——来个“旧貌换新颜”。这样说绝非空穴来风，把保护对象的范围无限扩大、注水，以至于形成一个“孤岛”，正是各地一种很普遍的做法。

过度关注莫言身上的“经济价值”，而有意无意地漠视其“文学价值”，漠视这个我们祈盼了多年的奖项带给国家的真正意义，无疑是典型的舍本逐末。我们究竟打算在这条路上走多远，什么时候才冷静下来，还要拭目以待。但是，我也不认同一种观点，那就是文学界借机大倒苦水，什么如果只靠稿费生活，大多数作者处于清贫状态，绝大多数作家的收入比不上公司白领，云云。情况或许如此，但我们还得先看看那些“清贫”的作家究竟给社会奉献了什么，然后再问问社会究竟凭什么要“厚待”他们。他们还是拿出自己的真本领吧，寄希望于莫言获奖来搭一搭“改善”的车，恐怕没有希望，也不应该有希望。

（2012年10月15日）

家乡要种红高粱，莫言你怎么看？

莫言先生的家乡高密，新近祭出了大手笔：计划投资6.7亿元，弘扬“红高粱文化”，包括莫言旧居周围的莫言文化体验区。弘扬些什么，体验些什么，估计都还在“策划”之中，率先崭露头角的是要播种万亩红高粱。莫言老家所在辖区——高密市胶河疏港物流园区——管委会主任范珲说，他估摸着为此一年要投入1000万元，自己先疑惑“钱从哪里来”。不过，这只是从前所说的“私字一闪念”，他马上坚决地“狠批”了一下：“赔本也要种。”

高密的做法似乎可以理解。如今到处都在讲文化嘛，不少跟自己八竿子打不着或者根本没影的“文化”项目，大家都乐此不疲，对古名人故里等还争抢得面红耳赤，何况正宗的、实打实的、就摆在眼前的？没有任何理由不抓住这一N载难逢的大好契机。不过，赔本也要种万亩红高粱之类，我以为还是应当慎行。何出此言？瞎估摸哈，可能他是受张艺谋电影《红高粱》的影响太深，那不过区区50亩而已，却是何其壮观？然而须知，那种壮观是老谋子营造出来的，人家会用光，会进行摄影调度，呈现出的是诗化了的情景。老谋子肯定青睐红色，高粱之外，山西的深宅大院里点着大红灯笼，菊豆操劳的染坊中也高高地挂着大幅红布。而“原生态”的高粱长在那里，真不见得能令人热血沸腾，从前在北方农村生活过的人恐怕都见过；且在成熟的季节高粱才能与“红”为伍，平时都是绿的。说起来会令心已神往的人们扫兴，但现实就是现实。

报道还告诉我们，在莫言的家乡，由于收益太少，高密当地的农民早已不种红高粱。这就道出了高粱“姥姥不亲，舅舅不爱”的另一面。在下成长发育之时，高粱米在每月口粮供应中还占有一席之地，就是说，不吃是不行的，要挨饿。然印象中那东西实在难吃得很，因而没有留下半点哪怕勉强能沾上美妙的舌尖记忆。本来不种了而现在硬要种，高粱米的出路也是个问题，糟蹋了，对不起刚过去的“全球国际消除贫困日”；继续循着电影的思路来？则这出路大约两条：其一是酿酒。当年“我爷爷”醉醺醺地在酿好的酒里撒了泡尿，还成就了“十八里红”的品牌。其二是开发出让游客扮成“我爷爷”“我奶奶”在高粱地里玩儿野合的游戏。可惜，这些在今天都行不通了。往酒里掺尿，还成名牌？透出点儿风来就足够酒厂自己先喝一壶的。野合一类，更与精神文明的要求背道而驰了。

这样看来，高密种万亩高粱还是慎行为好。莫言获得诺贝尔奖这碗饭，我们是吃定了的，但是不必这么匆忙。范珲跟莫爸爸明确表态就是要修缮他们家的旧居，因为“儿子已经不是你的儿子，屋子也不是你的屋子了”。循着他这个玩笑的口吻，我们也可以再开玩笑地说：“莫言已经不是你们高密的莫言。”因此我倒觉得，山东方面乃至国家什么方面，对于“开发莫言”应该有个统筹考虑，别让低水平的、没有多少文化含量的、脑袋一拍就上马的东西占据上风，衬托着莫言这个响当当的文化大奖。不幸如此，那可就是个不小的讽刺，别说到那时人家会说什么，现在我们自己的人已经看不过眼！

眼下因为《神探狄仁杰》而催生的“元芳体”正大行其道，网友跟风模仿产生了各种版本，令人忍俊不禁。在下于此也想凑凑热闹：家乡要种红高粱，莫言先生“你怎么看”？显然莫言先生无论怎么看，看起来都不顶用了。

（2012 年 10 月 18 日）

不要貌似弘扬实则糟蹋京剧

对京剧的“恶搞”升级了。前几天是“比基尼京剧”，这回干脆赤裸裸——有人又端出了所谓“裸体京剧”。前者是在2012年第37届中国区比基尼小姐总决赛和全球总决赛的启动仪式上，参赛佳丽们穿着“京剧元素的比基尼”在舞台上走来走去，此番展示的是摆拍出来的照片。一动一静，或许相互之间不存在什么关联，但给人以遥相呼应之感，那就是：糟蹋京剧。

“恶搞”是我的说法，在人家看来，比基尼带有京剧元素，“惊艳了整个舞台”，应当论功；裸体京剧则是“观念摄影”，超越了感官印象，层次升华了，据说“充溢着图像人类学意味的‘国人’众生相”，意义也深刻了不少。但这也等于在承认，拍摄者借助的只是京剧躯壳，目的是表达自己对社会的认知，属于利用一下京剧，与人家“比基尼”的良好出发点还南辕北辙。换言之，“比基尼”与京剧尽管风马牛不相及，但说到底有积极的成分，裸体京剧则纯粹是消极的。所以，网友吐槽的话，还得分清两种行为的“性质”。小子不敏，却正是学人类学的，在校七年时间也不算短，然而参不透用京剧表现“呻吟、恐怖、呆滞、木僵、虚无感、朽灭感、霉腐与墓穴”之类，如何就成了“图像人类学”？搭京剧的车，敢是认为京剧这种载体本身正具备这些“要素”？

京剧在日渐式微，这是不争的事实。任何一种传统艺术形式，无论曾经怎样辉煌，式微都是必然的。如同生产关系适应生产力的原理，一种文化也是适应一定历史阶段的产物，“江山代有才人出”，文化形式也是这样，唐诗、宋词、元曲，曾经达到了怎样的巅峰？然而也都是各领一时风骚。京剧是这样，其他地方剧种就更是这样。因此，我一向认为，把包括京剧在内的各种地方剧种作为文化遗产来保护是应该的，也是非常必要的，但指望它们重振往日雄风，还能够“走进千家万户”，则是非常不切实际的。京剧作为国粹，其生命力肯定不在于迎合时代、取悦时代，靠迎合、取悦产生的热闹不仅廉价，而且恰是对京剧本身艺术魅力的证否。京剧等要赢得观众，肯定是要凭借那种无可替代的独特魅力，肯定不是仅仅罩上一件光鲜的时代外衣。

当然，任何人也可以有不喜欢什么的权利。鲁迅先生对京剧就没什么好感，当年他在北京勉强去了两趟戏园子，“看小旦唱，看花旦唱，看老生唱，看不知什么角色唱，看一大班人乱打，看两三个人互打，从九点多到十点，从十点到十一点，从十一点到十一点半，从十一点半到十二点”，从行文语气上也能明了他有多么不耐烦，他对男旦的刻薄更是众所周知。即便对家乡戏的某些成分，鲁迅先生也颇有微词，在他的名篇《社戏》里表现得淋漓尽致。比方他最怕老旦，“尤其是怕他坐下了唱”，那回他好不容易兴致勃勃地到赵庄去看戏，却见“那老旦当初还只是踱来踱去的唱，后来竟在中间的一把交椅上坐下了。我很担心，双喜他们却就破口喃喃的骂。我忍耐的等着，许多工夫，只见那老旦将手一抬，我以为就要站起来了，不料他却又慢慢的放下在原地方，仍旧唱”。在当代社会节奏里无论看哪种戏剧，只要不是戏迷，大抵都会是那种感觉吧。

不喜欢归不喜欢，发牢骚归发牢骚，因为终究有人喜欢，有人爱看，有人痴迷。况且，无论上没上名录，包括京剧在内的各种地方剧种都是前人传承下来的宝贵的非物质文化遗产，每个时代都有保留住其精粹、其神韵的义务，尽最大可能别让它们消失、断绝。因此我们应该爱惜它们，尊重它们，应该像对待大熊猫那样把它们当作“活化石”，保护好它们。不要歪曲利用它们，或者打着貌似弘扬的旗号实际上却是在糟蹋它们。

（2012 年 10 月 29 日）

“世界第一牛”，牛就牛吧

如果不是相邻两块铭牌介绍文字自相矛盾，大概湖北郧西县耗资百余万元、2010年便已经落成的“世界第一牛”铜雕，至今还“养在县内”。日前有游客发现，牛头的简介牌标注铜牛“体宽5.6米，高2.38米”，而牛尾的那块又是“宽5.9米，高2.7米”。统计数据“打架”，在咱们这儿早就不是新鲜事了，地方的GDP增速加起来，从来都远远大于全国的。然同一实物的测量数据居然“面对面打架”，该算是新鲜事。饶是“世界第一”，也不过走几步路就能弄清楚，居然也这么稀里糊涂。当然，这种稀里糊涂未必是“独此一家”。今年夏天本人有幸登上峨眉山金顶，发现那里介绍铭牌上左右分布的中英文即对应不了，英文根本不得其解，后来在山下看到路边的另一块单纯的中文牌，乃对山上的英文有恍然大悟之感，觉得配到这里倒是合适。当时要导游跟有关方面反映一下，他来了一顿哼哼哈哈，我觉得他未必听明白了。

我对郧西那个地方没有任何成见，如果不查地图，也搞不清楚它究竟在湖北的哪个方位，但不幸好几年前曾经批评过一次郧西，此番便有些心悸。那次是因为他们热衷于在山上制作大幅“石头标语”：半山腰上挖槽，埋进石头，用水泥抹平，再涂上白色颜料。字大到什么程度？举位于太平寨的“封禁治理”四个字而言，每个字达930平方米，相当于两个半篮球场那么大，放样时要在对面的山上用望远镜和对讲机进行指挥，1200多村民苦干了一个多月。那标语最后赢得了世界第几未知，弄了个灰头土脸是可以肯定的，记得被他们的上级定性为“形象工程”。郧西那时还是国家级贫困县，如今经济发展如何，假以时日愿闻其详，当下对以“世界第一牛”为标志的“七夕文化”如鲠在喉。李洱的《花腔》是我很喜欢的一部小说，里面的白圣韬医生有句口头禅“有甚说甚”，姑且效仿一回吧。

我一向对“坐实”神话传说极其不以为然，对于前人天马行空、瑰丽奇诡的丰富想象，后人从中收获教益即可，何必要认定确有其事？又何必把并无任何边界的它们一定要垄断在自己的“一亩三分地”上？郧西认为自己这里是牛郎织女传说的发源地之一，底气大抵就是流经他们那里的一条河流叫天河，“世界唯一”，而传说中天帝令牛郎织女每年七夕正是在天河上相会一次。郧西在世界上——姑且认为——独享“天河”的河名不假，殊不知，传说中的“天河”实际上是“银河”——Milky Way——就是赵景深先生当年不小心翻译成了“牛奶路”的那条“河”，星星组成的。天河又叫银汉、星河、星汉、云汉等等，别名一堆呢。不管究竟叫什么吧，人家在天上而不在地下，否则，何来“纤云弄巧，飞星传恨”呢？大家如果简单到以为对应个名称就是证据，广州也有“天河”，现在成了行政区，何妨也从牛郎织女传说中分一杯羹？

我当然知道，后人一定要把神话传说“坐实”，说一千道一万，无非是富民乏术的情况下借此提高知名度，眼睛盯着的则无非是可能进账的白花花银两。当下各地对待神话传说、神话人物的态度，采取的貌似弘扬的种种方式方法，大可一棍子抡去，不会有冤假错案。所以，“世界第一牛”，牛就牛吧，休说重达 12 吨，多大都无所谓，只是千万别把属于全体国人的凄美传说这么一来就揽在自家怀里，不仅达不到目的，还无端端地给别人带来伤害：让人家笑掉了大牙。

（2012 年 12 月 24 日）

炀帝墓，还该听听阮元怎么说

扬州又发现了一个隋炀帝墓。4 月 12 日，扬州市文物局召开新闻发布会，正式宣布了此事。报道说证据很充分，出土了 4 只体积巨大的鎏金铜铺首、金镶玉腰带等；尤其是还出土了墓志，上面写着“隋故炀帝墓志”，内容有“隋大业十四年”（炀帝被叛军缢死年）、“帝崩于扬州”等字样。

之所以说又发现了一个，是因为原来已经有了一个，也在扬州，还是省级文物保护单位。资料说，那是清朝阮元鉴定的，由时任扬州知府伊秉绶书写墓碑。此墓与彼墓之间，相距5公里。然而，隋炀帝只有一个，“真”的陵墓不可能有两个。曹操有疑冢七十二，那是历史上有人糟践他编出来的，就算的确如此，“真”的也还是只有一个，或许是安阳前两年热闹一时的那个，或许不是，关键在于出土的物证能够让人信服。一旦让人信服，墓主是不是史书上记载的皇帝、名人都不要紧。

新发现的这个炀帝墓是现在的专家鉴定的，自然有他们的道理，本人也十分愿意看到“此次考古发现还原了历史真相”，但和“旧”墓的鉴定比较起来，“新”的目前来看基本属于自说自话的性质。我们应当模仿前些年非常盛行的高校辩论赛的程序式做法，己方陈述之后，再听听“对方辩友”的观点。也就是说，如果以“新”的来否认“旧”的，就还该听听阮元怎么说。就算当年是“误判”吧，他究竟是根据什么鉴定那个墓就是炀帝墓，是像泰山上弄个“孔子小天下处”那么随意，还是有他所掌握的材料足以支撑他的论点？

阮元可不是个简单人物，乾隆时的进士，老皇帝当时高兴地说：“不意朕八旬外复得一人！”阮元后来虽然在中央和不少地方都做过大官，有“三朝阁老，九省疆臣”之谓，终究学者的成色十足。《清史稿》本传里有他的学术成就介绍：“敕编《石渠宝笈》，校勘《石经》。再入翰林，创编《国史儒林》《文苑传》……集《四库》未收书一百七十二种，撰提要进御，补中秘之阙……海内学者奉为山斗焉。”挑与我们相近的事说，他任两广总督期间主持编纂的《广东通志》，梁启超如此评价：“大约省志中，嘉道间之广西谢志，浙江、广东阮志，其价值久为学界所公认。”

因此，以阮元的学识、地位来鉴定炀帝墓，想来非轻率之举，尤为关键的是，他那个时候“认定”什么，动机比现在相对纯粹一些。比方前面所言的“曹操墓”，大家这边对其真假还在议论纷纷呢，他们那边已经参照陕西兵马俑的游客量、门票价格，然后几乘以几等于多少，靠这块招牌一年能赚多少亿，开始拨弄自己的经济算盘了。阮元那时可能是纯文化的考虑，至少断不会有“什么搭台、什么唱戏”的理念。而阮元怎么说，今天倘若没有直接的材料，自然不可起其于地下而问之，而是需要下功夫去爬梳典籍。总之，我们不能用一块墓志、几件不同寻常的东西，还没弄清阮元的依据，就轻易地否定掉他。

苏东坡当年认定黄州赤壁就是三国赤壁古战场，挥毫“大江东去”，时人即有非议，而“东坡赤壁”今天也还是全国重点文物保护单位呢。所以，无论怎样，阮氏炀帝墓的价值仍在。然归根到底，炀帝墓的“新陈代谢”慎重些最好。

（2013 年 4 月 15 日）

现任市长与文化标志物扯不到一起

山西省正在评选他们的十大文化符号。此举的积极意味不言而喻，用他们的话说，“堪称总结山西五千年文化标志物的一次大型文化普及活动”。然而有意思的是，从今年 3 月 15 日起启动的这项活动，截至 6 月 23 日下午 5 时整，暂时排在第一位的却是太原市长耿彦波。说老实话，尽管这并非最后的结果，我也还是有点哑然失笑。概因主办方的用意再清楚不过：希望通过这次评选，让三晋文化被人们所熟知并传播开来，让真正能代表山西、代表大众心声、代表五千年文明的山西符号展现于世人面前。

我对耿彦波市长并无任何芥蒂，如果不是因为年初他调任太原时，大同市民“出于对政策延续性担心”而强烈挽留闹出的轰动性新闻，现在都未必知道他。相信他进入公众的视野，也都是通过这个途径。按我的浅薄理解，五千年的文化标志物，必不可少的前提在于历史积淀，人物当然可以入选，但在世的人物显然不合适。美国《新闻周刊》曾经评选过12个国家的20种文化符号，其中也评了我们的，道是：汉语、北京故宫、长城、苏州园林、孔子、道教、《孙子兵法》、兵马俑、莫高窟、唐帝国、丝绸、瓷器、京剧、少林寺、功夫、《西游记》、天坛、毛主席、针灸、中国烹饪。这里面的孔子、毛主席就是人物，然而是基本上可以盖棺论定的人物，只是如何盖、如何论的问题。当然，他们的评选是根据美国、加拿大、英国等国家网民投票产生的，我们那些投票人也可以说是自己的意愿，耿市长就是“文化标志物”。如果是这样，那么我还想说，他们这是没弄清评选的性质所致，至于方向出了偏差，因为这不是在评选十大最受欢迎的领导干部。现任市长作为个人，与文化标志物尤其是五千年范围的，根本拢不到一起。

山西的“文化标志物”数不胜数。5月初，国务院公布了第七批全国重点文物保护单位，山西以181处入列，不仅这次的数量居全国之首，而且总量也继续蝉联全国第一，有452处之多。我们广东总数仅为98处，当然，作为历史上的后开发地区，也无须自卑。1997年夏，一个偶然的机会笔者到了山西运城，去之前对那里一无所知，到了之后真是目不暇接。关帝（旗舰）庙、关公故里、八百里盐池（史上著名的解盐产地）、全国唯一的（盐）池神庙、司马温公（《资治通鉴》作者）祠、普救寺（《西厢记》故事发生地）、出土未几的黄河镇河大铁牛，等等。每一处，睹物遥思，心旷神怡。那仅仅是一个运城啊！大同人民对耿市长有着深厚的感情，在投票时青睐之是可以理解的，但大同毕竟只是山西省11个地级市中的一个，耿市长的得票却排了第一，尽管是暂时的，也难免令人感到一丝吊诡。不知怎么，想起了前几天安徽的张林森副县长结束在潜山的挂职回安庆，以潜山十强企业为首的企业老总到高速路口欢送时打出的“有这样的好干部，中国梦一定能实现”等横幅。瞎联想，然“想”者无罪，“听”者足戒。

在我的眼里，山西的十大文化符号之首，无论如何也非关公莫属，那是明摆着的。关公的影响既超越了省界，也超越了国界，早就形成了关公崇拜。广东的许多人家尤其商家，神龛上不也都站立着红脸提刀的关二哥吗？浏览所见，评选十大文化符号举动除了山西之外，似乎只有陕西搞过，他们评出的十大是：兵马俑、大雁塔、黄帝陵、西安城墙、革命圣地延安、秦腔、碑林、秦岭、半坡遗址、羊肉泡馍。受此启发，广东不妨也评选一下自己的十大，广州建城毕竟已有 2200 多年了，虽然比人家发祥得晚，但不代表我们没有引以为傲的文化符号。

（2013 年 6 月 24 日）

“随处小便”与“小处随便”

十几个大老爷们居然在颐和园的公共空间里当众小便！这种丢人现眼的举止不要说令外国游客摇头，连我们自己人也一致挞伐，拍照之后发的微博，令我们见识了那些人的尊容。前一段，埃及卢克索千年神庙的浮雕上刻上了中国人“到此一游”的字样，把脸丢到了国外，引起国人的愤慨。两者相比，不同之处可能只在于，那个不光彩的图片是“出口转内销”，这个是咱们自己“立此存照”。

不错，人有三急，其中的“内急”就包括小便。那是人体新陈代谢的需要，经由泌尿系统及尿路排出体外的液体排泄物，但凡脊椎动物都是如此。有两位乒乓球世界冠军（过去了的事情，不再点名了）都曾因小便问题先后吸引过公众的眼球，当然，他们当时都带有醉意，找不着厕所或者找着了保安不让进去，与这十几条汉子的情况性质不同。前几年各个城市的“如厕难”每成焦点，于是二百五的地方为了显示决心和力度，不分青红皂白，马上宣布投入多少万元打造若干“天价公厕”，浑不知国人方便之所不是质量不高而是数量不足，因而落得自取其辱的结局。但颐和园并不存在这类问题。其管理处回应称，颐和园内共有 150 余处公厕，且布局合理；其官方微博的回复更具体，汉子们小便的地方，向北 1 分钟可到新建宫门卫生间，向西 5 分钟可至南湖岛卫生间，向南 8 分钟可达绣漪桥卫生间。内急得半分钟也等不了的情况固然不乏，但不会齐刷刷地同时有十几个之多；况且，当人家喊着告诉他们前面就是厕所时，“他们却笑笑，继续低头”干事，甚至对身后人士的拍照记录丑态也无动于衷。孙悟空和如来佛打赌的时候，写完“齐天大圣到此一游”，收了毫毛，还有后续动作，那就是“又不庄尊，却在第一根柱子根下撒了一泡猴尿”。在颐和园里“随处小便”的那些汉子，用一句“不庄尊”可以蔽之吗？不能。

有这么一则历史故事：有位书家的字大家很喜欢，在自家大门外面贴什么人家就揭走什么。有一次贴了“不可随处小便”——可见从前的此类现象比现在严重得多，在人家大门外就开干了。书家以为这些不能登堂入室的字该不会有人要了，但还是不翼而飞。当他再看到这几个字，已经被人家颠倒次序重新装裱了起来，道是“小处不可随便”，不仅与低俗无涉，而且还非常富有哲理。应当承认，如今“随处小便”的人已经少之又少了，颐和园里的那些汉子究竟是中了什么邪，还有待媒体的后续报道。但“小处随便”亦即行为不文明的人仍然比比皆是，“随处小便”的人就是其中一种。所谓小处乃相对而言，前一阵子公共场所严厉禁烟，这一阵子对行人乱过马路严厉处罚，针对的都是“小处随便”的人。然“小处随便”，大处亦未必能严谨，这个逻辑关系基本上是成立的。“不洒扫一庭何以扫天下”，说的也正是这层道理。在公共场合仍然吞云吐雾，自己惬意了，周围的人却要受二手烟的毒害；连遵守“红灯停、绿灯行”的基本意识都没有，法制素养云云不是奢谈吗？

时下养狗的人家很多，因为狗的吠叫扰攘邻里，以及新近各地传来不断伤人的负面消息，以至于有成为公害之势。大家都知道这个人类最忠实的朋友还有个极其不良的习惯，那就是小便多且便得随意，大庭广众之下见到直立的杆子、柱子，往往就抬腿来一家伙。绝大多数的人为什么不会这样？因为人是有羞耻之心的。颐和园那十几个爷们和准备效仿的后来者，应该明白如此浅显的道理。

（2013 年 7 月 3 日）

这种“博物馆”还是关门吧

河北衡水曝出了一个奇葩博物馆。在那个以瓷器为主的“博物馆”（还是加上双引号妥帖些）里，“稀世珍品”多得很，颇具“震撼性”。报道说，虽然主流观点认为青花瓷器滥觞于唐代，但人家的藏品不仅有“隋青花”“魏青花”，还有款识“炎帝制造”的“青花人物纹罐”。主流观点当然可能不对，一些重大考古发现之所以重大，要么是填补了文明的空白，要么就是推翻了先前的认识，把某种文化的起源提前了多少年，等等。但是那个“博物馆”里的东西，诸如大明永乐年间的全套一百单八将瓷盘、大清雍正年间的“金陵十二钗”，就显见蒙人的出发点了。一下子记不起是哪本笔记丛刊记载的：某人炫耀自己的藏书，其中有一套宋椠元秘史，也就是宋朝刻印的元朝史书。原本以为只是个笑话，看起来彼时已经发生了这种状况。

拥有那些“宝贝”，自然谈不上什么过错，但拿出来公开展出，还要借助“博物馆”的外壳招摇于市，就有议论的必要了。有记者发现，那个号称投资 5400 万元的村办博物馆不但是国家 3A 级景区，还是衡水爱国主义教育基地、河北省级科普基地。我们的“挂牌子乱象”又添了一个明证，此处先不理论这点。当地的网站说，该馆建于 2007 年 11 月，2010 年 7 月开馆，占地 60 亩，馆藏文物近四万件，“时间跨度由远古至明清，是衡水市乃至全省最大规模的民间博物馆”。且自开馆以来，该馆已“成为衡水湖畔一道亮丽的风景，带动了全市旅游产业的上档升级”。7 月 1 日《衡水日报》的报道里，该馆还是京衡城际专列旅游的两日游景点之一。这样来看就是害人不浅，更有指摘的必要了，群起而攻之是可以预见的，即便如此也并不为过。

我在以前的文字里写过，博物馆作为物质文明与精神文明财富的展示、收藏、研究之地，起着传播知识，提高公众文化素质的功用。由于博物馆在教育方面表现出巨大的灵活性和有效性，国外许多人都把它视为自己的“终身学校”“生动的百科全书”。但倘若我们发现这“学校”跟“史上”的“克莱登”差不多，这“百科全书”类同前一段此起彼伏的盗版《新华字典》，则这所谓精神食粮就还不只是霉变的问题，而是从根子上就不能与“好”字为伍，公众的文化素质非但得不到任何提高，反而会被误导，被戕害。我想，有关方面当下对奇葩“博物馆”的四万件藏品有逐一排查的必要，“去粗取精”讲起来似乎奢侈，但至少要“去伪存真”。如果做不到这一点，这种“博物馆”还是关门吧。

衡水的这个“博物馆”注定将以笑柄为今后所道及，但我们在喷饭或抿嘴之余，不妨提醒有关部门审视一下自己的周边，有没有类似的南郭先生在滥竽充数。前几年，我就在广州市某区的什么园里（还是不点名为好），开了不少“眼界”。那里虽然未以“博物馆”名之，但功能一般无二，器物陈列嘛，只是衡水那里是瓷器，广州这里主要是青铜器。与奇葩“博物馆”藏品的“另一个显著特点”相同，这里的器物形体也是非常之“大”，半人高的东西比比皆是，一字排开，壮观倒是挺壮观，但成色呢，在我们这些略有些相关知识的人看来，也禁不住一瞄，更不要说凝神注目了。我在事后咨询过一位参与过此批藏品鉴定的业界人士，他很干脆地回答：“哪有一件真的？”由着一望而知的赝品大摇大摆，跟纵容露了马脚的骗子又有多大的区别？

公众可以谅解无心之失，但决不能容忍公然欺骗！对博物馆如此，其他亦然。

（2013 年 7 月 9 日）

归咎“镇水神兽”真是无稽之谈

四川连日来暴雨成灾，导致全省多地发生洪涝、泥石流灾害，给当地百姓生命财产造成了巨大损失。暴雨及导致灾难的成因是多方面的，吊诡的是不知何人“分析”出这样一种：成都天府广场修建四川大剧院工地上出土了那尊“镇水神兽”，坏事了，应当尽快将它埋回原地。看来看去，不像开玩笑的样子，果真严肃的话，则进入21世纪都13年了，这种无稽之谈居然能够诞生还能够传播开来，不仅可叹而且可悲。

成都在去年底的确出土了一个重约8吨的石兽，究竟是一头什么动物，犀牛？石狮？河马？没有定论。但根据地层和形制风格，制作年代可推测为距今大约2000年，上限是秦汉，专家当时即认为与治水有关，甚至有可能是李冰的遗留。众所周知，李冰以开凿著名的都江堰而享誉后世。不过，无论是历史上哪个时代，出现“镇水神兽”都是正常现象，从前的人，“三观”如此，他们笃信镇物的功能，衙门口、陵墓前，有条件的也往往都立着镇物。如果“镇水神兽”跟李冰关联，那就更不足为奇了。去年慕名参观都江堰的时候我就在想，当年的工程一定有非常惨烈的一面，《华阳国志》里的神话传说可以佐证。“(李)冰凿崖时，水神怒。冰乃操刀入水中，与神斗，迄今蒙福”。都江堰落成之后，河水仍不安宁，“江神岁取童女二人为妇”，于是，“冰以其女与神为婚，径至神祠，劝神酒，酒杯恒澹澹”。然江神敬酒不吃，李冰在“厉声以责之”之余，变身成牛与江神战斗。《太平广记》对此描述得更活灵活现：“江神龙跃，冰不胜”，出来再想办法，乃“选卒之勇者数百，持强弓大箭”，自己“以太白练自束”，让岸上的人射那个没记号的。结果终于杀掉了江神……

我们的先辈解释河水泛滥，就是这样的世界观：水里有东西作祟。对付的办法，要一物克一物，镇住它。留心一下还可以发现，传承下来的塔很多都建在河边、江边，实际上那正是镇物的一种，镇河妖。沙悟净归顺唐三藏之前，在流沙河里就扮演着河妖角色，对过往行人兴风作浪。许是“三观”中的此观太深入人心之故，镇河妖甚至为土匪黑话所吸收。样板戏《智取威虎山》里，杨子荣刚打进匪窟就被座山雕劈头问了一句：“天王盖地虎！”杨子荣大义凛然回敬的就是：“宝塔镇河妖！”因为有“镇”有“妖”，加上老杨展现出的英雄气概，使人难免觉得这是邪不压正的一种表现。其实在样板戏取材的曲波小说《林海雪原》里，对此有相应的“翻译”，看了真让人大跌眼镜。原来座山雕问的是：“你好大的胆！敢来气你的祖宗？”杨子荣回答的是：“要是那样，叫我从山上摔死，掉河里淹死。”这么大的一个决不足以烘托正面人物形象的漏洞，不知在抠得那么精细的当时怎么轻易地溜了过去。

从前人的“三观”如此，任何今天看似荒诞的行为就都是正常行为。但今天的人相信因为“镇水神兽”的出土而导致了相应的灾难，则大谬不然了，相当于眼睛固然盯着屏幕在上网，屁股那儿却从衣服里露出了辫梢。也就是人虽是21世纪的，知识水准却还停留在封建时代。我想，真的要关注四川此次洪水及其带来的灾难成因的话，应该关注的是诸如上个月刚刚加固完成的桥梁为什么那么不堪一击之类，那座应该坚强的桥梁如果坚强了，也就不会出现5车坠河、6人失踪的惨剧。我们尤其应该关注这里面有没有人祸的因素，这才是值得认真记取的教训。“镇水神兽”坏事，太扯淡了！

（2013年7月11日）

“老子喊你”与“叫春”属同一路数

河南栾川日前在武汉举行的旅游推介会颇有创新的意味。亮相登场了三位著名的古人：汉光武帝刘秀、道家始祖老子和商朝名相伊尹。由这三位分别给栾川的三个景区代言。但见“刘秀”身穿龙袍，头戴九旒冕，“老子”和“伊尹”怎样没说，想来也是“当年”的装扮吧。从消息中看，这种扮演收到的效果颇佳，赢得了在场观众的赞叹。而相应的宣传口号就不同了，伴着“刘秀”的是“想做皇帝吗？来栾川吧”，虽然在从前看来是明显的“大逆不道”，但在今天聊作一笑可也；遭非议的是伴着“老子”的那句：“道家始祖老子，老子喊你回‘家’。”

有网友就质疑了：“谁是谁的老子?!”这种质疑是有道理的。老子诚然可特指一个叫作李耳的个人，但读“子”的时候需加重语气，与“老”的分量等同，“老子（zi 上声）”；如果“子”字轻了，变成“老子（zi）”，就成了日常习语中借以托大的一个口头禅。电影《小兵张嘎》里，胖翻译吃完西瓜就走，嘎子拦住他要钱，胖翻译说了句著名的台词：“别说吃你几个烂西瓜，老子在城里吃馆子都不给钱。”毛主席在《改造我们的学习》中批评一种干部作风：“无实事求是之意，有哗众取宠之心。华而不实，脆而不坚。自以为是，老子天下第一。”这两处的“老子”就都是“老子（zi）”，与主张“无为”、以“道”来解释宇宙万物演变的那个老子（zi 上声）并无半点交集。这一点其实不用我废话，讲普通话的国人都可以娴熟地运用两者，不会混淆。那么，栾川的“老子喊你回‘家’”，实际上是在试图利用汉语字同音不同，进而表达不同意义的奇妙特性，有意模糊两者的本质区别。因为是“从很多条标语中筛选出来”的，还自以为很绝。

面对非议，栾川回应称此举只是为了追求更好的宣传效果，没想到会这样。这不是一句老实话。概因此前，类似的口号至少灰头土脸了两回，大家肯定记忆犹新，那就是江西宜春那句“一座叫春的城市”，以及湖北利川刷在重庆公交车上的“我靠重庆”。“老子喊你”与“叫春”“我靠”，完全属同一路数：以双关之语来引发公众的暧昧联想。宜春的地名中诚然有春，利川与重庆地理位置相近诚然“紧靠”重庆，但“叫春”“我靠”同样各是一个词语，什么意思就毋庸在此赘言。拍板决定这些广告词的人不是不知道，“打马虎眼”而已。我来诛一下心吧，他们一定以为握着“退可守”的盾牌：我们根本不是那个意思，是你们想歪了。然而，这却比路人皆知的“司马昭之心”更加显而易见，纯粹小儿科的伎俩。另外，栾川方面果真“没想到”这种结果的话，他们就称得上是陶渊明遇到的“桃花源”中人了，因为猫在那里的人才“不知有汉，无论魏晋”！现在，“叫春”“我靠”的覆辙重蹈，只能说他们根本不长记性。还是前人概括得精辟：“后人哀之而不鉴之，亦使后人而复哀后人也。”然而，单是个宣传口号倒也罢了，遗憾的是我们当下很多领域的很多事情都是这样。

“重庆这边，凉城利川”后来取代了“龙船调的故乡：我靠重庆”；宜春那里不知换成了什么，“叫春”一定是叫不下去了。以此来推断，“老子喊你回‘家’”注定只是昙花一现。接下来我们需要关注的是，还有没有哪个自作聪明的地方，再在城市或景区的宣传口号上跌入前面的陷坑。饶是不同的地方，也应该“不贰过”。当然，这对相关人等的文化素养无疑是一项很高的要求，目前来看只能是奢望。

（2013 年 7 月 17 日）

“气功大师”很有风险哦

气功对国人来说是耳熟能详的。但什么是气功？《汉语大词典》给了两个答案：一曰我国特有的一种健身术，一曰我国特有的一种武功。对于前者，道是“以集中意念、调节呼吸、柔和运动等方式，诱发人体潜力，促进各系统的机能，增强体质”。对于后者，道是“运气后得大力，能碎砖破石，承受重压重击。或显轻功，能悬体纸条而纸不断，人登气球而球不破”。我这套《汉语大词典》是 1997 年 4 月第一版，不知日后会否修订，修订之时关于“轻功”的表述是否会有变化。因为事实证明，变戏法也可以办到那些。某年春晚，有个胖姑娘表演踩鸡蛋而不碎，就被识者“说三道四”了一回。

但谁也不会否认，气功是我们的一项优秀文化遗产。有人考证了，《庄子》之“真人之息以踵”，《孟子》之“养吾浩然之气”，甚至朱子之“半日静坐半日读书”中的“静坐”，说的都是气功。按道理，气功师或曰气功大师，显系精通气功的人物，实际情况似乎不然，不仅对不上号，而且倒有与“骗子”同义的意思。一段时间以来，我们都耳闻目睹了不少“气功大师”的倒掉，名单不列了吧。新近又补充了一个：王林。所以不列名单，正因为这个王林。据说，他的本领之一是能够在几十米之外“戳死”司马南，不知前面那些死而不僵的“大师”有无放蛊落降头的本领，老生怕怕。

如今被封为“气功大师”，很风光但同时也是极具风险的一件事情。改句歌词来说，“风险总在风光后”。由风光到风险成真，犹如五代十国时的军事形势，“转寇仇为父子，咳唾间”，吐口痰的工夫。几天前，王林还是某个特定范围内了不得的人物，这从其与各路俊才——至少从其与商界、演艺界大腕大佬们的合照中可窥一斑，簇拥环绕之甚者，还要认“干爹”。我忽然想到一个问题，那就是由风光到风险成真的边界在哪里。以前读技工学校的时候有一门课叫金属工艺学，印象很深的是不管多硬的金属，也有各种极限，疲劳极限、拉伸极限、强度极限，甚至硬度极限，等等。极限嘛，逾越了就发生质变。“道士”李一刚刚见诸媒体，旋即被打回了原形。王林本来一直以来也是低调的，“在相对封闭的空间里，经营着名声、财富和权势”。前些天不知动了哪根筋，用悍马把马云、赵薇和李连杰接到府上，然后把三个人在他家中的合影放到网上，坏菜了……由此看来，风光与风险成真的极限或曰边界，或许就在于私下摆多大的谱都不要紧，但不要公开张扬，潜伏在全国各地的各路网友，早已练就了露头就打、一打就准的过硬本领。

一个奇怪的现象是，为什么那么多商圈的、演艺圈的脸熟男女对王林趋之若鹜？他们都可以用聪明过人来名之吧。今日《南方都市报》的标题起得很好玩：以后，不要随便和别人合照了哦。当然，编辑心里也会很清楚，照片上的笑意盈盈乃至亲密无间，表明他们不可能是“随便”。那么，他们是对王林的本领笃信不疑了？这是一种什么心理，真要呈请方家不是“砖家”见教。

像“小姐”一样，“气功大师”如今几乎就是一个贬义词，倒掉之前是“神”，倒掉之后是“鬼”，泾渭分明。真正的气功大师肯定与“空盆来蛇”以及“断蛇复活”的本领无涉，但老百姓已经给这些江湖杂耍弄花了眼睛，所以究竟是什么气功，亟需以正视听。我们那么喜欢推出各行各业的典型人物，为什么不推介几个真正的气功大师呢？如果有的话，揭露假的与推介真的，就应该并行。总之，别因为接二连三的江湖骗子糟蹋了祖国的优秀传统文化，使公众对我国“特有”的气功本身全然丧失了信心。

（2013 年 7 月 23 日）

“王昌龄宴饮处”，别逗了

今天有则消息说，唐代著名诗人王昌龄在南京夫子庙的古迹——“王昌龄宴饮处”被一家宠物水族店给占据了。有网友条件反射地评论：如此糟蹋古迹令人不可思议。可不，房子外面还挂着“非物质文化遗产”的灯箱呢，哪能这么干。

如果“王昌龄宴饮处”真的是古迹，变身宠物店就不仅是糟蹋了，简直可以掷过去“亵渎”二字。问题在于，为什么那里是“王昌龄宴饮处”？故居、故里什么的相对好办，尽管这几年好多地方为了争夺这些打得热火朝天，无不声称自己是正宗，但毕竟各有所本，谁叫许多“陈年流水簿子”本身也“浑浑噩噩”呢。宴饮，设宴聚饮的地方。王昌龄是山西人，在南京有个“宴饮处”，不是人家请他就是他请人家了；就算那是他逗留南京之时定点吃饭的地方，一天到晚来来回回的觥筹交错都发生于此，我想问的是：这是何方神圣如何考证出来的？

从前矗立江边的名楼，可能都是酒楼。元杂剧《吕洞宾三醉岳阳楼》，开场白就是酒保自道：“自家店小二是也。在这岳阳楼下开着一个酒店。但是南来北往经商客旅，做买做卖，都来这楼上饮酒。今日早晨间，我将这镟锅儿烧的热了，将酒望子挑起来。招过客，招过客！”《水浒传》里的浔阳楼也是吃饭的地方，牌匾乃东坡手笔，彼时的知名度可见一斑。宋江被刺配江州，有一天溜达到那儿，喝醉了，“潸然泪下，临风触目，感恨伤怀”之余，写了些大逆不道的句子。这两年听说复建起来了，不知有没有在二楼弄个“宋江吟反诗处”，想来会的，复建此楼的目的，或正因发掘此等宝贵文化资源也说不定。撇开文学作品，倘说黄鹤楼是“崔颢宴饮处”，滕王阁是“王勃宴饮处”，饶是此楼非彼楼，新楼非旧楼，但多少还是靠一点儿谱，而如夫子庙管委会负责人所说，“王昌龄宴饮处”这一排房屋，不过“是2006年夫子庙秦淮河亮化工程建造的配套房屋”，那么，此处“文化遗址”便成了扯淡不是？

“王昌龄宴饮处”，还是别逗了。这些年全国各地乃至全球都很重视文化，或是因为全球重视才引起我们的重视吧，这一点说不清。在这讲“文化”的时代，我们既看到了不少被淡忘或消失的传统文化正在呈现复苏之象，但同时也看到好多挖空心思闷头“制造”文化的人，正在愈发显现出毫无文化的态势。前几年，有个地方居然找到了“关云长读《春秋》处”的遗址！不过就是施工时发现了一处长宽各4.5米，厚度为60厘米的条石基础而已。当然了，国人的文化造假颇有渊源可溯。泰山上的“孔子小天下处”石碑，就是明朝的一个地方官鼓捣出来的。《孟子》里有“孔子登东山而小鲁，登泰山而小天下”，他就代夫子立了这碑。他那个东西今天却成了古董，“革文化命”的时候给砸了，前几年又立了起来。现在不算古董，几百年后还不算吗？今天对假古董孜孜矻矻的人，秉承的可能正是这种理念。然而就算是捕风捉影吧，总得有点儿风影可捕可捉吧？

南京是著名的六朝古都，我有一年参加高考（不好意思，总共考过3次)，历史卷子里要求回答是哪六朝，印象很深。既是六朝古都，就不乏真正的文化遗产，不需要“王昌龄宴饮处”这些不着四六的东西滥竽充数。休说搞宠物水族店，把那块“挂羊头”的牌子摘掉，也就是寻常的铺面，愿意经营什么就经营什么好了。有意思的是，那个“非物质文化遗产”的灯箱，在管理者嘴里居然“是之前一个销售茶叶和玉器的商户，自己加上去的”。这就跟凡是坏事、见不得人的事都是“临时工”干的异曲同工了。对那块责成尽快拆除的灯箱，你是报纸曝光了才看见，还是先前就知道而“将计就计”?

(2013年7月30日)

自省“泡脚”总是有益无害

一组国人在法国罗浮宫水池中泡脚的照片，又引发了舆论的热议。有趣的是，不像埃及神殿那里的“到此一游”，一边倒地对国人素质如何之低进行挞伐，这次同时出现了一种愤愤不平的声音：外国人也在那泡，不能摘出国人来横加指责，没必要自虐。7月31日罗浮宫方面的回应佐证了这一点，说“西方(泡脚)游客尤其多，中国游客倒并不常见”；且在那里泡脚虽然不准，不过天气很热时他们也不加干预。昨天在《南方人物周刊》里还看到一帧照片，同样是法国，埃菲尔铁塔前的广场喷泉中，甚至有不少一看就是老外在里面玩水，画面中最突出的那位，还像跳水队员那样“抱膝后转身翻腾”呢。想来法国的此类设施，利用得非常灵活。

这样一来，我们多少有些释然，宽慰则说不上，老外也那样不代表我们就可以那样，毕竟人家的前提是对这种行为是禁止的。有人说，英法联军当年火烧了圆明园，我们凭什么不能去他们那里泡泡脚?按照这样的“爱国主义”逻辑，我们的泡脚大军哪一天在泰晤士河岸边一字排开，怕只是时间问题了。我当然明白人家那是调侃，所以自家也跟着调侃一回。但就算泡脚事件令国人感到些冤屈吧，检讨一下自己的行为究竟如何总是有益无害。曾子没什么把柄给人抓着，还要“吾日三省吾身”呢。

国内游就不说了，国人出境游时的形象不佳，连《人民日报》今天头版评论此事的文章都承认了，认为正是因此，中国游客在海外的形象常被戏称为“金主”，贡献了消费却得不到尊重。然而，如何让国人在出境游时文明起来，我们显然还没有找到有效的办法，只是埋头出台文字性的规范。2006 年 10 月，中央文明办、国家旅游局联合颁布了《中国公民出国（境）旅游文明行为指南》和《中国公民国内旅游文明行为公约》；紧接着，再联合另外八个部门发出了深刻领会贯彻《指南》和《公约》的通知。时至今日，不要说具体内容是什么吧，了解《指南》和《公约》存在的也不知能有几人。悲观地看，知不知道也无所谓，因为那里面讲的实在都是空洞的常识，“讲究卫生，爱护环境；衣着得体，请勿喧哗”云云，于事有补否？埃及神殿里中文的“到此一游”一出，我们觉得丢脸了，重申《指南》，再一番“参观游览，遵守规定；习俗禁忌，切勿冒犯”。行为举止嘛，文明与否的范畴，总不能用法律来约束，但个人觉得这样下去，怕是《指南》不知要重复多少遍、多少年。先前有报道说，香港航空公司为了对付“空怒族”而让空姐练习咏春拳，虽然航空公司方面马上予以否认，声明“所有的一切都是为了向乘客提供更好的服务，绝对不是为了应对‘攻击’”，目的是培养 MM 们坚强的意志，增强身体素质。话是这么说，但估计不顺心的乘客今后搭载香港航空，发作之先，心里总要嘀咕一下。这类柔中有刚的“威慑”暗示，我们的《指南》能否找到可资借鉴之处？

提升游客的出游文明，无论国内国外，我们都得抓住“根本”，不能这里刻字了就叹息一声，那里泡脚了又摇几下头，然后是无休止地说些车轱辘话。这样“头痛医头，脚痛医脚”，对于提升文明素养也就不可能奢望。现在的新问题是，如果我们连叹息都没有了，头都不摇了，觉得这些鸡毛蒜皮的事不要动不动就拔到国民素质的高度，那就可能连解决的希望都没有了。什么都挺好，又有什么好提高的呢？前几天，面对杭州西湖的泡脚大军，已经有不少声音在表达愤愤不平之意，认为“过度自我批评的民族自卑情绪太盛了”。这就走向拒绝省身的极端了吧。

（2013年8月1日）

对纽约跳舞的中国大妈抱憾

中国大妈的广场舞在美国跳出麻烦来了。报道说，一支华人舞蹈队日前在纽约布鲁克林的日落公园排练时，遭到附近居民的多次报警，前来的警员将领队王女士铐起并开了传票。国人对广熟悉不过，地不分南北东西，俨然已成为城市的普遍一景。但警察“砸场子”这种事情在我们这里却不大可能发生，不仅不会，我们许多人还要对美国人的做法感到不解：大妈们就是找点儿乐子，丰富一下晚年生活，吵一点儿又有什么，体谅一下老年人可也，何以至于“干戈相向”？

日落公园那里热闹到了什么程度不得其详，倘若是原汁原味的国货，则我们得客观地承认那确是噪声，美国人对分贝的忍受极限可能还更低一些。早几年广州市越秀区在准备出台《人民公园管理规定》的时候，我就写过一篇文章表示赞同，概因该公园实施功能分区管理，“以中轴线白石狮子为界，分为南北两面，北面为静音休闲区，区内不得进行任何形式的歌舞活动”。赞赏之，正在于其“静音区”的划定，以为在城市里还可以多划一些。之所以如此，广场舞带来的噪声扰民，“过”不可没。以前笔者老要经过中山大学北门广场，那个地方每晚可用锣鼓喧天来形容。投诉？闹笑话了，对夜间施工的投诉往往也半点儿用处也没有。

美国警方给王女士列出的控罪理由是：“在公园内没理由地制造噪声。”这实际上是文化的冲突，他们觉得没理由，我们觉得正该如此。不过，这个“没理由”的观点倒不局限于美国人，法国历史学家阿兰·佩雷菲特的著作《停滞的帝国——两个世界的撞击》告诉我们，英国人也这么看。那本书讲的是 1793 年英国使节马戛尔尼借为乾隆皇帝祝寿之机，试图建立两国“外交关系”的过程。老马的一个观点即中国人根本不懂乐音，所谓热烈欢迎，就是比赛谁制造的声音大，“好像谁擂得响谁才最有价值”，把咱们引以为傲的“威风锣鼓”贬得一钱不值。当然，咱们的人以其人之道还治其人之身，对他们那些有气无力的西洋乐器也毫无兴趣，到他们演奏的时候，“在场的清朝官员们要么聊天，要么四下张望”（引文据王国卿等译本）。现在，纽约发生的这档子事，不知道是他们觉得咱们好欺负，还是真的秉承“法律面前人人平等”的信条。倘若是后者，那等于给我们上了一课。

我们在后面这个问题上，任重道远。比方我国《公务员法》第一百零二条明确规定：“公务员辞去公职或者退休的，原系领导成员的公务员在离职三年内，其他公务员在离职两年内，不得到与原工作业务直接相关的企业或者其他营利性组织任职，不得从事与原工作业务直接相关的营利性活动。”但不知几人将之放在眼里。中国重汽（香港）有限公司新近迎来了三位独立董事：石秀诗、韩寓群和崔俊慧。单看名字没什么，若看原来的身份，不得了：前两人分别担任过贵州省省长、山东省省长，后一位担任过国家税务总局副局长。问题还不在于这 3 人的“重量”程度如何，而在于细心的人士发现，如果从石、韩自全国人大的离职时间算起，迄今尚未满三年；崔呢？2006 年 12 月从国税总局副局长位置退下来以后，到 2008 年 5 月就曾在中国石油任职独立董事，间隔也不到三年。你看你看……

法制类电视节目的结尾，往往会习惯性地说一句：“法律是无情的。”果真我们如此践行的话，这句话纯属多余。报道说，中国大妈们在日落公园十分活跃，引来不堪这些音乐与噪声骚扰的周围其他族裔居民的抗议与抱怨，抱怨升级而至报警。如果大妈们的确触犯了人家的法律，那么这种“人不分老幼”的执法精神倒是可取的，我们只能对自己的同胞抱憾，并希望后来者不要以为国内养成的习惯可以到国际上通吃，懵懵懂懂地在人家那里“以身试法”。

（2013年8月8日）

济南老火车站“死”得太冤

本月初，济南市旧城开发投资集团对外公布，将投资15亿元修建济南火车站北广场，其中包括“原汁原味”地复建21年前拆除的老火车站以及行包房。对这样一件“文化盛事”，山东省建筑大学一位不愿透露姓名的教授却给出了“一蠢，再蠢”的评价。一蠢，是当初的拆；再蠢，是现在的建。从这个评价中，不难读出某种悲愤。

本来隔着千山万水，笔者对济南老火车站不该有什么概念，凑巧刚看过《老照片》第八十八辑，封面专题就是济南老火车站。那是来自慕尼黑档案馆的照片，记录了1911年老火车站即将建成时的情景，相信看过的人，都会为那组造型优雅的日耳曼风格建筑群感到震撼。对拥有集体记忆的济南人来说，想必更“别是一般滋味在心头”。何况济南老火车站的历史意义还远远超过了建筑本身，用济南考古研究所所长李铭的话说，“它影响了济南城市的发展”。面对这样的建筑，当初怎么会“蠢”得想到拆掉呢？

济南老火车站“死”得太冤，客观方面不过是为了扩大车站站场而已。据说“济南火车站当年每天的客流量达5万人，并且以每年3000人的速度增长”，得，推陈出新。新客站立项仅是1991年的事情，这要放在今天算个什么理由？休说易地新建个火车站，即便是新建省会城市也已成寻常之事。南方都市报记者昨天梳理了一下去年和今年我国31个省会城市、直辖市的政府工作报告，发现提出造城计划的共有24个，占省会城市总数的77%，其中计划对原有的新城区进行开发和建设的有4个，提出建造新城区的有20个，把他们所规划的新城区总面积累加起来，超过6个新加坡！在这种大手笔之下，哪里会找不到一个新火车站的容身之地？

而济南老火车站遭到灭顶之灾，终究还是主观方面的因素，所谓人祸。1992 年 7 月 2 日上午 8 点 05 分，是有心人记录下的老火车站开拆的时刻。那个时候，神州大地已然谙熟“文化搭台、经济唱戏”之道。当时的主政者可能根本没有意识到这也是文化的一种，相反，济南一名身居要职的官员的话更具代表性。他说老火车站是殖民主义的象征，看到它就会回想起中国人民那段受欺压的岁月。好嘛，我们要庆幸这类人没有主政青岛、大连等“殖民地”色彩更浓重的地方，那还不得给他拆个稀里哗啦？也许正是这种思维作祟，这个曾经的“亚洲最大火车站”连最低级别的文物保护单位都没列入，尽管那道“护身符”有时也跟纸糊的一样。那么，专家、学者、市民反对拆除老火车站的声音无论有多强烈，就都无济于事了。

笔者非常认同上面“一蠢，再蠢”的那个评价。放眼全国，“一蠢”的事情已经干得太多，即便现在也此起彼伏；相对而言，“再蠢”已然有勃兴之势，又是全国各地都在“复建”。前几天陕西甚至传出将以“380 亿元重建阿房宫”的消息，虽然他们旋即出来“辟谣”，但还是把大家吓了一跳。“一蠢，再蠢”你方唱罢我登场，吊诡之处在于都关联着“发展”。“一蠢”的动因是为了发展，你那么碍事，滚开；“再蠢”的动因同样是为了发展，你那么能决定后劲，“回来吧，回来哟”，就像费翔歌里唱的。然而，这些复建后绝对非驴非马的东西承载得了什么呢？

在经历了“妙高台”偷拆等事件之后，广州市对文物保护拿出了一些切实的行动。不久前，市规划局就广钢新城历史文化资源保护与利用征询公众意见，公布了 6 处不可移动文物和 31 处文物线索。新近，天河智慧城历史文化资源保护开始公示，规划区范围内共有 25 处不可移动文物，此外还初步评估提出推荐文物线索 8 处，都要求尽可能进行原址保护。在我看来，这是避免“一蠢”的有效做法。逝者已矣，面对生者，亡羊补牢吧。

（2013 年 8 月 14 日）

"曹操家族DNA"确实让人生疑

复旦大学历史学和人类学联合课题组日前宣布完全确定了曹操家族DNA。由此得出的直接结论是：曹操不是汉代丞相曹参的后人，也不是从夏侯氏那里抱养的。支撑这些说法的，是基因，不仅曹参与曹操家族基因间没有关系，而且夏侯氏的基因与曹操家族的也不一致。

千古之谜得到破解，理论上应该是件让人高兴不已的事。然而此消息传出，大家非但兴奋不起来，反而一如当年安阳发现"曹操墓"，兜头泼去不少冷水。极端的网友说话就更难听了，"拿着科研经费当儿戏""吃饱了饭没事干"云云。对此，课题组也大度地给予了郑重回复，说他们的研究不是闹着玩，或者功利性地为了帮人"认祖归宗"，此次研究成果第一次从基因层面验证了许多同姓人群在千百年前确实是一家。

有可能吧。但在下的疑问是，曹操的后裔是凭什么认定的？课题组说，他们通过对全国258个曹姓家谱做全面的梳理研究，从中筛选出八支持有家谱、经过史料分析具有一定可信性的曹氏族群。好，族谱。而同是复旦大学的葛剑雄教授早就指出："家（族）谱中对始迁祖的身份往往会夸大，甚至伪造。"进而以福建林氏族谱为实例，认为族谱中"对早期祖先的记载大多并不可靠"。这个课题组的李辉教授也说："安徽亳州姓曹的很多，曹操飞黄腾达后，很多姓曹的人都攀附曹操，说他们就是曹操的后代。"（11月14日《北京日报》）那么，凭什么这八支曹操"后裔"的族谱就是可靠的呢？还是李辉教授，这回变成另一种说法了："曹操这个人由于历史争议性，所以假冒的人不多，客观上保证了其家族后代的相对可靠。"（11月14日人民网）两句话说出口的时间关系不甚明朗，但显然不能自圆其说，一如韩非子笔下那个“鬻盾与矛”的“楚人”，更不要说后一句纯属主观臆断，近乎信口开河了。

但李教授的前一句是有道理的，不仅仅今天的名人才知道攀龙附凤，他们的先辈已经知道。有学者考证，从讲究门第的魏晋六朝开始，族谱里攀附名流、伪冒名族、滥造世系之风就已露端倪，后来只有愈演愈烈的份儿。这在文学作品中揭示得入木三分。前文提到的汤显祖《牡丹亭》即是一例：柳梦梅开场时便急急忙忙地表白自己是柳宗元之后，又说自己的朋友韩子才是韩昌黎之后；女主角杜丽娘的爸爸杜宝不遑多让，自己“乃唐朝杜子美（甫）之后”。今天的这种现象更普遍了：“船王”包玉刚是包拯的后代，作家周立波、官员周扬是周公瑾的后代，新近媒体又在报道香港影星成龙是房玄龄的后代。差不多10年前成龙曾经这么高调宣布，当时专家就指出其“违反常识”了，现在又翻出来，不过是“发现”1992年修订的《历阳房氏族谱》这么写着，何其轻佻！

该课题组领衔专家之一复旦大学历史系教授韩昇说，在曹操DNA研究课题的基础上，一门由人类学家和历史学家共同参与的新学科——“历史人类学”，有望在复旦大学产生。这又要让人哑然失笑了。笑点不在于两个学科合作便1＋1＝2，这么简单的话，学科将数不胜数，人类学和新闻学“联姻”可以成为“新闻人类学”；笑点在于历史人类学作为学科早已经产生了，且不说布罗代尔1967年就出版了历史人类学代表作《物质文明与资本主义》，中山大学于2001年也已成立了历史人类学研究中心，我的一个师兄就是那个中心的研究员。韩教授是不知，还是“道不同不相与谋”？

（2013年11月14日）

“一杨四吃”显然将成“独吃”

11 月 16 日，国家文物局正式对外公布：位于扬州邗江区西湖镇的隋唐墓葬为隋炀帝和皇后萧氏合葬墓。大家都知道了，扬州这座墓葬是今年初发现的，对墓主的炀帝身份，当时即议论纷纷。现在，国家文物局算是一锤定音。

这个定了，其他的呢？在下孤陋寡闻，先前只知道江苏扬州邗江区槐泗镇还有一个，以为炀帝墓是“双胞胎”，给网友一翻，却原来是“四胞胎”！陕西咸阳武功县武功镇和河南洛阳洛宁县东宋乡还各有一座“隋炀帝陵”，于是有网友戏称这种现象为“一杨四吃”。此说貌似妙语，其实已不确切，那些名人故里之争才可套入“一×多吃”的公式。因为一般没有权威部门出面拍板，所以尽管公众对名人究竟是哪里的云遮雾罩，在诸多“故里”那里也貌似争得面红耳赤，实则是各个“故里”弄了个共赢。但炀帝墓一锤定音之后，“一杨四吃”显然将成“独吃”。

先打个可能不恰当的比方。当年史学界关于封建社会分期是“百花齐放，百家争鸣”的，有以范文澜为代表的“西周封建说”、以李亚农为代表的“春秋封建说”、以侯外庐为代表的“秦汉之际封建说”、以周谷城为代表的“东汉封建说”、以尚钺为代表的“魏晋封建说”等，最后是毛主席一锤定音，采用郭沫若的“战国封建说”。我们的教科书从此一直这样书写，令很多人浑然不知还有其他。记得笔者读大学时在历史课上，老师介绍还有那些“说”的时候，底下不时发出哄笑，“魏晋说”出来的时候笑声更烈。猜得出，大家对“战国封建说”已经根深蒂固，觉得此“魏晋说”离谱离大了。举这个例子是想说，“战国封建说”虽然占据了绝对的上风，但是并不等于“以理服人”，人家的说法有人家的论据，你这个得到了权威的青睐而已。

因此我觉得，在炀帝墓问题上，国家文物局明确了哪一个是真的还不够，还应当对另外那“三个”进行证否。当然了，最新发现的这个后来居上，亦有证据支撑：一是炀帝墓志；二是墓中出土的玉器、铜器、陶器、漆器等100余件（套）文物，尤其是其中的一套蹀躞金玉带，报道说不仅是目前国内出土的唯一一套最完整的十三环蹀躞带，也是古代带具系统最高等级的实物；三是墓内两颗牙齿鉴定为50岁左右的男性个体，与炀帝被杀时年龄相吻合。但倘若只说槐泗那个是阮元弄错了，武功那个是毕沅弄错了，东宋那个不知谁弄错了，这么简单的话，怕也有打发之嫌。毕竟阮元、毕沅不是寻常人物，都是名噪一时的大学者。我在前文《炀帝墓，还该听听阮元怎么说》里介绍了阮元，毕沅则是《续资治通鉴》的作者，那是一部什么书？用梁启超的说法，“有毕《鉴》则各家续《鉴》皆可废也”。这样的人物云某墓墓主为谁，大约不会想当然，应当有史实、史识的基础做支撑吧。所以，国家文物局对西湖炀帝墓“报喜”的同时，接下来还要考虑对人家的另外“三兄弟”如何“报忧”，也就是怎么证明那几个是假的。并且，既然此处定音了，那几个有的已经挂上了省级文物保护单位的牌牌，再挂着，显然就不合适了。

炀帝墓这类的东西，除非“铁证如山”，似无一锤定音的必要。比如那两颗牙齿，50岁左右就是炀帝，属于推论，吻合罢了，而现成的东西，何不交由复旦大学用基因鉴定之后才表态，他们不是刚在曹操家族DNA上建功吗？隐约窥见，对历史名人的争夺——不拘青史上的“香臭”，有从“故里之争”向“墓地之争”蔓延的苗头。果真是从文化的角度出发，自然是件好事，就怕这定论让旁观的人将信将疑。

（2013年11月18日）

樟树无端被砍说明了什么

江西新建县望城镇青西村村民程业进培育的 4 亩多、“至少有 5000 棵樟树”，在其本人毫不知情的情况下被连夜砍光。10 月 9 日发生的这一咄咄怪事新近得以曝光。但凡这样的事情很容易让人想到有关拆迁，这块地皮要开发，搞房地产，或者什么工程，遇到了“钉子户”。然而，经验主义在此行不通。此番的“理由”如果不看消息源，谁也断然不会想到：那是市里一名领导路过这里时说，那些樟树把视线挡住了，“不好看”。

“我见青山多妩媚，料青山见我应如是”，那领导敢是记起了辛弃疾的句子，因樟树碍事而动起“杀机”？不知道。从照片上看好像那一带是平原，连个山影也没有啊。那么樟树究竟挡住了什么，不妨深度调查一下，说不定能开阔我们极其狭窄的审美思路。以小人之心度之，樟树挡住的可能是应该让他的上级看到的东西吧。只有自己觉得“好”的一面，才唯恐上级不知，他人不知。这是逆推的结果。这两年，大家都见识了不少地方修建的“遮羞墙”，那是为了挡住决定修建者的上级的视线，要的是“驴粪蛋子外面光”的效果。修墙与砍树，因为都是为了“好看”，在此恐怕会殊途同归。

对于砍树，望城镇政府有关领导强调：“我们按市里领导的意思办，没办法！”此话未必是虚言或塞责，但我们由这“实话”中不难窥见两“斑”。其一是不分青红皂白的长官意志在某些地方已经“牛×”到了什么程度，而下级对上级的盲从、对上级的诚惶诚恐又到了什么程度。其二是十八届三中全会《决定》重申的“加快生态文明制度建设”，何其任重道远。上个月落马的南京市市长季建业，在他如日中天的时候就引起过南京市民的公愤，因为他为了修地铁而大肆砍伐、迁移有六七十年历史的梧桐树，有统计说罹难的达 1100 棵之多。

市民为了保护梧桐树，甚至发生了“南京3·19集体散步事件”。市政建设与梧桐生存到了水火不容的地步吗？没有。根子在于主政者骨子里没有生态文明的意识，这样的话，好事也会办成坏事。

意大利有部著名电影叫作《木屐树》，20世纪70年代拍的，得过戛纳电影节最高大奖：金棕榈奖。电影纪实般描写了19世纪末期，意大利北部贫穷困苦农村中几户农家的生活。里面有这么一个情节：佃农儿子穿的木屐裂成了两半，他父亲就出去偷偷地砍了一棵小树，给儿子做了一双新木屐。地主后来发现了被砍的树，立刻把这户佃农漏夜逐出他的领地。倘以阶级斗争的视野打量，这不啻地主残酷对待农民的典型例证。但此文化非彼文化，在人家那里，其他佃户除了认为地主处罚过重之外，都不认同偷偷砍树的行为，在镇上卖完番茄刚回到家的老爷爷甚至脱口而出：“这不如同抢夺面包吗？”你看，人家还穷得那么叮当响呢，就已经有了生态保护意识。这一点我们应该自愧弗如吧，建设生态文明，同时得从培育这种意识着手。

按我的浅薄理解，生态文明不单纯是种多少亩的树，把森林的覆盖率提高多少；更不是把别处的大树花大价钱移到自己这里来，顷刻间制造出郁郁葱葱的效果。前几天有则消息，京沪高铁为避让1982年被国务院公布为全国重点文物保护单位的朱元璋父母陵墓而绕道，为此多花了2.3亿元。这是值得的，是文保意识在与现实碰撞时占据上风的表现。倘若在设计方案中就能够考虑到这一点，而不是到跟前了才骤然“发现”侵入了文物保护区，那就更加理想了。有朝一日，我们的各种工程建设能够考虑为高龄老树让路，生态意识就有了飞跃。日常生活中的价值取向、行为取向，才真正是检验生态文明的一把重要标尺。

（2013年11月25日）

为什么要穿清朝官服领奖？

11 月 24 日，环鄱阳湖国际自行车赛第二赛段比赛在江西景德镇市浮梁县进行。赛后，组织方将颁奖台“别出心裁”地设置在古县衙前，且让夺得本赛段前三名的车手身着清朝官服坐上花轿，在唢呐声中登台领奖……

在组织者眼里，这显然是他们的得意之笔。景德镇市体育局负责人这么说的：以体育为载体，宣传当地丰富的文化、旅游资源，是环鄱阳湖国际自行车赛的重要功能之一，颁奖布置正是体现地域文化的一种。古县衙旅游公司总经理这么说的：我们将中国科举时代殿试的第一、二、三名定为状元、榜眼、探花的荣誉套用在本次自行车赛的冠军、亚军和季军身上，其目的是为了更好地向外界展示千年古县的衙署文化。应当说，某种程度上他们达到了这一目的。比方我先前就只知道浮梁以茶闻名。白居易《琵琶行》里有“商人重利轻别离，前月浮梁买茶去”，看过陈寅恪先生的笺释：“此茶商之娶此长安故倡（琵琶女），特不过一寻常之外妇。其关系本在可离可合之间，以今日通行语言之，直‘同居’而已。”但商人为什么去浮梁呢？陈先生又综合《元和郡县图志》和《国史补》说，浮梁每岁出茶七百万驮，税十五余万贯，其茶虽非名品，而其产量极丰也。这回知道原来那里还有个“中国第一县衙”，但不知河南内乡认同与否，那里那个早就号称我国唯一保存最完好的县衙。

铺天盖地的舆论，或极尽调侃之能事，或义愤填膺，恐为浮梁所始料不及。地产大佬任志强在微博上写道：“把大清当国际？不知羞耻！”大家倒也用不着这么动气，有理讲理嘛。但江西师范大学正大研究院院长兼文化研究所所长王东林的说法，令我着实“丈二和尚摸不着头脑”。王院长兼所长认为，让获奖的国外车手穿上中国清代官服登台领奖，是对外国人的一种尊重，只要他们不反感就无可厚非。这短短的一句话，摸不着头脑的地方至少有两点：一，为什么穿着清朝官服领奖就是一种尊重，二者之间的逻辑关联是如何产生的？二，外国选手是否知道自己所着何物，即便知道，其乐融融之下反感又从何而来？

大清与自行车，还真是发生过一定关联的。末代皇帝溥仪大概是中国历史上唯一一个会骑自行车的皇帝。在《我的前半生》中，溥仪说自己小的时候在紫禁城里得到一辆自行车，从此着了迷，在小王国里来回穿梭，还因此“下令把宫门的门槛一律锯掉，这样出入无阻碍地到处骑”。浮梁让获奖选手清官装扮，当然不是基于此种背景，但正是这种装扮，被可气的网友名之曰看僵尸片。这是受港产片的影响太深之故了，尤其黄百鸣两手平伸，一蹦一蹦，令大家看到顶戴花翎就本能地往那儿联想。前年国庆黄金周，山西平遥县长穿着清朝县太爷的服装迎接各地游客，从里到外倒是如假包换了，但在当时招来了多少口水？从那时起两个国庆黄金周过去了，县长大人再也没有露面，不意浮梁此番接过了僵尸之棒。可惜官服前面的图案被一朵大红花挡住了，看不到“补子”上饰的是禽还是兽，禽则文官，兽则武职嘛，借此可以窥见获奖者在浮梁那里“定性”为文还是武。开个玩笑。然冷观热闹的场面，即便不给人以借尸还魂之感，也还是觉得散发着某种霉气。

说到底，浮梁古县衙是想搭一下国际自行车赛的车，扩大影响力，目前看来不大成功，好听点说是“别出心裁”，难听点是“不伦不类”。到古县衙去看什么？要是我的话，可能会看看他们留下了哪些名言警句，如内乡县衙的大堂楹联：“欺人如欺天，毋自欺也；负民即负国，何忍负之。”不管究竟落实了没有，毕竟可以看看他们的胸脯是怎么拍的，对今天还有些警示意义。

（2013 年 11 月 26 日）

即便没有不正当，也是不当

河南旅游资讯网官方微博发布的一张“裸女”微博配图引起了网民的议论。画面中，三名裸女围着一块“神农山”的牌子摆造型。

该省旅游局信息中心负责人说，这张照片为焦作市摄影家协会主办的第二届神农山人体摄影创作活动的作品，不是色情图片。裸体不等于色情，道理谁都懂得，但为何人体摄影创作活动的作品用到此处来了呢？负责人接着说，是为了推广河南冬季旅游的内容，并强调没有不正当引导的意思。前面半句不能自圆其说，推广冬季旅游焉能用得上适于夏季的裸体女郎？好听点儿说叫“文不对题”，难听点儿说则叫“驴唇不对马嘴”。后半句亦有可议之处，即便如其所言没有不正当，但是不当，甚至有一点儿恶俗，应该是不争的事实。他们清楚，涉裸的东西能够赚足公众的眼球。

前一阵子南京一家书店就搞了个“裸体阅读”图片展，在下有过评论，此不赘言。各地此起彼伏的车展，车模虽然非裸，但几乎“五十步笑百步”。当然了，就是在号称“裸体阅读”那里，敏感部位也都巧妙地进行了遮掩，不像河南这张微博图片那样赤裸裸。裸体诚然有美的一面，但也有前提条件，一个得看是谁，再一个得看是在什么地方。

《水浒传》第三十八回“及时雨会神行太保，黑旋风斗浪里白条”里，张顺在岸上先吃了李逵的亏，随即“脱得赤条条地”撑了只船在水里大骂，把李逵诱上了船，然后“只脚把船只一晃，船底朝天，英雄落水”。估计李逵在水里被人家把衣服给扯下来了，所以两个在江里打斗时，“一个显浑身黑肉，一个露遍体霜肤”。别看施耐庵妙笔生花，什么“一个盘旋良久，汗流遍体迸真珠；一个揪扯多时，水浸浑身倾墨汁”，但两个赤裸的男人打架，无论如何也与美字无涉。换了潘金莲肯定就不同了。记得早些年关于电视剧《水浒传》的一则拍摄花絮说，扮演潘金莲的台湾演员王思懿奇怪为什么她要洗好几次澡。后来有专家看出门道来了：“潘金莲的每一次洗浴，都是对自身命运的一次审视；每一次出浴之后，她的命运都向着悲剧的注定结局迈近了一步。”厉害，真是厉害！愚笨如本人，无论如何领会不到那些撩拨观众的镜头竟然有这一层的深刻内涵。顺便说一句，当年张顺“脱得赤条条”之余，还“匾扎起一条水儿，露出一身雪练也似白肉”。这个“一条水儿”是什么，我一直弄不清，敢是跟遮蔽“小伙伴”有些关联？至于裸体美不美得看在什么地方，不用多说，在画作里，在人体摄影大赛里，没人觉得突兀。

不知道这样作结对不对：移裸女照之于旅游宣传，是招徕方式上黔驴技穷的一种表现。这种方式如今并不乏见，如一些城市的形象口号中，居然使用“叫春”“我靠”一类的字眼。尽管他们城市的名字里确实有“春”，尽管想要借光的城市地域也确实挨着人家，仍然免不了利用汉语词义特性而行挑逗之实的嫌疑。事实上恐怕也正是如此，而不是公众想得有多歪，心理有多龌龊。我忽然想，时下大家都在叨咕“文化决定发展后劲”，而没人说得清这个“文化”究竟是什么，以至于好多地方都简化成了文艺演出。这是否就是文化的一种表现呢？

（2013 年 12 月 25 日）

“武松杀嫂”仅仅是场地选择不妥吗？

沈阳一家商场公开展示的“武松杀嫂”塑像，引起了公众的热议。以我的有限浏览来看，喝倒彩者居多。塑像表现的是：衣不蔽体的潘金莲，右腿成弓步，踢出的左腿几成一字马；武松则右手挥刀，左手搂抱着潘金莲。这种造型，如果去掉武松手里的尖刀，宛如两人在跳芭蕾；如果再没有“武松杀嫂”的名堂，又似乎是地痞流氓在强暴良家妇女，你看，武松不是还伸出舌头在舔潘金莲裸露的肚皮吗？

武松杀嫂故事应该是来自《水浒传》了，第二十六回“武松斗杀西门庆”里的情节。从武松先是“用左手揪住那妇人头髻，右手匹胸提住”来看，艺术家的创作倒是“源于生活”；动手的那一刻，武松“两只脚踏住他（她）两只胳膊，扯开胸脯衣裳。说时迟，那时快，把尖刀去胸前只一剜”。虽有“扯开胸脯衣裳”的动作，但那是为了尖刀对得准，而武松的舌头也并没有像淫棍一般地伸出来。塑像为什么要这样表现武松？两个方面分别提供了答案，一个是展出时的作品介绍称：“当武松面对如此曼妙的胴体时，除了对于其通奸杀兄的仇恨以外，也应该夹杂着人性的本能欲望。”再一个是，面对引发的轩然大波，商场方面给出的如此回应：“武松杀嫂”出自国内知名艺术家之手，旨在对中国社会大众文化的性与暴力进行深刻反思，但场地选择不妥，深表歉意。好家伙，艺术家以及与艺术家一拍即合的商场如此“高于生活”的展现，竟被我等视为“狗咬吕洞宾”了，人家感到冤哉枉也了。

然而，这样的塑像堂而皇之地呈现在公共场所，没可能不令我等怀疑自己的“三观”是否尽毁。究其根本，大约还不是我等思想封建，而该是那塑像自身太没底线，倘若这个领域亦有分级的话，则其必可归入“三级”无疑！

场地选择不妥是一目了然的，然而，仅仅如此吗？如果说，尽管杭州西湖边上不知何时煞有其事地“复建”了武松的坟墓，但我们仍然是根据施耐庵小说来认识武松的话，则“本能欲望”云云该是对武松的侮辱。武松的生理机能有没有问题是另一回事，其对“眉似初春柳叶，常含着雨恨云愁；脸如三月桃花，暗藏着风情月意”的嫂子没有产生过半点兴趣，在《水浒传》里是交代得清清楚楚的。嫂子初次借酒挑逗武松，武松就把话说得很重：“嫂嫂休要恁地不识羞耻！”以武松在他事上的正气凛然，加上时代对妇女的极端歧视——一百单八将里的三员女将，绰号分别是“一丈青”“母大虫”“母夜叉”，即极尽侮辱之能事——武松杀嫂是必然的，而在施耐庵及其以后相当长的时代，还都是受到歌颂的壮举，没办法，时代使然。唯其如此，也给我们留下了考察他们“三观”的标本。李卓吾先生在评点《水浒传》时说：“武二郎杀此奸夫淫妇，妙在从容次第，有条有理。若是一竟杀了二人，有何难事？若武二郎者，正所谓动容周旋中礼者也，圣人，圣人！”不仅欣赏得无以复加，而且对更残忍的“石秀杀嫂”——其结义兄弟杨雄的媳妇潘巧云，同样赞不绝口：“石秀为人，非一勇之夫，委婉详悉，矢不妄发，发无不中，的的大有用人。”今天我们看武松杀嫂，就是他把嫂子给杀了，他自己都承认是故意杀人，你就不要用“本能欲望”一类词来画虎不成反类犬好吗？

早几年，有个地方从《水浒传》中看到了反腐素材，如今又有艺术家从其中的一桩恐怖事件中升华出了人性的“本能欲望”。对《水浒传》的理解，当真超越了鲁迅先生当年评《红楼梦》时的“经学家看到易，道学家看到淫”。算不算智者见智我不知道，但面对“武松杀嫂”塑像的堂皇亮相，“休要恁地不识羞耻”，似乎倒可以回掷给那位艺术家。

（2014 年 1 月 27 日）

不是说“原址保留”李万春故居吗？

《新京报》今日报道，位于北京市西城区大吉巷的京剧名家李万春的故居已成白地。照片上，挖掘机雄视在那里，显见是“开发”在即了。

本人虽非京剧迷，但对李万春亦有耳闻，北猴王嘛，南猴王是上月底去世的六龄童章宗义。不仅于此，在传统的武松戏中，也是南推盖叫天，北推李万春。基于这些前提，李万春故居堪称名人故居了。名人故居在并无特色的寻常楼盘——即便冠以“高尚”字眼——面前遭遇灭顶之灾，这些年在各地常闻、常见，大有“虱子多了不咬人”之势。细细品味，这句俗话似乎逻辑不通，虱子就是咬人的东西，越多咬得越厉害，怎么反而会不咬了呢？再一琢磨，道理在句外，因为不是虱子们发了什么善心，而是身体一旦被咬惯了，会产生非比寻常的忍耐能力。不过，这句俗话用在名人故居被拆这里似乎不然。在本人，每出现一起，无论发生在哪里，都先有心中一凛之感，进而有说话的冲动，虽然已经说了不少甚至太多，好像什么都说过了。

对李万春故居被拆这件事，稍稍回顾一下，就能令人生出诸多不解。2012 年 4 月 25 日《新京报》有一篇相关报道，主题是“康有为故居将原址保留”，副题是“市文物局督察开发区域内文保情况；‘大吉片’开发商：李万春故居等 5 处文物也将原址保护”。讲的是北京市文物监察执法队对位于该片开发区内不可移动文物的保护，如何进行专项执法督察。在这次督察中，除了明确“开发”涉及的康有为故居将“原址保护”之外，还明确包括李万春故居在内的另外 5 处不可移动文物，均“将得到原址保留”。尽管督察已经发现，李万春故居中门楼戗檐的砖雕已被撬走，院内过道部分砖雕也被人毁坏、偷走，但还算有亡羊补牢之举，那就是在故居的墙上贴上了“重点文物，严禁烟火，请勿靠近”字样的标语。而当时的开发商是否信誓旦旦我不知道，反正报道说他们表示，未来的李万春故居腾退之后，原址保留，其西南将建绿地。如今两年不到，李万春故居已经片瓦不存，成了建筑工地，没有了未来……气到头上，想先提一个问题：某些国人说话，何时才能与放屁区别不大呢？

我们这个时代在大讲文化，文化名人无疑正是文化最闪光的体现者，而名人故居作为载体，等同于物化了的文化。一个极为浅显的道理是，名人故居以其不可再生的属性，一次破坏便无异于永久性的毁灭。舒乙先生十年前就在全国政协大会上呼吁保护文化名人故居，“希望能够得到城市发展决策人的重视”，使之“成为和平竞赛取胜的最后王牌”。在他看来，“一个城市最后取胜的武器并非靠经济，一定是靠那些只属于你一家独有的东西，就是文化，那就是看你到底拥有多少历史文化景点，多者胜，而少者败”。可惜，十年过去了，“文化决定发展后劲”也被大家挂在嘴边上了，但不少“城市发展决策人”对名人故居不但不够重视，从结果看反而更像藐视。

对诸如名人故居一类的不可移动文物的保护，从中央到地方，如何保护的各种条例法规恐怕早就汗牛充栋，但在现实面前，往往都沦为废纸一叠。这个悖论解决不了，名人故居的厄运就看不到尽头。当年，李万春故居等将“原址保留”，何其言之凿凿？弹指间它就遭到了灭顶之灾，我们也有理由为另外几个捏把汗了。拙文见报之际，它们已经成了瓦砾也说不定。

（2014 年 2 月 11 日）

第二部分

那些文化人

文化的声势轰轰烈烈，文化人自然功不可没。遗憾的是，也有些文化人在这当中显得不够庄尊。“庄尊”者何？无法“言传”但可“意会”。《西游记》里，孙悟空和如来佛打赌，大圣在人家巴掌上翻完跟斗，写好“到此一游”之后，“又不庄尊，却在第一根柱子根下撒了一泡猴尿”。

谩骂不可取，批评不可无

昨天《人民日报》报道说，余秋雨、阎崇年、曹文轩等学者或因为口误，或因为观点不被认同，遭到了一些网友的质疑和谩骂。余秋雨被认为“文史基础实在是一塌糊涂”；曹文轩被认为“自比金庸、柳永不知羞”；一些网站不得不关闭“阎崇年贴吧”，删除恶意攻击、诬蔑的信息。

学术观点见仁见智，不过，余秋雨先生在此处还是比较冤枉的，他不过是在央视青歌赛上偶然疏忽，把春秋时期的孔子说成了战国时期的而已。在我看来，余先生的文史功夫在国内完全可以跻身一流的行列，他的弱点只是在于错了不愿承认，百般狡辩。比如他把“致仕”理解成走向仕途，实际上正好相反，是退出官场、回家赋闲的意思。看他辩解的：“我知道那个用法，但也可以这样理解。”这就是很不理智的态度。“教授的教授”陈寅恪先生，其学术论文也能被人挑出不少史事中的硬伤。余先生应该明白，他越是死不认错，人们对他就越是吹毛求疵。青歌赛上的口误，正是一个活生生的新注脚。

即便余秋雨们出现了这样那样的失误，批评者也不该出言谩骂。正常的善意批评与肆无忌惮的恶意谩骂，中间隔着鸿沟一道，有着原则分野。从大处说，我们好歹也是个礼仪之邦，怎么动辄就这么毫无修养和教养？可惜当下的中国，正有利用网络极尽谩骂之能事的趋势。张五常先生日前发表博文，称网络上谩骂多得离奇，使他担心中国青年的求学问题。对陕西的“华南虎”打假，本来是一件好事情，然而领头的首席研究员——还是中科院的呢，却常常出言不逊，连“打虎”阵营里的许多人都表示羞于与之为伍。不久前，一场正常的学术之争更沦为泼妇式谩骂，骂人的教授——还是师范大学的呢，不仅对批评者进行恶毒的人身攻击，甚至居然声称自己要当一当畜生。

所以，北大拟在今年内出台新的师德条例和学生守则，将“网上不骂人”明确写入校规，虽然有人嘲笑，有人轻蔑，但在谩骂成风、斯文扫地的背景之下，还是很有必要的，至少表明了学校的立场。时至今日，中科院对类似问题的立场是什么，我就不大清楚。

谩骂不可取，但批评不可无。中国的学者形象，已经到了需要重塑的地步。新近又有明星学者纪连海在上海一家电视台的讲座中居然考证出：神话传说中的大禹三过家门而不入，不是为公，而是因为他有了婚外情；他编造了“巫山神女”瑶姬帮助治水的故事，是为了蒙骗他的妻子女娇……对于这一类的学者，骂他亵渎祖先，骂他意淫，都不如四川社科院禹羌文化研究所所长谢兴鹏“打在七寸上”。谢先生专门撰文就纪连海在节目中讲的大禹出生地、大禹如何出生、婚外情、三过家门而不入等四个问题提出质疑，并拿出充分史料证明。而且，我觉得有位网友的建议很好：“大禹婚外情”应当催生出讲坛监审机制，避免解读历史时过度娱乐化，甚至低俗化倾向。如果由得明星学者们信口开河，祖先以及历史重要人物恐怕要被他们“翻新”个遍，糟蹋个遍，轮到谁，只是时间问题。

余秋雨先生的一时口误，绝不“足以说明”他的“文史基础实在是一塌糊涂”。但是类似纪连海先生的这类考证，倒足以说明一些问题。他不是第一个，也不会是最后一个。为了哗众取宠，甚至为了恶意炒作，那些时常语出惊人的学者，目的是要让人以为他有什么了不得的发现；然而定睛一看，惊人的除了他的胆大妄为，实在别无其他。

（2008 年 3 月 28 日）

“片言只语”不足为古人定论

今天搜狐网排名“网评第一”的新闻，是复旦大学教授钱文忠为千古暴君商纣王翻案。报道说，钱教授在央视《百家讲坛》节目中解读《三字经》时讲到殷商文化，顺便提及了商纣王，“一提商纣王，老百姓第一反应就是荒淫、暴戾，但实际上商纣王是一位文武双全、功勋卓著的帝王”。钱教授因此认为，商纣王被冠以“暴君”称号两千多年，是历史上最悠久的“冤案”。

不少媒体都把标题打为钱文忠“称纣王是个好皇帝”，显然大谬。作为季羡林先生的弟子，钱教授不会幼稚到“宋椠元史”，把秦始皇时才出现的“皇帝”称号提前使用1000多年，应该是编辑或记者掺杂的私货。不过，差不多3000年过去了，到钱教授这里才发现所谓“冤案”，难免令人存疑。说到底，其所依据的不外乎是历史记载中的片言只字。这种情形很像各地争夺历史文化名人，都来自史书，但都只截取对自己有利的那一部分，别的一概视而不见，不论那部分是否可信的成分更大。《百家讲坛》接连出现一批这样的一鸣惊人者，大抵都是这个套路。王立群说司马相如是流氓，追求卓文君实为“劫财骗色”；纪连海说大禹三过家门而不入，是因为他喜新厌旧，搞婚外情。如果单纯指责那纯粹是胡说八道，他们是不服的，他们都能找到自己的“根据”。问题在于，那些所谓“根据”，就是片言只语，“只见树木，不见森林”。

稍不小心，历史就是一团廓不清的迷雾。不要说大禹、商纣那个时代，也不要说司马相如那个时代，就是当代也是一样，单凭只言片语，或者文章，或者著作，也很难说我们就能了解到所谓真相。比方说，同样是回忆外交部原部长乔冠华的后半生，在妻子章含之的笔下（参见《跨过厚厚的大红门》），和在外交部原副部长章文晋妻子、亦是乔的同事张颖的笔下（参见《外交风云亲历记》），就大不相同，读者需要通过比对阅读做出自己的判断。章诒和女士新近发表的两篇文章，令黄苗子、冯亦代这两座文化昆仑顷刻间黯然失色。然而须知，冯亦代先生固然在章家充当过“卧底”，证据却是他自己的《悔余日录》提供的。正如整理出版该书的李辉所言，一个老人能把自己的这段历史，用如此公开的形式告知于后人，该是多么大的勇气？那么，单单盯住了“卧底”本身来做文章，漠视人家“悔余”的前提，得出的结论就很难说是公允的结论。但这并不公允的结论，足以在一定程度上混淆视听，把后世恰巧只是读到了“揭密”文章的人引入歧途。

《百家讲坛》上的人们动辄发表高见，以为自己揭示了历史的真相。以他们的才学地位，恐怕不是单纯一句哗众取宠可以言之的，但如何看待这种现象，我找不到答案。我恍惚觉得，今天有人为商纣“翻案”，明天该到秦桧了，虽然我们都知道秦桧是奸臣，但宋高宗当初对秦氏不是有过“朴忠过人”的评价吗？朴忠过人，该是何等优良的品格！杳不知哪一天，会被哪个“语不惊人死不休”的学者翻出来当成所谓“根据”，去为秦桧鸣冤！

（2009 年 4 月 12 日）

对满文军吸毒不必吃惊

歌手满文军夫妇因涉嫌聚众吸食毒品，日前在北京的一个歌舞厅被警方带走。今晚手机报上的消息说，警方已结束对满文军夫妇的调查取证，两人在做笔录时，向警方承认了吸毒的事实。

满文军是我比较喜欢的一个歌手，相比他的不少“奶油型”同行，很有些硬朗之气，像个男人的样子。但对他的吸毒被抓，干出了与他先前的“正面”形象大相径庭的事情，意外一下而已，并不感到吃惊。打个比方说，就跟听到官员落马的消息一样，不论他是哪里的，不论他是什么级别的，也不论他是谁，都觉得很正常。澄清一下，这意思并不是如民谚所说的那样什么站成一排，隔一个枪毙一个不会有冤枉的之类，那是走了极端；我的意思是，莎士比亚说过，世界是一个舞台，所有的男人女人不过是一些演员。演员嘛，他在公开亮相的场合扮演的角色再成功，你也不能、不该和他真实的个人联系起来。芸芸众生都是如此，更不要说如满文军这样表演出色的“职业”演员了。

美国人类学家林顿（R. Linton）提出过一种角色理论，至今似乎还在广泛应用于社会心理学方面的研究中。在他看来，事实上正存在着一个社会剧本，每个人在它的指导下扮演不同的社会角色。因为人的社会关系是多方面的，所以每个人都是多种角色的集合。拿一个如满文军这个年纪的男人来说吧，在家里他是丈夫，也可能是父亲；在单位里他可能既是下级，同时也是上级。这就是多重角色。热播电视剧《潜伏》中的余则成，每天还扮演着对敌对我的角色，他的假妻子翠平怪他回家不多说话，他说每天在外面应付得很累。这些角色相互依存，相互补充，构成了一个正常的社会人。

而一个不正常的社会人，扮演的角色就更多了。说那些落马的官员之前，不由得想到“罗彩霞事件”中的冒名顶替者王佳俊，她扮演了那么多年别人，明明是叫别人的名字自己却要答应，心灵该受到怎样的扭曲？落马的官员扭曲得就更厉害了，早几年对他们有一个专有名词——两面人，意谓他们说的是一套，做的是另一套，完全的两面派。比如正包养着情妇的纪委书记，居然也“怒斥”干部队伍中的这种不正之风，高谈阔论说什么“决不允许，有一件查处一件，决不姑息”之类，厚颜无耻的程度，要用令人惊诧来形容。当然，见识这种“两面人”是在他们落马之后，平常即使听到、听到得再多，也属于小道消息，要将信将疑。因为他们在报纸上、荧屏上扮演的完全是道貌岸然的角色，不是他们身边的人，没和他们打过交道的人，怎么可能会把他们往龌龊肮脏的方面联想？

满文军唱过一首著名的《懂你》，有人借此发挥说，你如今干出吸毒的事情，叫人怎么“懂你”？了解一下“角色理论”，我们就可以读懂任何人的所作所为，不是要怀疑一切，而是能够自己释疑，理解那些看似不可思议的事情。引申来用，任何千奇百怪的社会现象其实也是不难理解的。

（2009 年 5 月 20 日）

胡玫小心成为影坛余秋雨

孔子因为《孔子》成了大热新闻。消息说，胡玫的电影《孔子》公映之前，因为《阿凡达》的突然下线，激发了网友的抵触情绪，掀起拒看《孔子》的浪潮。一部电影而已，怎么就激起网友亦即观众如此大的反感？这是值得电影方深思的，尤其要深思观众何以“迁怒”，如果一定要这样理解的话。

究竟是否因为《孔子》“驾到”而令《阿凡达》“让道”，这里不去理会。实际上就我们那些历史题材的影视作品整体而言，形象不佳恐怕也是不争的事实。先前的“戏说”就罢了，人家原本就是要借助历史的符号（人物、事件）玩儿一下历史。不过后来那些号称“正说”的，也很难让舆论恭维。现在这个《孔子》，本人因为不肯去看而庄谐莫辨（需声明的是，不是受网友的鼓动，而是因为孔子由江湖形象根深蒂固的周润发来扮演，少了一睹的冲动）。但开拍之前，“子见南子”先成了舆论关注焦点；看了之后那些“不懂电影”的人又说，“子路、颜回、南子的死法都不对头”，以此来推测该不属“庄”的一类。让人不能接受的是，电影制作者试图强加于人。导演胡玫说，中国人要看《孔子》，她看了三四遍，每次看都有不同感受，都会哭。主演周润发说，看完《孔子》不哭就不算人。前者上升到国人与否的高度，后者更涉及了人畜分野的命题。说老实话，听周氏这么一说，我就更不肯往影院送半个脚印了，免得看完后可能生了一肚子气不说，还因为不能奉送几滴眼泪而无端让人给臭骂一通！

在历史题材影视不够严肃的创作氛围下，我以为更不宜在圣人头上动土。从前有一些时候，圣人戏正是禁区，禁的出发点是避免亵渎。比如宋朝杨亿的《杨文公谈苑》载，宋太宗至道二年（996 年）重阳，太子一干人等摆宴席，同时观赏“教坊以夫子为戏”。这时有个叫李至的宾客说："唐大和（文宗年号）中，乐府以此为戏，文宗遽令止之，笞伶人，以惩其无礼。鲁哀公以儒为戏尚不可，况敢及先圣乎？"太子听罢吓了一跳，"言于上而禁止之，此戏遂绝"。又如清朝萧奭的《永宪录》载，康熙初年，"优人演剧多亵渎圣贤"，从而"禁不得装孔圣及诸贤"。不仅如此，雍正年间，还从宣化总兵李如柏之请，"天下庙宇关圣神像不得偏坐侧立"，与此同时，"并禁演关帝"。好在这样的禁令没有贯彻到今天，否则，不仅吴宇森那个令人捧腹的《赤壁》无以问世，连胡玫这个"直把孔子当孙子"（葛维屏语）的《孔子》，都会胎死腹中。但是，我们不能因为今天舆论宽松，就"圣"头着粪，以为自己才对圣人具有真正的认识。

忽然见到，中国电影界有了每年举行一届的"金扫帚奖"——最差劲电影奖，首届的"奖项"已各有得主。这个"奖项"由《青年电影手册》编辑部和特约影评人联合推荐，纯属"民间"吧。但电影界千万不要把人家当成仇敌看待，粗制滥造的东西太多，总需要一把扫帚来打扫打扫。就《孔子》而言，胡玫当然可以豪言票房战胜《阿凡达》，但倘若半点批评意见也听不进去，她就很可能会沦为影坛余秋雨。

（2010 年 2 月 1 日）

由赵本山的态度看讲真话的难度

不少报道都说，在前两天的赵本山电视剧《乡村爱情故事》研讨会上发生了不愉快的事情。开场之前，"赵本山不但挨个与到场的专家、学者、记者握手致谢，还姿态谦虚地向各位求教"。然而，开场之后，当专家真的数出该剧的种种不是之后，赵本山不高兴了，"血压刺激得有点儿高"之外，旋即反唇相讥，令"全场气氛异常尴尬"。

我没有看过这部电视剧，就剧情评论的话，无论真话假话亦即逆耳的话逢迎的话都说不出来。而专家究竟说了些什么，赵本山又回击了什么，也没必要一一罗列，感兴趣的人们大可自己去查看。我觉得这里面有意思的是赵本山前后截然不同的态度，时下人们乐此不疲地在谈论“讲真话”，由这个态度委实不难窥见讲起来的难度。

谁不知道今天对著作、对影视作品研讨的“真谛”呢？人家花钱请你来，就是让你捧捧场子，听听你把作品意义之类怎么拔高。笑话里说，阎王放了个屁，还有人能写出“清音入耳，依稀短笛之声；香霭袭人，彷佛烧刀之味”呢。而惹得人家发怒，却相当于砸了场子，别说赵本山那样的大牌人物要发脾气，换了谁都会心里堵得慌。不过，与会专家一定觉得很委屈，是你一脸诚恳在先啊？然语云听话听音，哪有就这么借坡溜下来的？我想，专家讲真话，要么正是真心为了作品的完善考虑，要么可归入呆得不能再呆，对外面的世界全然懵懵懂懂。当然，在整个事件中，最该检讨的仍然是“主人家”，如果听不得“意外”声音，那么前面的“谦虚求教”就有惺惺作态的嫌疑，类似于“阳谋”。

在巴金老人之后，“讲真话”时不时成为舆论的一个热点，甚至在今年全国两会上这个无论为官还是为人的基本要求还能引起一时轰动。而环顾巴老之后的“讲真话”，让人心里不是滋味。比如教育部原副部长张保庆因为要退休了，讲真话了，把先前所见本领域的种种弊端指出来了；前些天本埠的钟南山先生也有一番关于讲真话的阐述，然而其中说到自己“已经 73 岁了，别人也不能把我怎么样”了，令人顿觉英雄气短。我又想，如果我们的种种“讲真话”要伴以自认为“后顾无忧”这一前提条件，那就表明我们现在谈论这个问题还颇有些奢侈，不光老外知道了可能要笑话，连我们自己也会觉得有“事后诸葛亮”之嫌。

有人说，赵本山的即刻发怒，是其“农民本色”的一种体现，不会虚与委蛇，有啥想法藏不住，掖不住。而要我说，如果这可以算作一种“优点”的话，只“优”在他能立刻表明自己的态度，较之表面上仍然笑嘻嘻却盘算着“秋后算账”的李林甫之辈可取一些罢了。舍此别无其他。赵本山还只是民间人士，不愿听就勃然大怒；权力人物肯定更不得了，修北京的永乐皇帝就是这个样子。他因为“三殿灾”而诏求直言，“及言者多斥时政，于是发怒，谓言事者谤讪”，转而“下诏严禁之，犯者不赦”。后面的嘉靖皇帝说人家讲真话是“胁君取誉”。我之所以由赵本山的态度看到讲真话的难度，道理就在于此。用宋人的话说：“求言非难，听之难；听之非难，察而用之难。”再用明人的话说，这叫“言路虽开犹未开”。倘若就是这样的背景，谈论如何讲真话不是奢侈至极吗？

（2010 年 4 月 13 日）

不要亵渎“民族英雄”

北大教授孔庆东日前做客某网站时，就郭德纲最近发生的一系列事件进行了点评，令舆论哗然的，是郭德纲乃“民族英雄”说。我们都记得，在事件伊始，郭德纲的徒弟打人之后，郭不仅称被打者为歹徒，而且称徒弟为“民族英雄”。

好家伙，短短几天工夫，郭德纲事件的“正负”还在热议之中，“民族英雄”倒先见识了两个。

孔教授以“醉侠”名世，此番言论喷薄而出之时未知处于何种状态。什么是民族英雄？历史上谁才是民族英雄？印象之中，前几年是有过一轮争议的。异议者不是要哗众取宠，而是说不要从汉民族的狭隘目光，而要从中华民族的宏大视角来审视，那么，历史上的若干民族英雄就需要重新“甄别”。那个争论好像最后不了了之了，很不应该。中国的很多事情都是这样，应该在这一次搞清楚的，偏偏因为各种原因要留给下一次或更下一次，以至于今后总是在不断咀嚼前人嚼过的馍。

正有上次讨论不够彻底的因素，孔教授的一助推，使“民族英雄”的标准又成了困扰我们的一个难题。该不该戴在那两位的头上，没有理论指导，只有运用马克思主义的一个原则——具体问题具体分析了。

孔教授关于“民族英雄”说的依据之一，在于郭德纲是“我们国家相声界唯一的，敢于讽刺权贵、敢于讽刺不正之风的”。先要抱歉的是，我对相声界漠不关心已有不少年头了，未知孔说确否。倘若成立的话，我想说，那评论界的“民族英雄”可就更多了，全国的报刊上每天有多少评论文字是针对权贵、针对不正之风的？数不胜数，岂止讽刺，近乎拍案大骂的也不乏见。因此，“敢于”恐怕还不能成为民族英雄的一个硬件。

当然，动手打人，并不构成成为民族英雄的障碍。有人拈出徐梦莘《三朝北盟汇编》说，岳飞就曾经打人，还差点儿把人打死。那是岳飞在洪州（今江西南昌），“与江南兵马钤辖赵秉渊饮，大醉，击秉渊几死”。结果，“安抚使李回奏劾之，至昌上戒飞饮酒，飞自此不饮”。再当然，浑身匪气，也不妨碍成为民族英雄。袁崇焕的口头禅是“掉哪妈，顶硬上”，这句粤语粗口铭牌还被镶在东莞袁崇焕纪念园那座袁大将军跃马横枪的雕像下面。把“fuck”（“掉哪妈”英译）挂在嘴边，固然彰显了人物性格，但不是也让人觉得还欠了点儿涵养吗？否则，纪念园前一段也不会因为顶不住诸多非议而凿掉铭牌了。没错，民族英雄是人，不是神，但当下横空出世的这两位，与“民族英雄”恐怕还沾不上边；非但沾不上边，与时代所要求的一个公民的基本道德，恐怕也还有相当距离。有一点可以肯定，任何一顶“民族英雄”的帽子，都是要经过历史检验的，都不是随便什么人，嘴下一溜就可以随便赠予的，以个人好恶、个人价值尺度而令这称谓飞来飞去，跟亵渎就没有什么两样了。

“人谁无过，过而能改，善莫大焉。”岳飞就改了坏毛病。因此，我们没必要将郭德纲师徒二人一棍子打死，他们将来可能会成为民族英雄，但需要我们拭目以待，“观其行”，今后的“行”。

（2010 年 8 月 19 日）

孔子作为文化符号无需项目求证

有个“国家社科基金重大项目”近日拿出了“中国文化符号调查报告”这一“阶段性成果”，说是在 270 项候选中国文化符号中，他们调查出了最具代表性的 10 项，分别是：汉语（汉字）、孔子、书法、长城、五星红旗、中医、毛泽东、故宫、邓小平、兵马俑。此项调查虽然历时近半年之久，但百密必有一疏，还是留下了软肋：只是在全国大学生中进行。姑且不论在“全国 18 个省、市、自治区的 24 所高校中发放”的近 2000 份问卷有多大的代表性——须知与 2010 年全国高等院校招生计划总数即达 657 万名相比，这个问卷数字也实在太微乎其微了；即便有，这些文化符号也只是大学生眼中的。识者已然指出，产业工人、城市中产阶层还有他们的文化观，请注意调查对象的局限。

确乎如是。不过，笔者还想发问的一个问题是，孔子、长城以及毛泽东、邓小平等，用得着当下一个貌似谨严的课题项目承认才成为中国文化符号吗？无须吧。不仅无须，我甚至认为纯粹多此一举。实际上，他们自己的调查已经间接证实了这一点，亦即所谓“当代文化符号的被认可度普遍落后于传统文化符号”。为什么？在我看来这是非常正常的，未必是大学生们“对当代文化符号和文学艺术符号则未加足够的重视”，而是传统的那些历经大浪淘沙，去粗取精，去伪存真，尽管今人揪住历史的若干皮毛细节或大肆贬损或叫嚷“平反”，然而在现实面前充其量只赢得一时的眼球注意而已，无济于事；而现代的，除了毛泽东这种“鹤立鸡群”的，别的还很难得到统一，红极一时未必就可以成为文化符号，苟如此，文革时的小靳庄诗歌也可以端坐一把交椅了。

那些不能成为“十大”文化符号的，不会因为一个不能代表什么的调查当选而得到认可；同理，那些本该在列而没有当选的，也丝毫不损害其继续成为文化符号的价值。我说这种调查多此一举，道理就在这里。早几年不知哪里搞的一个世界“新七大奇迹”评选也可拎来作为旁证。长城的投票排名因为一度跌出了前七名之外，我们的人很着急，中国长城学会和八达岭管委会便呼吁大家投票，结果人多力量大，长城的排名一下子就上去了，最后还拔得了头筹。但已然戴着“世界物质文化遗产”桂冠的长城，需要这顶廉价的帽子来证明自己吗？有意思的是，此番文化符号调查又是受了外来消息的刺激。不知谁说，美国《新闻周刊》根据美、加、英等国家的网民投票，评出了12 大文化国家以及各自代表国家文化的 20 大符号。我们的专家看了中国的那些，“觉得结果很奇怪，亦不足信”，虽然咨询《新闻周刊》的结果是人家否认做过这样一个网络调查——又是来路不明，但还是勾起了我们专家的兴趣，于是这一拳打空的较劲产物，意义依旧非凡，“透视以大学生为代表的未来中国文化建设中坚力量对中国文化符号的认知，可以得到很多政治、经济、文化教育等方面的启示”。假以时日，愿得启示之详。

最后想说，国人评选什么时实在割舍不去“八大××”“十大××”情结。那么多根本无法分出高下的文化符号，不分青红皂白地先划个小圈子，结果不是被人指摘丢了这个，就是漏了那个，何苦又何必呢？前人创造“削足适履”这一成语，何其精辟！忽然又产生个疑问，这种“×大”情结将来会不会跻身中国的文化符号？

（2011 年 1 月 5 日）

对过往津津乐道并非客观态度

“巴蜀鬼才”魏明伦先生新近提出对联应当申遗。在他看来，现在很难找到真正的对联，满大街的门口“大多都有两行汉字”，可以叫作吉祥话的口号、标语、对口词、顺口溜，“唯独不能叫对联”。而“对联是中国文化中难得的瑰宝，也是全世界独一无二的，但是我们把它丢掉了”，所以应该作为非物质文化遗产来申报和保护。

魏先生对对联这一传统文化要素的式微显见是痛心疾首，不过，我却不大相信“倘若再不能引起重视，（对联）恐怕就真的要绝迹”。读书人的种子不绝，对联就没有灭绝的可能。且度魏先生语意，好像从前的对联就有多高明似的，不见得，应该也是“大路货”居多。比如做买卖的，“生意兴隆通四海，财源茂盛达三江”，谁知道从什么时候起就遍布全国？这是大众的一种普遍文化心理，直白，晓畅；高明的，能入魏先生法眼的，精雕细琢的，该是文人骚客间的雅事，所谓精品从来都会是少数甚至极少数。存世的唐诗有好几万首，前人一浓缩，就变成了三百，这三百才是精华所在，至于说熟读之后，“不会作诗也会吟”。

今年春节期间游览贵阳花溪公园，在一座小山上见到一座“民国廿八年”不知哪个“航空学校建”的亭子，不大，八角还是六角模糊了，光去留意石柱上的几副对联，悉数凿出来的。逐字看了一下，有“国家至上民族至上，抗战必胜建国必成”“军事第一胜利第一，意志集中力量集中”“登高一呼举国空防都有赖，极目四望万方景物总无穷”，余不懂联，但处于最显著位置的，还是觉得不大像话。上联是“蒋委员长是中华民族的大救星”，下联是“何总长是总裁最贤明的辅弼”。这两联显见被破坏过，尤其是“蒋委员长”“总裁”“何总长”那几个字，修复的痕迹很浓。蒋委员长无须解释，何总长自然是何应钦了，查其履历，1938 年何应钦任军事委员会参谋长，负责战时的军制、计划和指挥。这两联，首先就是口号；其次是根本“对”不齐，“蒋委员长”如何对“何总长”？“中华民族”如何对“总裁最贤明”？“大救星”又如何对“辅弼”？简直乱七八糟嘛。

由此还联想到《清稗类钞》里的一则趣事。纪晓岚在京师，“尝携友过马神庙”。当时庙门“左掩一扇”，露出来的右扇有一联，道是：“左手牵来千里马。”朋友建议，大家先不要看下联，“试各思之”，猜一猜下联该是什么。纪晓岚判断：“前身终是九方皋。”九方皋，春秋时的相马名家。提及相马，今人但知伯乐，《列子》载，伯乐谓秦穆公，有一个同他一起挑担子拾柴草的朋友名叫九方皋，“此其于马，非臣之下也。请见之”。但答案揭晓，却是“右手牵来千里驹”！不知纪晓岚当时有没有气晕。

“老照片”一炮打响之后，人们对“老××”更加青睐起来，仿佛彼时的东西都那么让人流连忘返。笔者不大相信那个时候的东西就好得无以复加。比方过去的大学，不必言必及西南联大，须知彼时还有钱锺书笔下的“三闾大学”，还有高松年、李梅亭、陆子潇、刘东方那一类的教授呢！对传统文化也是一样，对过往的东西津津乐道，不是客观的态度，且于事无补。

（2011 年 2 月 16 日）

高晓松们醉驾的底气从何而来？

知名音乐人高晓松的醉驾，造成四车连撞四人受伤，成为醉驾入刑以来最受舆论关注的热点。旋即收到朋友转发的一则短信，以高晓松那首著名的《同桌的你》为蓝本，像当年恶搞陈凯歌的胡戈一样编成了《醉驾的你》：粉丝们都已经想不起，痛斥药家鑫的你，我也是偶然看新闻，才发现被拘的你。谁劝了把酒当歌的你，谁闻了你的酒气，谁把你的胳膊架起，谁给你送的狱衣……调侃事实的同时，兼产生让人解颐之效。

编段子，一向是国人的文化传统，从前不叫这个名称，叫“歌”或者“谣”就是。解颐之余，还须回归现实。应该说，从出事的那一刻起，高晓松的个人角色就发生了转变，至少上海的“中国达人秀”那里暂时不能当评委了，先要充当一个用于解剖醉驾的标本。自 5 月 1 日醉驾入刑开始，各地虽然每天都在抓“醉猫”，也抓了不少，但都没什么分量，因而那些无名小辈们说些什么，不能引起人们的注意，也就不能产生典型意义。高晓松应声而来，成为第一个通过醉驾来以身试法却没有漏网的名人，他的一言一行，一举一动，以及对他的醉驾行为如何处理，势必成为公众关注的焦点。

先得承认，高晓松很有底气。他那张被交警控制后，嘴里还叼着烟卷的照片，就流露出了底气十足的样子。问题的关键还在于，那天晚上，“他喝下一瓶威士忌，又和两位朋友一起喝了一瓶白葡萄酒”之后，为什么还“敢于”自己驾车回家。事后检测，高晓松体内每百毫升血液中酒精含量高达 243.04 毫克，是醉驾标准（80 毫克）的 3 倍多。相信很多人和我一样都想知道，高晓松们醉驾的底气究竟从何而来？纯粹的侥幸心理，还是认为天底下没有自己摆不平的事情？

我说高晓松很有底气，还在于他的那纸“保证书”，七个字，潇洒得很，字写得潇洒，语气也潇洒。“对不起！永不酒驾！”仿佛挥一挥衣袖，自己就洗白了。可惜，有落款却没有抬头，不知是说给谁的，算是向公众的表态？总之有誓言的味道。更可惜，谁都知道，誓言是极靠不住的玩意。春秋的时候盟誓成为一景，但有几个靠谱的？明朝郑九石到地方上任第一天，率领手下跑到城隍庙去发誓如何廉洁奉公，然而时人何良俊听说后就笑了，认为“信不由衷，质无益也，况要盟者无信乎此”。他还指出：“朝廷大事，苟一心持正而峻法以行之，谁敢不肃，乃必假之盟誓耶？”何良俊接下来的话更加一针见血：“夫朝廷赫然显著之法，彼不知畏，犯者接踵；若但怖之以冥漠无据之神，彼亦何惧哉！”当然，这倒不是我们中国的特色。前几天凤凰卫视有个英国王室大婚系列，讲到现任女王的儿女皆以离婚告终，而婚礼之时的誓言听起来，哪个不是动听得很？那么，高晓松的“保证书”可信度究竟能有多少，就需拭目以待。

高晓松们醉驾的底气从何而来？在捕捉到了一定的数量之后，是可以归纳出真正答案的。把这个或这些答案公之于众，对遏制潜在的“醉猫”不无裨益。当下，解剖好高晓松这个标本，一定程度上能够找到答案，尽管他这个符号太特别了。

（2011 年 5 月 11 日）

毁坏文物后面的真问题

赵本山旗下的“刘老根会馆或会所”（看各种报道，馆、所都有，为免表述不准，唯有两存之）在北京新开张，即因为涉嫌破坏文物原有风貌而被实名举报。这个最低消费也要18万元的私人会所，算是出师不利。当然，暴露出来的问题远远不止于此。

会馆或会所利用的是“晋翼会馆”建筑，属于原崇文区文物普查登记项目单位，为“不可移动文物”。对于使用不可移动文物，我国《文物保护法》里专门辟有一章：“必须遵守不改变文物原状的原则，负责保护建筑物及其附属文物的安全，不得损毁、改建、添建或者拆除不可移动文物。”刘老根会馆或会所之所以被举报，正是因为举报者发现，在晋翼会馆第一进院内，加了“三个尖顶罩棚屋顶的建筑”，外貌完全被改变了；进一步了解还发现，会馆或会所里面还挖了总面积约六七十平方米、深约1.5米的游泳池，一堵山墙也被打掉，以使“整个屋子看起来更长”……

破坏文物的事情在这个讲“文化”的时代根本算不上稀奇的事情，虽然虱子多了不咬人，但所幸公众对每一起较大的破坏仍然能够表现出应有的义愤，让真正关心文化建设的人感到欣慰，至少不那么孤单。任何对文物的破坏，个中“原理”都大同小异，本质上离不开一个“钱”字。也就是面对文物，有些人琢磨的只是它的利用价值，潜在的经济效益如何。衡量之后，挡道的，推倒它；还行的，改造它。对破坏文物现象如果仔细分析一下的话，只是“原理”中的“小异”。在刘老根会馆或会所事件中，比较值得玩味的是相关文物部门的态度，也就是东城区文委。按照文物属地管理的原则，这起事件该归他们负责。但他们的说法和做法令公众极度失望。怎么说的？“会馆只是加盖了罩棚，没有动文物本体”“只是进行内部装饰”。连一个无需技术含量就能发现的问题，专业的人愣是认为没什么，真乃咄咄怪事。怎么做的？向被举报人出卖了举报人。这一举动，用卑劣言之，未知过分与否。

现在，刘老根会馆或会所把罩棚给拆了，文保人士说在官方调查没有结果之前，此举涉嫌毁灭证据，即便不是这样，至少也是心虚的一种表现吧，须知看罩棚那架势可不是临时建筑。无论怎样，此举也结结实实地扇了东城区文委一个嘴巴。有没有破坏文物，这么容易弄清楚的一件事情，居然变得是非模糊，职业素养或者说职业道德何在？时至今日，各行各业，方方面面，为举报人保密以维护其合法权益，早已成为常识，其谁不知，他们出卖举报人又居心何在？得罪不起那边的大佬，还是借此声明“事不关已”以转嫁矛盾？“天作孽，犹可恕；自作孽，不可活。”这才是毁坏文物后面的真问题。文物管理部门如果就是这样履行自己的职责，我们就不可能对他们抱有任何期望。故宫的“N 重门”之所以一扇接一扇地开启，又何尝不是如此？

充分利用文物建筑的使用价值，让它重新焕发生命力，本来是一种很好的保护方式。但是，如果利用者随心所欲，文物头上动土，性质就变了，保护就成了破坏。我曾写过一篇《文物保护单位需要另一种普查》，建议普查一下全国究竟有多少文保单位“变质”。现在，我追加建议普查文保单位人员的素养，胜任与否。普不普查是有关方面的事，先出它一口鸟气再说。

（2011 年 8 月 24 日）

顶级鉴定专家成了梁山何道士

在一个叫作“中国 400 富人榜”的榜单中，华尔森集团总裁谢根荣以资产 6.2 亿元并列第 163 名。但在案发之前，排榜的机构或许并不知道他的那些钱都是从银行骗来的吧。他们行骗的手段很不高明，用散落的玉片自家穿起，制作了两件古董，一件是“金缕玉衣”，一件是“银缕玉衣”；高明之处在于，他们找到了几个货真价实的“顶级鉴定专家”——包括著名历史学家、鉴定家，甚至还有故宫博物院前副院长——进行鉴定，鉴定的结果可不得了，这两件冒牌货价值24亿元！然后，以这几个顶级专家的集体签名为后盾，骗子们导演了巨额贷款诈骗案。

顶级鉴定专家们当时大都已是耄耋老人了，最年轻的也过了古稀之年。他们在这起诈骗案中该负什么责任姑且不论，一句助纣为虐肯定是毫不冤枉的。虽然对任何鉴定大家而言，对文物都难免有“走眼”的时候，但那种鉴定对象该是孙悟空与六耳猕猴的区别，如来佛才分得清。这起鉴定则不然，纯粹就是走个“鉴定”的过场。有个专家说：“主要是靠眼睛看，然后一起商量了一下。”另有个专家说：“这个鉴定是比较随便的，算是帮朋友一个忙。”还有一位更加坦白：“就几十分钟。鉴定时没有开柜，大家就在玻璃柜子外面走了一趟看了看。因为隔着玻璃，看时也不方便。”但就是他们这么一随便、一帮忙，导致谢根荣骗贷的钱有5.4768亿余元至今无法归还。顺便提一句，谢根荣案目前二审仍在审理当中，谢本人一审被法院以贷款诈骗罪判处无期徒刑。

这个在当代发生的故事，很像《水浒传》里的一个桥段，就是宋公明一打东平、两打东昌凯旋之后的情节。梁山在忠义堂上大搞醮筵，结果真的“感天”了，掉下一团火球钻进地里，挖出来一看是石碣，“上面乃是龙章凤篆，蝌蚪之书，人皆不识”。这时有个何道士挺身而出，他认识，且他祖传的看家本领就是“专能辨验天书”。照他的解读，“前面有天书三十六行，皆是天罡星。背后也有天书七十二行，皆是地煞星。下面注着众义士的姓名”，也就是上天给一百零八位好汉排定了座次。好汉们都没什么文化，面对石碣排位“俱惊讶不已”，以为“天地之意。物理数定，谁敢违拗！”但是后人笑了，明朝的李卓吾就说：“梁山泊如李逵、武松、鲁智深那一班，都是莽男子汉，不以鬼神之事愚他，如何得他死心塌地?”

这个故事与前面的新闻相似之处在哪里呢?就在那个何道士身上。“顶级鉴定专家”扮演的角色，正是何道士的角色。天降石碣的把戏明明是宋江导演的，但他假惺惺地对何道士说，那些蝌蚪文“唯恐上天见责之言，请勿藏匿，万望尽情剖露，休遗片言”。何道士就跟他共同唱了出双簧。那两件赝品“玉衣”很难识破吗?以“顶级鉴定专家”的才智，恐怕不难，但他们既成为双簧的一方，什么就都只有另当别论了。彼时，何道士作为“通天”人物，饶是鬼话，也还是有些信誉可言的；当下，“顶级鉴定专家”的信誉更不待言，很遗憾，他们滥用了自己的信誉。李卓吾嘲笑说：“既有黄金五十两，人人都是何道士。”当然，打发“顶级鉴定专家”，需要付出“几十万的评估费”。想知道的是，还有多少并非浪得虚名的专家、“顶级鉴定专家”，为了口袋里根本不缺的几个钱，甘愿与何道士之流为伍?还想知道的是，这是他们个人的悲哀，还是我们这个社会的悲哀?

（2011 年 9 月 5 日）

“国服”问题属于十足的表面文章

“国服”好像忽然成了一个很重要的问题。《光明日报》今天有一篇《我们需要“国服”吗?》的文章，其中说到，有从事服装史论研究的人士认为，国服作为一种制度化的服饰，通过服饰穿着，可以从视觉上展示国家、民族、个人的特定身份。在我看来，关键还是人家都有咱们没有吧。日本有和服，韩国有韩服，越南有奥黛，印度有纱丽……既然如此，我们就也该有，这是我们不少人行事的一个惯常逻辑。

由“国服”很容易想到“汉服”。前两年不少热心人曾经大做“汉服”文章，试图以之作为国服。现在，“国服”的横空出世，从侧面证明了汉服爱好者的努力呈现出失败态势。想想也是，汉服之

“汉”，在名目上即将民族狭隘性的一面不打自招。当下中华民族的民族构成即有56个之多，何以“汉”之政权才为“国”？何以“汉服”才可成“国服”？当然，无论汉服还是国服，都要做足服饰名堂，穿上它，立有夷夏之辨。但是，正像上面那篇文章所问，我们需要“国服”吗？

咱不是研究服装史的，搞不清日本、韩国的国服是历史沿袭下来的，还是当代专门设计的。因为我们这里有知名服装设计师表示，国服是一种象征性服饰，它的设计是个难题。这就摆明咱们的“国服”至少是要“重新打鼓另开张”。但感觉上，国服无论怎样都应该是历史传承的产物才对。我们看人家相关影视作品的着装，如日本的《吟公主》、韩国的《春香传》等，那里面的和服、韩服看上去跟今天的区别并不大，除非他们以今度古，存心要打马虎眼。咱们这里许是历史太悠久、朝代更迭得太频密之故吧，一脉相承什么多少有些侈谈的意味，概因每个朝代夺取政权之后，先要试图消灭前朝的痕迹，像楚霸王那样干脆放一把火全都烧掉的比比皆是。这样的话，服饰自然不能幸免。以文学名世的沈从文先生解放后赋闲在历史博物馆，有心插柳柳更成荫，硬是撰写出了一部与他赖以起家资本了不相涉的《中国古代服饰研究》。中国古代服饰能够成为一门艰深的学问，汉服爱好者不可能不眼花缭乱，导致奉哪个时代的为正宗一直莫衷一是，轮到“国服”时举棋不定也就自然而然了。

其实，即使在同一朝代，因为等级尊卑，服饰也大相径庭。官员与百姓穿的不用说了，读书人与市井小民穿的也迥然有别。明朝刚立国的时候，读书人穿的衣服因为“无异胥吏”，朱元璋还曾下令改进，“凡三易，其制始定”。在鲁迅笔下，“孔乙己是站着喝酒而穿长衫的唯一的人”。穿长衫，即表明他把自己排除在“短衣帮”——底层劳动者——之列；而因为落魄，他又不能“慢慢地坐喝”。正因为传统服饰的丰富多彩，“用任何一种已有的形式都不能代表”国服，所以今天要设计。然而，并非传承而是设计出来的“国服”，因为没有承载历史的文化内涵，缺乏相应的厚重感，与寻常时装设计又有怎样的区别呢？这样的所谓“国服”有生命力吗？

北京奥运的时候搞的是“华服”大赛，前几年APEC会议在咱们这儿开的时候，与会各国领导人穿的叫“唐装”，复古爱好者们要振兴的是“汉服”和“深衣”，如今又添了“国服”。好家伙，本来是想“名正言顺”，不意名堂上先弄得五花八门。现在的问题似乎倒不是我们需要“国服”与否的问题，而是那些在服饰上纠缠不休的人们究竟想要干什么的问题，这种十足的表面文章何时能停下来的问题。

（2011年10月27日）

于丹教授此言差矣

著名的于丹教授日前在暨南大学参加世界华文文学研讨会时做了主题演讲，我是在本埠媒体报道中知道的。老实承认，报道中提到的多数内容我都不大明白，虽然字都认识。诸如对华文文学应如何与其他文化碰撞、融合，达到“文而化之”的境界，于丹教授有三个建议：“从哲学中借助一种思维方式”“从历史中借鉴一点母题”“向艺术借鉴一些风格”。现场演讲的时候想必展开如何借助或借鉴了吧，苟如此，则报道来了个去粗取精。但看到于丹教授说现代人很怕孤单，因此“就连清明节也发‘快乐’短信，这已经远离了慎终追远的生命尊严”时，多少看懂了，当然，对这话前面的那句“宁静是一种生产力”还是不明所以。

于丹教授显然认为，“清明时节雨纷纷，路上行人欲断魂”嘛，而你却“居然将一个清明节也过得那么热闹”，不是没心没肺吗？我要说，于丹教授真的这么以为的话，则此言差矣。那个似乎只该悲从中来的清明节，只是杜牧笔下的清明节，程颢笔下还有“况是清明好天气，不妨游衍莫忘归”的清明节，看，玩儿得高兴，家都可以忘回。与程颢同朝的吴惟信还有“梨花风起正清明，游子寻春半出城。

日暮笙歌收拾去，万株杨柳属流莺”，那架势比今天的发条短信不知“快乐”几千倍。难道从那个时候起，人们就已经远离了生命尊严吗？是的话，则现代人的做法也没什么好责备的了。

如果说，程颢、吴惟信们的句子只是诗人的夸大其词，只有两三分给说成了八九分，那么宋人孟元老《东京梦华录》所记载的清明节盛况，完全是平铺直叙，可以进一步参照。我们看到，自寒食到清明那三天，从皇家到百姓，莫不倾巢出动，致城内几空而“四野如市”。官方有官方的做法，“禁中前半月，发宫人、车马朝陵，宗室、南班、近亲，亦分遣诣诸陵坟享祀，从人皆紫衫，白绢三角子、青行缠”，官方行为嘛，费用当然“皆系官给”，全由公款埋单。普通百姓呢，在扫墓之后，“往往就芳树之下，或园囿之间，罗列杯盘，互相劝酬。都城之歌儿舞女，遍满园亭，抵暮而归”。来的时候，“各携枣䭔、炊饼、黄胖（土偶玩具）、掉刀（战刀玩具）、名花、异果、山亭（泥制玩具）、戏具、鸭卵、鸡刍，谓之‘门外土仪’（专作礼品的土产）”。有轿子的，“即以杨柳、杂花装簇顶上，四垂遮映”。这三天之中，“但一百五日最盛”，就是从上年冬至开始数起的第一百零五天，正是清明这一天。整个节日期间，小贩与游客如影随形，“卖稠饧（糖）、麦糕、乳酪、乳饼之类”。傍晚走的时候，“缓入都门，斜阳御柳，醉归院落，明月梨花”；而“诸军禁卫，各成队伍，跨马作乐四出，……其旗旄鲜明，军容雄壮，人马精锐，又别为一景也”。

这才是清明节的真正内涵吧，后来的人不知从什么时候开始把这个既是节气又是节日的日子“越过越窄”，窄得只剩了扫墓就是。振兴传统节日的呼声动辄震天响，但我们的学者在传播文化的公开场合却还开“黄腔”，可知振兴之难。我注意到，有的报道羡煞于丹教授整个 90 分钟的演讲完全脱稿，手上连一张纸条都不拿；还有，根据演讲录音整理出来的文稿几乎不用做任何改动，云云。对“学术超女”而言，这实在只是一项基本功。但古人又说了：“文贵中，不贵速。”意思是，说或写得快还是慢并不要紧，前提是你得破的。

（2011 年 11 月 24 日）

不是艺术家能让秦桧“站起来”的

秦桧在老家——南京江宁区——有自己的博物馆了。这没什么值得奇怪的，想必许多人都有这种心理准备。连西门庆都有“故里”了，为了争夺这个“文化品牌”，山东的两个县还曾各自拿出“大手笔”。当福建莆田准备重修蔡京墓的时候，我曾悲哀修复秦桧墓已经为期不远，后来莆田有个“知情者”在我的博客上留言，说他跟那个说话的副镇长很熟，那人只是随口说说而已，是我小题大做了。我自然无缘听到他们当初如何窃窃私语，公开报道就那么说的，总不能认为我在生事。一朝被蛇咬，十年怕井绳，但这个秦桧博物馆开张已有两个多月，想来不会子虚乌有了吧？

秦桧的博物馆该陈列些什么？动足脑筋也还是想不出来。从公开的报道得知，至少前几年曾吸引过世人眼球一阵的秦桧夫妇雕塑站像摆了进去，就是那个上海什么艺术家的作品：《跪了 492 年，我们想站起来歇歇了》。记得当时，艺术家谈及为什么“创作”这件作品时，嘴上嘟囔的是“呼吁现代社会要重视人权和女权”，包括历史学家在内的教授、博士还试图与其理论“平静地看待历史问题”。现在，再引起愤慨和反对是自然而然的。其实，教授、博士们等于对牛弹琴，一定这样的话，跟计较《宰相刘罗锅》《铁齿铜牙纪晓岚》之类戏说电视剧中的历史又有多大区别呢？

但有些话还是要说。比方我想说，倘若这是艺术家的“行为艺术”，那么“艺术”你的好了，千万别拿所谓“人权意识”去考量古人。对历史上发生的那些事，得用历史的眼光和标准去打量，这才是历史唯物主义的态度。在我们的时代固然有我们时代的忠奸理论，也有对待忠奸的方式方法，但杭州西湖边“岳王庙”里的秦桧夫妇（以及万俟卨和张俊）跪像之存在，却属于他们那个时代，那是历史的产物。“青山有幸埋忠骨，白铁无辜铸佞臣。”看似普通的这几尊跪像，已然浓缩成一个典型的文化符号，明确诠释了古人对忠臣与奸臣的形象理解，他们用这种方式告诫属于他们那个时代的人：选择不同的人生道路将面临怎样的身后结局。可以说，这种告诫，是其所以产生的那个时代最具效果的昭示。而拿当代的“人权”去衡量之，自以为比古人更有见识，就与向石器时代的人们炫耀我会用电脑打字差不多了。

“人从宋后罕名桧，我到坟前愧姓秦。”这是秦氏一位后人发出的慨叹，在他们自身，对先祖行为是怎样的痛心疾首溢于言表。所以我想，现代人但凡有一点对历史尊重意识的话，根本不会做诸如让秦桧“站”起来的文章，根本不会在本已定格了的文化符号上画蛇添足。有趣的是，秦桧博物馆——对不起，不知那馆的准确称谓，还得这么称呼——馆长说他们“只是尊重历史”。他们又发掘了什么新鲜史料呢？愿闻其详。我知道，宋高宗对秦桧有过“朴忠过人，朕得之喜而不寐”的评价，《宋史》里写着呢，不难找。诸如此类，敢是被翻出来成为其形象“正面”的证据了？诚然，忠臣与奸臣、爱国与卖国的诠释和示范，在今天已不是岳飞和秦桧这两个作为文化符号的个人所能承载得了的，但是，如今有些人总是试图以近乎恶搞的方式颠覆传统价值观，实际上正是对历史的一种极不尊重。

秦桧夫妇已经“跪”了那么多年，不是今天的艺术家让他们“站”起来就可以的。而以为秦桧之“站”体现了“人权意识”，送他一个“呸”字吧！

（2011 年 12 月 6 日）

别了，本山大叔

今天下午，龙年央视春晚剧组微博发布声明，说由于赵本山身体极度疲惫，状态欠佳，将告别今年春晚舞台。对这个消息，央视春晚剧组“感到特别地遗憾”，民间则可能未必。因为近日有个媒体发起了“春晚你最不想见的人”投票活动，结果，小沈阳及其师傅赵本山以6000多票的成绩夺得“冠亚军”。6000多票与13亿相比，当然微不足道，但至少代表了投票的那部分观众的心声，加上虽然没投票但如笔者这样表示认同的，再加上这几年来对他的节目质量的非议之声，都是一股不可小觑的民意。

本山大叔告别春晚，现在看来是件“两全齐美”的事情。有相当一部分观众不喜欢他的节目了，看或听腻了，这是其一；其二，他的身体状况似乎也不允许。此前，他参加了两次带妆彩排，就曾因身体欠佳吸氧20分钟才上台。大家不想看了，他老人家也别累着，这就是“两全齐美”。观众之所以看或听腻了，倒不是口味有了问题，对山珍海味没兴趣了而去怀念“珍珠翡翠白玉汤”，实乃本山大叔小品的水准好像一回不如一回，其在春晚上的声名日跌是一个不争的事实。这样一来，他的节目用杨修的“鸡肋”名之，恰当不过。作为春晚的最大“卖点”，公众依照惯例寄予期望，又总是食之实在无味。据说今年春晚大幅减少语言类节目，苟如是，非常明智。当下语言类节目的一个通病，就是几乎与耍贫嘴画着等号，没有显露出语言智慧的什么锋芒。其实，前人留下的典籍中此类营养极其丰富，前提是主创人员得有兴趣读书，得有行动读书才行。倘若只是从网络上扒些众所周知的段子，糊弄了事，怎么可能赢得公众的掌声？

想一想6000多票的态度对本山大叔不大公平，简直有“卸磨杀驴”的味道，他毕竟曾经带给我们那么多会心的笑声。但是，“江山代有才人出”，在春晚的舞台上，任何一个人能领多少年的风骚就领多少年，不能“硬”领。所谓“硬”领，就是无论我端出的是什么货色，都能在“我最喜欢的节目评选”中拔得头筹，流露出舍我其谁的霸气。包括春晚的那些主持人也是，今年勉强换了一个新人，为什么那几位就一定稳如泰山呢？老实说，我是非常不喜欢他们的，因而倘若哪个媒体发起评选“春晚你最不想见的主持人”，我倒非常有兴趣投上一票。现在，本山大叔的缺席，好就好在可以借机检验一下春晚的“成分”以及“成色”。春晚不是每年都用本山大叔上什么节目，以及“赵家班”谁会亮相而吊足观众的胃口吗？如果本山大叔的确是春晚的最后一棵“救命稻草”，龙年春晚因为离了他而变得索然无味，那么春晚真的可以偃旗息鼓了。

别了，本山大叔！当然，这与当年“别了，司徒雷登”不同，后者虽然出生在我们中国，也非常热爱我们中国，但那一别形同驱逐，属于单向的别，司徒雷登也因此一去而不能复返，最后只有骨灰回到了他魂牵梦绕的地方。本山大叔则是暂别，并且，既有我们因为不喜欢而别他，也有他因身体状况而别我们，属于双向的别。假以时日，他完全可以“卷土重来”，前提是把身体养得好一点，把节目锤炼得精湛一点，相信观众会像当初一样欢迎他的。

（2012 年 2 月 19 日）

于丹加入作协的资格毫无问题

于丹要加入中国作协，公示一出，舆论开始争议她的资格问题。我觉得这样做挺无聊的。不少人都看不惯于丹，但就事论事，在加入作协这一点上，于丹还存在资格问题吗？不存在。加入作协的硬件无疑是作品，她出了那么多书，或许像中国作家协会新闻发言人陈崎嵘说的“不好归类”，但其作品的社会影响力还是有的，而且不小。大家争论的那些，在我看来是对于丹的吹毛求疵。

不错，于丹的诸多“学术”观点都有值得商榷之处，“学术圈”外的笔者公开撰文质疑之就非止一次，去年她来广州演讲，关于清明节的那些内容，就不客气地认为她是在“开黄腔”。北京大学教授李零在最新一期《读书》杂志上发表文章，谈到孔子所称的“小人”时，也特别提到了于丹将“小人”曲解为“小孩”。于丹类似的“学术错误”比比皆是，网络上随便一搜就能发现，也许能像金文明先生的《石破天惊逗秋雨——余秋雨散文文史差错百例考辨》那样，汇成一本不薄的书。但她赖以加入作协的那些硬件，就像余秋雨先生的散文一样，终究还没有到不堪一提的地步。我们倘若善意地看待他们的无心之失乃至无知之失，则应当承认他们作品的价值一面。而又有多少人只是报刊上发表了几篇“豆腐块”甚至两手空空，就成了作协会员，甚至是省级、国家级的作协会员？

以于丹这种当下这么有影响力的人物，举手投足引起舆论关注极其自然，遑论加入作协这样的听起来很大的一件事。但在这件事上，我以为可关注的应该不是她加入的资格，而是以她现有的“盛名”，为何还要再添这一“虚名”。她难道还需要作协来“证明”或“正名”吗？不需要。按她自己的说法，很偶然，顺水推舟。她这么说的：“过去我出书后，涉及维权方面的事情，一般都是新闻出版总署在和我联系，我就以为我是归这个系统管。后来，有一次在做文化活动，正好见到中国作协的人，对方说‘对啊，你应该加入作协的’。然后，我就给作协提供了材料。”人家的热脸凑过来，总不能给人家贴个冷屁股，这不是我们传统文化的人际交往之道，以讲《论语》而声名大噪的于丹当然更懂得这层道理。但是我想，这仅仅是“原因”之一吧。

加入作家协会意味着成为作家。曾几何时，作家是何等令人炫目的名号？但那是从前，Once upon a time。现在我就不这么看，并且武断地相信包括于丹在内的很多人都不会这么看。十几年前，本人一时间贪慕虚荣，在前辈的提携下正是凭借几篇“豆腐块”加入了一个省级作协，至今想来脸红，害臊。这十几年间作协又做了些什么呢？早几年年终的时候还寄来张表格，把年内自己发表的作品、出版的著作来个明细，以示管理之道，而这个例牌却早就免了，只剩下定期给寄来一份他们办的内部报纸，年终时通知你去开一次茶话会。那张报纸呢？除了连篇累牍的作协领导近段时间在这儿在那儿的讲话，就是圈子里的那些人没底线地吹捧或互吹只有他们自己才知道书名的那些出版物。因此，有些作协某种程度上连鸡肋都不如，鸡肋虽然“食之无味”，但毕竟“弃之可惜”呢！

这一切，于丹未必不知道。所以，于丹加入作协的资格毫无问题，以她的聪明程度，为什么要加入才算问题。大家也不要乱猜，假以时日，还是由她“女子自道”为好。

（2012 年 6 月 14 日）

文章大都相抄袭？

2010 年第五届鲁迅文学奖文学理论评论类得主、北方工业大学中文系副教授谭旭东的作品《童年再现与儿童文学重构》，新近被拎了出来。一篇署名“柯棣祖”的文章指出，谭著 33 万字之中竟有 70％也即 23 万字是抄来的。但谭副教授表示，他那是“串联了他人的观点”，因为自己“有指明观点的主人为何人”，所以抄袭说是诬陷。孰是孰非，虽暂未定论，但相信在关心此事的人的那里，已经有自己的判断了。

抄袭，早不是个新鲜话题，牵涉领域之广自不待言，牵涉人物的“量级”，亦可谓“上不封顶，下不保底”，著名学者乃至院士亦落“窠臼”。在学术更加不规范、信息更加不对称的古代，抄袭更属寻常之事。刘声木《苌楚斋续笔》就开列了五单，如高士奇所撰之《春秋地名考略》“实为秀水徐善所撰”，任大椿所撰之《字林考逸》“实为归安丁杰所撰”，傅洪泽所撰之《行水金鉴》“实为休南戴震所撰”等。刘声木摆的是事实，因而很不客气地说：“五人皆盗窃他人撰述，以为己书，真撰述中之盗贼也。”这里的高士奇、任大椿都是著名学者。有意思的是，同样著名的学者戴震此时被窃，彼时亦窃于人。陈康祺《郎潜纪闻四笔》指出，他的《畿辅水利志》正“窃之赵氏东潜”，《水经注》“窃之全氏谢山”，关于这两点，“张石洲抉发无遗，已成定谳”，因而陈康祺讥讽戴震“窃人反咎人窃”，如同“穿窬之家屡失藏金”。

最低级的抄袭，是把人家的东西原封不动地拿来，谭副教授的做法则属于“张三怎么说，李四又怎么说，王五认为，赵六指出，然后作一概括”，今人名曰“过度引用”，古人则叫“才士制述，多翻用之”。比如唐朝冀州枣强尉张狗儿（大名怀庆），时人即有“活剥张昌龄，生吞郭正一”之谓。《唐诗纪事》举例云，李义府“镂月为歌扇，裁云作舞衣。自怜回雪影，好取洛川归”，狗儿只在人家每句前头各添两字：“生情镂月为歌扇，出性裁云作舞衣。照鉴自怜回雪影，来时好取洛川归。”张昌龄、郭正一都是唐朝著名诗人，估计狗儿盯住了他们二人，大家才那么说他。那话最后转化成了“生吞活剥”这个成语，该是狗儿对社会的一大贡献了，虽然他自己做梦也不会想到。

对抄袭，古人的自辩和“他解”都比今天有趣得多。后者有“不是师兄偷古句，古人诗句犯师兄”的谐谑；自辩之趣甚者当推宋朝魏周辅，他有两句诗，一曰“文章大抵多相犯，刚被人言爱窃诗”；二曰“文章大都相抄袭，我被人说是偷诗”，表达的都是同一个意思：大家都是这德性，怎么就逮着我不放呢？还有意思的是，前人对那些出自名人的面貌相近的句子，则有另外的说法。如古乐府有“鸡鸣高树巅，狗吠深宫中”，陶渊明有“犬吠深巷中，鸡鸣桑树巅”；李白有“心与浮云间”，王士禛有“心与孤云间”。这种现象又怎么解释？王世贞说，那是因为名家读书太多，“古语出口吻间，若不自觉”；李安溪说：“意之所至，岂必词自己出?”或有道理，但王应奎的说法更有道理：“两先生之论，皆学问已成者言之，若初学亦以此藉口，则偷句为钝贼。”这等于表明，鉴定抄袭与否是有双重标准的，名人就是“不自觉”借用，非名人就是抄袭之“钝贼”。

文学评论家、清华大学教授肖鹰此番直言：“引用率如果真的高达 70%这个比例，引用时是否注明出处已经不重要了。如果并未注明，那就是在‘偷’；如果注明了，那是在‘抢’!”抢，显即张狗儿的活剥与生吞。古今一也，未免让人不是滋味。

（2012 年 7 月 10 日）

你最想轰下台的名人是谁?

《南方都市报》联合一家网站正在推出一项“你最想轰下台的名人是谁”的调查，引起了网友的关注。调查的起因，显然是受于丹女士日前在北京大学的昆曲专场上被嘘下台的“启发”。不管那天晚上有没有出现“滚下去”的声音，于丹尴尬离场是个不争的事实。“你最想轰下台的名人是谁”调查的出现，首先表明不受公众待见的名人，非独于丹而已；其次想必是要收到探底的效果，看看公众究竟对哪个名人的厌烦到了“登峰造极”的地步。

看那份调查开列的12人“榜单”，于丹自然首当其冲，此外，还有易中天、余秋雨、孔庆东等学术名人，有张绍刚、杨锦麟、梁文道等电视主持人或媒体人，还有高晓松、司马南、方舟子等各界文化人。入选的依据如何我不大清楚，至少基本上都是荧屏中、报刊上无所不在的大家并不感到陌生的人物。落笔之际，暂列第一位的是“打假斗士”方舟子，得票比例高达25.04%。不过我觉得，无论最终的“排位”情况如何，类似的调查都不足说明某个具体问题，比如排名最高的就被公众“最想轰下台”之类，未必；但调查足以揭示出实质问题。这个实质问题，当令那些仅仅在某个领域内小有一番成绩，马上自以为可以通吃、忽焉焉无所不能的名人起到自省的作用。否则，就应了宋人洪迈的“谶语”，所谓“人苦不自知，可发千载一笑”。

洪迈那话是针对范晔说的。范晔对自己的《后汉书》自视甚高，以为“详观古今著述及评论，殆少可意者”，什么“吾杂传论，皆有精意深旨。至于《循吏》以下及六夷诸序论，笔势纵放，实天下之奇作。其中合者，往往不减《过秦篇》”；什么“赞自是吾文之杰思，殆无一字空设，奇变不穷，同合异体，乃自不知所以称之”；什么“自古体大而思精，未有此也”。洪迈就是认为范晔这些话太吹牛，给他挑了不少毛病之余，并下了那个结论。然《后汉书》作为前四史之一，范晔的成就是非凡的，否则历来也不会如此倚重。榜单上那些名人的那点儿东西，就算拿得出手的，又焉能望其项背？饶是范晔安守自己的领域，洪迈也毫不客气，则若起洪迈于地下来投票，那些已然修炼得油嘴滑舌、装腔作势的名人，该是怎样的不堪？

“百科全书”式的人物肯定什么时候都会有，但不会像当下这么多。不记得从何时开始，央视新闻频道设了评论员，好家伙，两三年了吧，那老兄从一开始就包打天下，政治、经济、社会、文化，万事不拘，一概评点。一个真正学有所成的人，必有其最专注的领域，触类旁通而兼及其他是可能的，但不可能的是什么都懂。“知之为知之，是知也”，不知还要上阵，只有“瘦驴拉硬屎”，注定是不咸不淡地扯几句人人皆知的东西。榜单上的名人实际上正有这种意味，在下在不同场合领略过其中若干的风采，赶场而已，插科打诨而已，讲的几句实质内容亦如祥林嫂叨咕阿毛而已。以此来恶意推断，他们在全国各地飞来飞去，移形换影，亦不过如此而已。

“你最想轰下台的名人是谁”的出现，表明了网友弃之毫不足惜的态度。“知人者智，自知者明”，倘若该项调查对那些上榜的或潜在的名人能收到“棒喝”的功效，真可以算其不虚此行了。

（2012 年 11 月 22 日）

先办好自己的，再着眼世界的

政协委员的赵丽宏日前表示，他今年将撰写提案，建议在中国设立一个世界性的文学奖项，做成“中国的诺贝尔文学奖”，以争夺更多世界文学界的话语权。奖项的名字他都想好了，“李太白世界文学奖”。应当说，这个设想很好。

李太白即李白，太白是他的字。称字而不称名，在传统文化里表示尊重，赵丽宏委员显系深谙其理。李白者谁？家喻户晓。不知道的，算不上中国人吧，只是不知其在国际上的知名度如何。至少有一个旁证：这几年名人故里之争热火朝天，但都局限于神州大地，独李白之名超越了国界，吉尔吉斯斯坦也要分一杯羹，说李白出生在他们那里。李白代表中国走向世界的资格毫无问题，作品没得说，诗仙嘛；经历也好，没有像赵委员所说的“屈原投江自杀给人不幸感”，以及像杜甫那样“一身悲苦”；并且，风骨也不错，野史上说他能令“林甫研墨，力士脱靴”，既不畏权贵，亦不受拘束，潇洒得很。如果有人认为诗只是文学中的一个类别，不能涵盖文学奖本身，那我们可以用诺贝尔是发明炸药的，手伸得更长来回击。

不过，赵丽宏委员的这个想法固然很好，我以为，我们得先把自己的奖项办好，然后才谈得上着眼世界的。

此话怎讲？概因我们的诸多奖项正在丧失其权威性，所以如此，前提往往是欠缺公正性。在文学奖方面，我们早就有茅盾文学奖、鲁迅文学奖，都代表着中国文学的最高荣誉。可惜，前一个尚好，大约是针对长篇小说，有 13 万字数以上的门槛限制，致使大量有文学以外能量的“作家”想挤而挤不进来，也有颇多争议。后一个针对中短篇小说、报告文学、诗歌、散文、杂文、文学理论和评论作品，几乎每评一次都要“等闲平地起波澜”一回，令围观的人们不是为佳作的诞生而欣慰，相反却每每义愤填膺。这当然怪不得大家，诸如在任政协主席、纪委书记等文学业余爱好者不是不可以参加专业评奖，但你那获奖作品白纸黑字地摆着，总得令人由衷地赞叹一下而不是阿谀奉承地好好好吧？赵丽宏委员显然虑及到了这一点，建议“李太白世界文学奖”不由作协组织，由非官方基金会来承办。然而须知，我们现在的诚信缺失是全方位的，并非民间的就要好一些。

赵丽宏委员乐观地认为，评选“李太白世界文学奖”，全世界都可以关注推介，从入围作家里选出一个，搞个颁奖盛典，久了可以做出一个引人注目的文学盛会。这倒真未必，前提是他们得关注、我们得拿出好东西推介才行。比如电影节我们搞了多少个了？红地毯今天这儿走，明天那儿走，就一帮脸熟得不能再熟的老人和一帮不知道演过什么角色的年轻人晃来晃去，自娱自乐而已，影响好像还没有走出亚洲。“这个奖就像诺贝尔文学奖一样，是中国人对世界文学的一个评鉴”，方向没错，但诺贝尔奖毕竟是人家历练百多年形成的著名国际品牌，倘以为只是“由外国人指点江山，由他们说了算”，就先见意气用事的十足成分了。我们当然应该在这上面争夺更多的话语权，但我们已有的奖项动辄连自己人都戳戳点点，以为有了“李太白”这个响当当的名号，就可以号令世界，不是无异于构建“空中楼阁”吗？

干事业需要豪情万丈，这应当激赏。但无论我们向世界叫板什么，都得先有底气，让自己的奖项赢得自家社会和公众的美誉，硬气起来。《孙子兵法》有云：“知己知彼，百战不殆。”既不知彼也不知己，喊出的口号就有盲目自大甚至不着边际之感了。

（2013 年 3 月 4 日）

成龙捐赠古建会触痛我们吗？

香港的成龙先生要将他早年“收藏”的我国徽派古建筑，捐给新加坡的一所大学，引起了社会的极大关注。他本来只捐 4 栋，看人家给它们的安家之所规划得不错，感动了，“几乎有冲动想把其余那 6 栋也捐给他们”。有意思的是，这是他自己的微博“爆料”，至于他在什么时候、以怎样的方式、把原本属于谁人的 10 栋古建筑买下，然后拆散、打包、运走，知道的人从未说过。我想，可能当地人见得多了，觉得这些古建根本不算什么，或者以为自己大赚特赚了而弹冠相庆还来不及也说不定。当私人的事情成为公共事件之后，反对声音占据多数，基本上指责成龙不该让我们的东西落户人家的地盘，而专家则纠结于这些建筑是否文物的问题，以为这直接关系到它们走出国门的合法性，如果是，那绝对不行。

按照成龙早前接受采访时的说法，建筑中“最近代的紫檀木柱也有二百年历史”，则它们属于文物无疑。关于什么是文物，《文物保护法》第一章第二条有专门的界定，“具有历史、艺术、科学价值的……古建筑”，就是文物。而专家口出此言，等于与寻常人等理解的“文物”没什么两样，挂了牌子的才是，也就是取得了保护级别的那些，区县级还是省市级的“文物保护单位”。不过，挂了牌子的，休说赠送去国外，在我们这里按照《文物保护法》的条文，理论上也应该碰不得。当然，也正是在我们这里，“高压线”往往照碰不误。比方重庆市渝中区的刘湘公馆是区级文物保护单位，4 年前给拆了；如今“复制”了个新的，赝品不说，还变身为一家豪华餐厅，不知情的人会以为餐厅的老板叫刘湘呢。至于“维修性拆除”“保护性拆除”之类的笑话，我们早就已经笑不出来。因此，在成龙“收藏”以及“赠送”古建筑这个问题上，倘若纠缠于其“文物”与否的概念问题，等于偏离了问题的根本。而问题的根本，不在于我们对保护古建筑的有力还是无力，在于我们是否珍视传统文化，有心还是无心。在许多地方，我们对乡土文化普遍缺少一种应有的敬畏与尊重。

那 10 栋古建筑早就不存在于安徽的大地上了，“古屋拆下后先运到苏州修补，再运到香港收藏”。这些年，成龙就是“不时将里面的木头拿出来晒太阳，精心照顾以免虫蛀”。个人认为，从它们被大卸八块的那一刻起，这些建筑就被糟蹋了，就已经“死”了。即便最后真的在新加坡科技设计大学那里恢复了本来面目，充其量只是一堆积木的重新搭建，与文物无涉。《牡丹亭·回生》中，柳梦梅起杜丽娘于地下，丽娘的棺材已经“钉头锈断”，丽娘却还“异香袭人，幽姿如故”，只能是汤显祖的大胆奇想。成龙此番捐赠，触动了我们的神经。触动但会触痛吗？我看不会，因为这种触动已经有几次了，喧嚣一时之后，一切故我。2006 年就有过“搬迁”瑞典的前车，当地开宗明义：不是文物，可以“远嫁”。再之前，2003 年，徽派古民居“荫馀堂”搬去了美国，我们是当成美谈的。那一次经过了 7 年多的策划、施工。2003年再往前追溯7年，是1996年，意味着至少从那个时候开始，徽派古民居就有了“外流”的问题。事情每发生一回，涟漪都能溅起几圈，却也仅此而已。套用鲁迅先生的话说，“至多，不过供无恶意的闲人以饭后的谈资……此外的深的意义，我总觉得很寥寥”。

没必要责备成龙什么，还是检讨我们自身为好。什么时候，当我们不是因为“事件”的刺激，或者不是因为带来“银两”的诱惑而“大力”弘扬文化中的什么，才能表明我们重视文化，是真的重视。

（2013年4月8日）

黄秋生先生的偏狭一面

香港知名演员黄秋生近日的一条微博引起了轩然大波，内容是：“在中国写中文正体字居然过半人看不懂，哎，华夏文明在大陆已死。”他所说的“正体字”就是我们所说的繁体字，繁体字就是繁体字，为什么又冒出个正体字，不是本文关注的范畴。

所谓轩然大波，就是“驳斥”他的人明显居多。这是对自身文化的一种本能保护，很正常；不正常的是谩骂、讥讽的声音，某大学教授在接受记者采访时甚至说：“黄秋生的谬论已经被吐槽，再谈是抬举他。”你不认同黄秋生的说法，就摆你的事实讲你的道理，何必弄出这副居高临下的架势，你的水平就是“吐槽”者的水平吗？不过，联想到另一位大学教授，还是法学领域的，连“即便是强奸，强奸陪酒女也比强奸良家妇女危害性要小”一类的昏话也能说出来，对前一个的话也就可以释然了。当然，本文也无“抬举”那位教授的意思，就事说事。

退一万步说，就算是繁体字没了，文明也不会死去，这一点，秋生兄实在是多虑。有多少文明在起源阶段相当漫长的时间里根本没有文字，全靠口耳相传而来？拿我们自己来说，甲骨文作为比较成熟的文字不过出现在商周，而我国有文字记载的历史，传统说法不过是从公元前 841 年才开始，就算规模宏大的“夏商周断代工程”把这个时间点前推了很多年，但离三皇五帝毕竟也还是十分遥远的，女娲补天、刑天舞干戚，都是口头传承。没有文字可以产生文明，同样，没有文字也不会失去文明。黄秋生如此在意繁体字，我的理解是他对繁体字有一种偏爱。当今不少人可能都有这种心理，某一年的全国两会上不是还有委员提案要在中小学开设繁体字教学吗？记得当时，也是弹声一片。只是彼弹非此弹，彼弹主要是纯粹多此一举，此弹恐怕是见不惯秋生兄的“嚣张”。

黄秋生可能以为简体字只是内地 20 世纪 50 年代的“发明”，实则在繁体字绝对正统的古代，人们也写简体字。手边有若干实例，道其一吧。洪迈《容斋随笔》——据说这是毛泽东生前读过的最后一部书——里有“字省文”条，道是：“今人作字省文，以禮为礼，以處为处，以與为与，凡章奏及程文书册之类不敢用，然其实皆《说文》本字也。”洪迈于宋徽宗时出生，他说的“今人”就是北宋末南宋初那个时间段了。你看，他举的那三个实例，繁简都和今天的一模一样，只在当时的正规场合不用就是，私下里早已习以为常。事实上，第一批简化汉字正是吸收了历史上先以简之的那些“成果”，除了若干字如“髮”“發”一概为“发”之外，绝大多数还是简得“科学”的，不像 1977 年第二批时那样“硬简”，为简而简，很无厘头，结果把汉字弄成了缺胳膊短腿的不良效果。

繁体字在内地也从来没有消失，只是范围收窄，局限于特定领域了。我十分不能理解的是，前些年为什么以在公共视野内消灭繁体字为能事。那个时候，报头、店招等一律去“繁”就“简”，只是伟人的手笔除外。做得太过激了吧！记得 20 世纪 80 年代中的广州街头，店铺招牌很多出自名家手笔，商承祚、秦咢生、麦华三诸先生的墨宝举目可见。这些名家手笔的消失，有没有“繁”的因素，我不知道，但我想，我们现在既然讲文化嘛，一方面实施各种文化工程自然很有必要，另一方面还是应当注重潜移默化，有可能，有可能哈，后一种“润物细无声”，成效还更大一些。

秋生兄的微博，流露着一种文化优越感。他大约不是在大陆接受的初中级或高级教育，没瞧得起简体字。然而认识及使用繁体字，真没什么大不了的，任何文字都只是一种工具。在下没有秋生兄这么极端，浏览典籍，必直排繁体，但觉有味儿而已；看当代的书，还是横排简体。秋生兄以为繁体字才能承载华夏文明，显然在认识上存在偏狭的一面。他是演艺圈中人，我们也不必苛求他吧，但道理该讲要讲，不能像那教授一样露出一脸的不屑。

（2013年7月18日）

书读得越多越浪费生命？

广州正在进行的“南国书香节”来了不少名家大腕，谈论的主题自然是读书。对于读书，读什么书，怎么读书，每个人应该都有每个人的见解，没有一定之规。然名家大腕的举手投足，影响力不可低估，人家有已然“成功”的前提在先嘛。唯其如此，他们说话就更要慎重，不能轻易地被人寻出“纰漏”。

比方这一句，“一般大家都以为书读得越多越好，可我却觉得读得越多越浪费生命”，就吓了洒家一跳。不仅惊诧莫名，而且陡然间狐疑起自己早已拟定好且一直在实施之中的读书计划，是否形同慢性自杀。为了佐证自己的观点，那位著名学者还用“学富五车”开涮起古人。这个成语我们都知道是形容读书多、学问大，但人家告诉我们不是那么回事，没什么了不得，那种车“只是工地上的小兜车”。小兜车究竟是什么东东，我不大清楚，度其语意，该是现在建筑工地上还能见到的一个人推的装沙石或搅拌好水泥的那种独轮车吧。这样的话，加上从前的书是竹简，一大摞还真刻不了多少字。范文澜《中国通史》云：“秦始皇规定一天看章奏（竹简）一百二十斤（秦一斤合今半斤），不看完不休息。”即便60斤竹简，也够装一“小兜车”吧，苟如是，则始皇短短几天时间就可以“学富五车”了，可不算不上什么？但我觉得当代人这样说话，很有点儿亵渎在艰苦条件下仍然刻苦用功的古人。溯词源，此语出自《庄子·天下》，所谓“惠施多方，其书五车”。而检索中华书局的《庄子集释》，历朝历代都没有释义“五车”之“车”是何种形制，想来不成其为问题，因为根本就不是实指。无论如何，书读得越多等于越作践自己，这种逻辑没有说得通的道理。

差不多与此同时，陈平原先生也在“南国书香节”上谈到了读书多少的问题，听了他的话，多少使人“放下心来”。这么说的：在我们整个生命中，有效的读书时间本来不多，如果不懂得选择值得阅读的书，十年后你和那些懂得选择阅读的人的距离就会相当大。因此，他请读者稍微集中精力阅读自己喜欢的书，“让我们读得少一点，精一点”，他所强调的是保持一种一直兴高采烈的阅读状态，而“读书的关键是建立自己的阅读视野和阅读立场”。陈先生的核心意思，实乃孔夫子“学而不思则罔，思而不学则殆”要义的翻版，不要眉毛胡子一把抓，最后成了“两脚书橱”。陈平原先生的告诫，才是为正在孜孜读书或有潜在读书欲望的人点明了方向的所在。这个“知识和思考是两回事”的道理，休说芸芸众生，我们当年的一位大文豪也不懂，他说过：“就像我们在钢铁生产等方面十五年内要超过英国一样，在史学研究方面，我们在不太长的时间内，就在史料占有上超过陈寅恪。”不要说超过不了，超过了又能怎么样？陈寅恪先生治学的最大特点，正在一个“思”字，其精密、深刻的历史思维，使之完全不靠孤本秘笈，而只是从寻常材料中就能寻觅出旁人难以察觉的线索，把历史事物从潜在的状态导向现实的状态。我们今天面临着阅读危机是个不争的事实，两年一度的国民阅读率持续下降，其实，即便今后数字被抓上去了，就有盲目乐观的理由吗？

看完对那位著名学者的采访，知道他原来是把阅读网络信息、垃圾出版物与读书混为一谈了。My God！直接说别读那些乱七八糟的东西不就完了，弄出“读得越多越浪费生命”来，兀的不吓煞人也么哥！

（2013 年 8 月 20 日）

对白、韩“语录”流行的浅见

央广中国之声《新闻纵横》报道说，白岩松最近在接受媒体采访时，对流行的“白岩松语录”进行了鉴定，发现自己经常“被语录”。比如网传语录说，一些我们援助过的国家，对中国并无好感，还不转不是中国人；夜深人静的时候，突然觉得寂寞深入骨髓，突然找不到自己……白岩松均表示没说过，对前者的否定更斩钉截铁。这两个例子，分别为其当作一“大”一“小”来举例。

每天刷微博、上微信的人，或多或少都会知道一些白岩松“语录”。全国人民时时口诵“语录”，曾经是一种至高无上的待遇。当个中的神圣光环渐消之后，白岩松也并不是“享受”这种待遇的第一人，此前最著名的非“韩乔生语录”莫属。说到这里，大家要会心一笑吧？在我自己，每当想到网友总结的“韩乔生定律”，都有些忍俊不禁：韩乔生在解说球赛时，眼睛看着 A，脑子里想着 B，嘴里说着 C，实际指的 D，观众以为是 E。说得“负面”些，韩氏“语录”的流行，网友有一点儿拿他当猴来耍的意味。韩乔生起初也曾逐条辨正，区别哪些是自己说的，哪些不是，并对未经他同意而出版的《恐韩——韩乔生语录》一书颇有微词；后来大约认识到了其中的娱乐性质，将计就计地来了个大包大揽，你们说是我的，就是我的好了。韩氏的这种达观态度，倒令原本带着些许坏笑看热闹的我们生出几许钦佩了。

但在白岩松这里显然不同，他不能不出面“辟谣”。因为韩氏语录纯粹是娱乐性的，大家在以他的名义来寻求某种快慰，而白氏语录则是思想性的体现，往往直面社会问题，尤其是他所说的“大”处，关联到了政治。随着网友发言的“胆子”越来越大，白岩松应该是“招架不住”了。他说：“网上喜欢去掉前言后语，曲解我的原话。比如这句——在大多数国家，都是讲真话比较容易，可我们正好相反，讲假话很容易，张口就来，天天讲月月讲，脸不红心不跳。而讲真话需要极大勇气，甚至需要冒坐牢的风险。我可没有这么讲。”当然了，辟谣这句话是否出自白氏本人亦要存疑，但假做真时真亦假。《战国策·秦策》载，“昔者曾子处费，费人有与曾子同名族者而杀人”。别人跑来告诉曾妈妈，你儿子杀人了！曾妈妈始而淡定得很，一句“吾子不杀人”便“织自若”。相继又有人来说“曾参杀人”，等到第三次的时候，老人家害怕了，“投杼逾墙而走”。这故事说明什么，前人已经总结了：“夫以曾参之贤与母之信也，而三人疑之，则慈母不能信也。”白岩松当下的状况，正类乎此。设身处地，人家能不推却网友慷慨奉送的“版权”吗？

我非常欣赏白岩松语言风格的犀利一面，他能够做到在可表达的空间内让人有痛快淋漓之感。他周六晚上主持的《新闻周刊》，我基本上是每期必看；如果某次换了主持人，甚至还非常失望。我并无根据地相信，与诸多“传声筒”式的主持人不同，那些一针见血的精当点评并非他的团队的准备，而径直出自其本人之口。《新闻周刊》是一周新闻的汇总，尽管对那些都已经熟悉，有些还写过文章已见诸报端，但还是想听听白岩松怎么说，进而感叹只有白岩松才这么说，才敢这么说。

白、韩“语录”的出现均非偶然，浅层次的娱乐与深层次的思考，为社会不同层次的人们所需。托名白岩松，未必是谁要单纯地博取点击量，该是思想表达的一种吧。不过，这个时候，“大丈夫行不更名坐不改姓”为好，从爱护白岩松的角度出发也该如此。

（2013 年 10 月 8 日）

“裸体阅读”，美得不是地方

南京一家书店近日在店内举办了“裸体阅读”图片展。图片主角是两名长发裸体女子，正在书店内“裸体阅读”，当然了，不可能真裸。著名的大卫塑像在咱们的国家电视台亮相，还要在敏感部位上打马赛克呢，小书店怎敢“天大胆也”？在这里，她们用手里翻开的书“恰到好处地遮住了敏感部位”。图片上还有宣传语，“真正的美，被太多的装饰所遮蔽”“让灵魂更贴近书籍”，云云。前一句言过了，抬杠来说，照这种逻辑巴黎时装周什么的纯属多余了。

无论每个人的审美情趣如何，裸体总是充满诱惑的，这一点没有人会否认。姑且认为裸体是一种美，但“裸体阅读”这种“真正的美”究竟美在哪里，我就愚钝得完全不能理解。古人自然不乏裸体读书者，比如李白，他的《夏日山中》诗曰：“懒摇白羽扇，裸体青林中。脱巾挂石壁，露顶洒松风。”须知他那是热得没办法，关键还在于人家是猫在山林里自己凉快，并非要嚷得满城皆知。而在书店里，即便“裸体阅读”很美的话，恐怕也美得不是地方。因此，倘若书店因此门庭若市，任何一方就还不能扬扬得意，先得分清大家冲什么来的，醉翁之意在酒否。车展这些年红火得很，无论在哪儿都是人头攒动，10 月 18 日第十四届武汉国际汽车展览会开幕式上，因为“中国第一车模”曹阳的助阵就把场面“引爆了”。谁都知道，观众看的是人而不是车，是“能穿多少穿多少”的车模。

在网络的冲击下，实体书店的命运堪忧是一个不争的事实，这是客观存在的不利条件。不过，实体书店也应该认识到，社会上还有不少像我这类跟不上时代步伐的人，仍然喜欢捧他们的场子。之所以如此，原因大概是：首先，时下的书评文字很多都不实事求是，胡乱吹捧，“腰封”被讥为“妖封”可视为一个旁证。诚信缺失既然渗透到这里来了，购书，就得像购买各种食品一样，自家根据掌握的鉴别本领，现场检验“成色”。其次，本人对书籍的外在形式过于注重，对书籍的卷边折角一概不能容忍，而这可能是网购书籍的家常便饭，某次我购买的一册精装书封面都给折了，气得够呛。与其看一回就添一回堵，还不如在实体书店多花两个钱图个心静。再加上对实体书店贡献的年头长了，取得了优惠待遇，也多花不了多少。

但实体书店不至于失掉我们这些也许是最后的“铁杆”顾客，不能在网络的冲击面前就像个受气的小媳妇，自身还得多练一下内功。我常去本埠一家较大的书店看看，失望颇多，主要是每次进去都如大海捞针，且图书分类一塌糊涂。比方三联书店今年推出的八册“王鼎钧作品系列”，《文学江湖》等四册平躺在某个不知类别的台面上，而《千手捕蝶》等四册跑去了“随笔”。再比方阮义忠的《失落的优雅》和《都市速写簿》，同一出版社的同一种丛书，却一册在“摄影”，一册在“港台作品”。何以产生“骨肉分离”的现象？我估计是分类者欠缺应有的文化素养，书如果不是一批进货的，他对它们之间的关联度就一无所知，凭感觉分类。诚然，该书店设置了诸多检索电脑，但总不能要买的每本书都去输入一下吧？况且，逛书店嘛，有时并无准确的目标，书店方面得提升自己的服务功能。

阅读如今成了国家层面一件忧心忡忡的事情，以至于立法保证。南京这家书店以“裸体阅读”来招揽读者，有为国家分忧的成分，但开个玩笑说，引来的也许只是“好色之徒”。而真正“让灵魂更贴近书籍”，所谓“裸体阅读”不仅力不从心，对“贴近”于事无补，相反还有可能把阅读引向歧途。这一点，不知他们意识到了没有。

（2013 年 10 月 22 日）

老谋深算与老谋子失算

12月1日晚间，著名导演张艺谋通过其工作室公布了《致媒体与公众的一封公开信》，承认与妻子陈婷育有两子一女，愿意接受无锡市计生部门的调查。至此，沸沸扬扬了半年多的张艺谋涉嫌“超生”事件，终于算是有了一点儿眉目。

成语有“老谋深算”，意思是周密的策划、深远的打算，用于形容办事精明老练。《国语·晋语一》载，献公伐翟相，郤叔虎准备参战，部下说“弃政而役，非其任也”，郤叔虎自责曰：“既无老谋，而又无壮事，何以事君。”三国时的韦昭注曰，这是“言己无谋，又耻无功也”。老谋，远大谋略。老谋缀一“子”字，在超生事件中则是失算。老谋子，一向是公众对张艺谋的昵称，此处借来一用，应该不会在其工作室公开信中所云“恶意造谣与中伤”之列吧？

老谋子当然有其老谋深算的一面。他早期那些奠定了“第五代导演”核心地位的电影，才华卓越与殚精竭虑，缺一不可。本人喜欢的，就有《红高粱》《活着》《菊豆》《秋菊打官司》《我的父亲母亲》等，尤其是《活着》，看了三四遍之多。后来他再拍什么，却连片名都戏说了。如《千里走单骑》非涉关云长过五关斩六将，而是日本老人帮助儿子在中国完成心愿；《十面埋伏》非涉楚汉相争，而是不知什么朝代的捕头与盲妓小妹故事。至于《英雄》啦，《三枪拍案惊奇》啦，更加显露了其失算的一面：以为自己这块招牌亮出来的东西，国人都会接受。在超生问题上，他原初应该仍是老谋深算，因为这样的事情不上下其手，是不可能心想事成的。长期以来人们诟病的办证难，其中有一项就是办准生证难。今年下半年以来，以央视、新华社为主力，各路媒体对这类曝光尤其发力，概因制度的障碍加上人为的阻碍，使准生证成了不少人望而生畏的“折腾证”。

老谋子的失算，在于他忽视了另一句古训：瞒得了一时，瞒不了一世。瞒天过海，固是前人总结的三十六计之一，但他作为从毛主席时代过来的人，应该记得大家都耳熟能详的一句话：群众的眼睛是雪亮的。他显然低估了公众的监督力量，低估了曝光之后公众反应的激烈程度，以及装聋作哑所引起的公众的憎恶程度！

计划生育是我们的基本国策，前一段，“一票否决制”的滥用备受舆论抨击，但无论如何抨不到计划生育这“一票否决”上。相反，国策不变，它就必须继续保持刚性和威力。计生工作号称“天下第一难事”，新一期《瞭望新闻周刊》有篇文章是讲基层计生干部经历的，曾经如何遭到村民的又骂又撵。笔者在粤西某个乡镇“劳动锻炼”时对此也深有体会，但凡有点儿其他门路的人都不会干这个工作。没有过感性认识的人，可以看看许慧晶导演的《妈妈的村庄》，2012 年拍的纪录片，同样能够见识。名人、富人的超生这些大大小小的“土围子”攻克不了，将会给后来者起到怎样恶劣的示范后果，“天下第一难事”岂不要“难上加难”？

在张艺谋承认接受调查之后，多家媒体都在帮其算“超生账”，有以无锡市城镇居民人均可支配收入为基准算的，也有根据张艺谋年收入算的。这个罚款账当然可以算，不过还有追责账同样要算。不妨再追问一下他的那些“准生证”当初是如何办下来的？萝卜拔出来了，泥总要带一些，不能让“助纣为虐”的人暗地里弹冠相庆。同时，不是还有“一票否决”吗，又该否决谁？

（2013 年 12 月 2 日）

第三部分

观诸广东

每个历史悠久的地域，理论上都有自己的历史文化风貌，就物质形态而言，主要体现在建筑之上。留存下来的那些串联在一起，形成一条文脉，构成地域文化的灵魂。没有“旧”的，无所谓文脉；缺乏“新”的，文脉则不能延续。“旧”与“新”之间，并非隔着鸿沟一道，二者完全可以和谐共处。表现在精神层面的地域文化，同样如此。

请关注执着于文化传统的人们

粤剧名伶白云峰及其爱徒何海莹的逝去，令人唏嘘。悲剧故事发生了才使许多人关注执着于文化传统的人们——如笔者知道广州还有这样一些“私伙局”执着于固守粤剧的阵地，还有为数不少的老戏迷执着于伴随他们成长的这种文化之根。这种执着本身是令人感动的。

江山代有才人出，各领风骚数百年。人才是这样，剧种也是这样。毋庸讳言，地方戏曲甚至国剧——京剧的式微都是不可避免的。电影《梅兰芳》热映一时，使我们知道仅仅几十年前，京剧的盛况还是那样的不可替代。不难想见，有朝一日，它终将成为人类学意义上的“文化残存”，由大众集体狂欢的载体变身学者孜孜矻矻的研究对象。这是不以人的意志为转移的客观规律。唐诗、宋词、元曲、明清小说，每一代有每一代自己的文化精华发轫。关键在于，在尚未完全退出历史舞台之际，剧种这种在塑造一定人群品格过程中发挥过重要作用的文化载体，应该得到怎样的礼遇。这种礼遇应该就像对待一位高寿的老人。

这几年，国家逐渐重视对非物质文化遗产的保护，尤其认识到了对传承人保护的重要性，非常可喜。现在我们在央视的荧屏上也经常看到，经过专业人士的不懈努力，少数民族的地方音乐走进了公众的视野，让国人乃至世人领略并感受不同文化品种的无穷魅力。我以为，我们不仅要突出这些“光鲜”的，还要关注到支撑着“光鲜”背后的那个文化源头。也就是说，不能只捧“月”，而忽视了“星”。21年前我在广西大山里进行民族学田野调查的时候，目睹过“原生态”的瑶族芦笙长鼓舞。老实说，是有一点心酸的，跟舞台上“赏心悦目”的那种岂可同日而语？究其原因，大抵情况正与广州这个云峰剧团差不多吧，像我开头说的，完全是那些执着的人，执着地维系着文化传统。

如今我们要光大什么、振兴什么文化项目，同样难逃“运动式思维”，要么不做，要么就发狠地做，在两个极端之间来回摆动。着眼点往往就是堂皇的硬件设施，先盖它个大房子弄出“标志性”再说。那样的东西，虽然手笔很大，但作用很小，稍不留神还可能滑向人们诟病的“形象工程”那边。与此同时，以为戏剧可以吸引大量的年轻人，可以重新走进千家万户，都是不现实的，都免不了有“拍脑袋”的嫌疑。与其如此，还不如关注如“私伙局”这类草根坚守者的生存状况，把那些真正的“原生态”利用起来。对任何剧种都是一样，拉一把，其消亡的速度就慢一些。怎么拉，发力的方向怎样确定，非常重要。方向有偏差，事倍功半。

云峰剧团的故事传出后，但愿能引起政府有关方面的关注。如果仅仅停留于民间的一声叹息，只是老戏迷们掬一捧同情的泪水，则这个故事最后只能沦为公众茶余饭后的一时谈资，对于其惨淡经营背后所暴露出来的问题的解决，不会有丝毫作用。

（2009 年 1 月 15 日）

春晚确需反思“丑化”问题

关于今年央视春节晚会小品表现的广东人形象问题，引起了坊间热议。尽管笔者只是“新客家人”，但设身处地想一想，对一些本土人士表达不满也非常理解。在小品的主创人员看来，也许觉得自己搞的是艺术，艺术高于生活。问题的关键在于现实中根本没有这样的生活，那些蹩脚的发音，是现实中尤其是 80 后的“广普”吗？不是，完全是主创人员的臆想，与生活相差十万八千里。

诚然，笑料的来源不拘地域人群，但那种依靠故意“丑化”带来的笑，低俗而且廉价。赵本山的小品所以大受欢迎，胜在语言的幽默上，对生活情景捕捉的细腻上。谁会认为，小沈阳的火爆仅仅是因为长得“委婉”，穿得出位？因此，广东人形象被“丑化”，首先有所谓文化从业者黔驴技穷的一面，非如此，他们不知怎么落笔才好。清朝雍正皇帝的时候有一种现象，“江、浙则诋山、陕为蠢，山、陕更诋江、浙为柔靡”，你骂我我骂你，一来二去。结果倒是雍正的见解值得推崇：“若山、陕之人佩服江、浙之文，江、浙之人推重山、陕之武，则文武并济，各效所长，岂不美哉！”就是说，人要看到别人有优势的一面。在影响甚广的文化产品中何尝不该如此！

有人说，广东人吃亏在只会做不会说。这个观点我不大认同，广东人的形象被误解，恰恰是因为不会说更没有做。《雅马哈鱼档》《情满珠江》风行的时代，广东人的形象何等朝气蓬勃！现在，我们拿什么展示自己的形象？两手空空嘛。闯关东、走西口、下南洋，是我国近代史上有名的三次因为谋生而导致的自发人口大迁徙。如今，52集的《闯关东》去年就上演了，51集的《走西口》也在春节期间播过了，《下南洋》呢？逻辑上看，肯定也会拍成电视剧的，由谁来拍？下南洋的主力应当是广东人吧，梅县的松口镇就是他们漂洋过海生离死别的第一站。广东的文化人可曾有过自己动手的念头？既不会说又不去做，那么你的形象只有任人摆布了。

改革开放30年过去了，广东经济总量已经连续二十几年执全国之牛耳，而广东人仍然以操着滑稽“鸟语”的形象出现在国家晚会的舞台，为什么会这样，值得小题大做一番。概因为我们还知道，中国崛起之后，仍然不被西方真正认识，甚至以为我们还停留在脑后有“猪尾巴”的时代。这两个性质可能不同的问题，在我看来本质相似。改变形象，重要的是要找到隔阂产生的原因究竟在哪里。与此同时，我们要让人家了解，就不能守株待兔，等着人家来看，还要认真研究一下自己应该怎么走出去展示自己。我想，如果广东找到了相应的办法，也许对国家的国际形象提升有所帮助。

春晚无意间“丑化”了一回广东人，尽管并非恶意，也是要不得的。看态势，春晚年年要办，那么确有反思的必要，不独广东，伤害哪个地方人们情感的做法都不足取。

（2009 年 2 月 12 日）

粤剧先要让国人认识

东北二人转因为小沈阳在央视春晚上的表演而声名大噪，本地人则本能地联想到粤剧该怎样走出自己的“一亩三分地”，在全国唱响。在广东两会上，这成了代表热议的一个话题。二人转的成功，令粤人对粤剧的未来信心大增。

不过在我看来，粤剧当前谈论火与不火还为时尚早，它首先面临的是让国人“认识”的问题。每年央视春晚都有地方戏曲联唱，京剧打头，地方戏随后，但每年好像都是“刘大哥说话理太偏”“树上的鸟儿成双对”，印象中从不曾听到“分飞万里隔千山”，仿佛地方戏就是豫剧、黄梅戏之类。与外省的人谈论，单从发音（yueju）辨别的话，人们恐怕以为是彼越剧而非此粤剧。粤剧的知名度，远没有越剧的高，“天上掉下个林妹妹”，其谁不知？大概我们要正视这个现实。正视了，进而想改变的话，最好的办法就是先到春晚那里去露一露脸。这可是属于“做”的范畴，岭南文化的优质特性之一不是“只做不说”吗？

二人转由“小火”到“大火”，春晚作为载体功不可没，但春晚只是助推了一把。在黑、吉、辽的广袤土地上，二人转都有旺盛的生命活力，并非“大城市”铁岭一地的特产。笔者在齐齐哈尔生活的时候，很切身地能感受到这一点。反观粤剧，范围大概仅仅局限于本省；而本省之中，也仅仅局限于三大族群之一的广府人群，客家人群、潮汕人群，则各有自己的独特剧种。这就是说，二者的群众基础就不一样。乒乓球作为我们的国球长盛不衰，在于参与此项运动的人数不胜数，随便哪个单位都能拉出一支队伍来；而我们的足球不行，抛开体制性的因素不谈，足球人口在总人口中所占的比例不堪一提，也是重要原因。不久前，粤剧名伶白云峰及其爱徒何海莹的逝去使我们知道，草根粤剧爱好者的境况非常不妙；而一个剧种的振兴，离开了草根土壤的滋润，仅仅跑到晚会上亮几嗓子，几乎是不可想象的。看上去还热闹的京剧，如果老是包龙图、窦尔墩，如果老是于魁智、孟广禄，我就有一点儿杞人忧天了。

设想一下，假如粤剧将来可以与二人转争个高下，现在就不能小看它的“俗不可耐”。曲高和寡，前人早有定论，无须此处赘言。前两年我在沈阳的“刘老根大舞台”看过小沈阳的演出，那时他还只在地方闻名。照他们海报上已然突出了的“绿色”字眼，小沈阳也绝没有登上春晚舞台的可能，那是真叫俗。但是他们在春晚的全国大舞台上，却有本事摇身一变，化俗为“雅”。或者说，该俗的时候它可以俗，该“雅”的时候它又可以“雅”，机动灵活。在现场，台上的演员不乏即兴发挥，与台下的观众能有机地融为一体，非常贴近生活。另一方面，二人转可能“俗不可耐”，但任何时候，都是俗人多过雅士。小沈阳的身价倍增已经在一定程度上说明了问题。粤剧倘若不屑与俗为伍，那么就只有高雅地顾影自怜了。

二人转的“大火”，的确能给那些日渐式微的剧种以有益启示，然而，关键还是以怎样的心态看待其火。

（2009 年 2 月 15 日）

扩建大佛寺不能顾此失彼

广州市新河浦地区原本注定要“死于非命”的两幢小洋楼因为媒体呼吁促成的领导拍板而终于幸免，然而此处惊魂甫定，彼处又面临“灭顶之灾”。因为大佛寺要扩建广场，惠新中街大佛寺门前的那些民国竹筒楼或欧式建筑挡着碍事，一概要拆。看到这些接连不断的坏消息，真要为这个“历史文化名城”的走向捏一把汗了。

国人做事有一个需要纠正的倾向：极度欠缺正常的“平和”心态，也就是古人所推崇的“中庸”，突出表现在平日里对该办的事情视而不见，临到庆典或者要迎接五洲宾客了，来它个集中整治。于是，路也要大修了，主要道路两旁的建筑也要涂涂抹抹进行化妆了，有人就此比喻得最传神：“老太太”硬要打扮成“少女”。这种现象在全国谁敢说不是个普遍存在？集中力量办大事，诚然是我们体制的一个优势所在，但也不是万能的良方。广州治理河涌我就有一点儿发愁，距亚运开幕还有不到一年零两个月了，我家门口的那条还没半点儿动手的迹象，“洗砚池”一样的臭水届时能成为清流？虽然盼望如此，却怎么也想象不出。

国人做事还有一个需要纠正的倾向：顾此失彼。这回说广州大佛寺吧，它的历史可以溯至南汉，属于文物确凿无疑，但民国竹筒楼等等同样属于文物，如识者所云，见证了广东华侨北美淘金的血泪史。二者的区别只在于前者是有保护级别的——至少已是市级，后者还没有“名分”而已。在许多人眼里，可能只有列入保护级别的才叫文物。且不言大佛寺与其周边的“竹筒”“欧式”共处了那么多年相安无事，眼下的关系也并没有恶化到水火不容的地步，单就文物的“性质”来说也是动态的，国家级文物保护单位就是每 5 年进行一次甄选。也就是说，此时没有保护级别的，彼时可能有；此时保护级别低的，彼时可能“升格”，“国保”之后还有“世遗”。大佛寺有没有必要建这么一个大广场本来就令人存疑，倘若以牺牲同样富含历史内涵的文物为代价，那还是别建那么大为好。

在这个讲“文化”的时代，热爱文化的人是非常悲哀的，像阮仪三先生经常流露出来的那种无奈，眼睁睁地看着文化毁于“文化”的旗号之下，不悲哀吗？在新河浦那里，幸而妨碍开发商住楼的东山洋楼只有 11 座，有 100 座他们会毫不留情地拆掉 100 座，反正手续合法，法院支持，干将起来理直气壮。全国各地频频传出文物告急的消息，丝毫撼动不了决策者坚定的“毁灭”意志，骨子里在于他们对文化的认识问题。他们眼里的“文化”，就是能直接带来 GDP 的玩意。住手吧，这么继续下去，“历史文化名城”中的所谓“历史文化”将沦为若干孤立的“遗址”，称这个城市还残存“历史文化景点”可矣，叫“历史文化名城”则要让人生出困惑，历史何在？文化何在？明明是到处都有、彼此毫无分别的簇新东西嘛！

据大佛寺扩建的拆迁公告显示，“竹筒楼”们的生命最后时刻为 11 月 15 日，行动还来得及。如果像抢救东山洋楼那样使它们避免死于非命，则称得上广州的历史文化幸事。我在想，广州能不能来个“两全其美”，进而借此探索一种保护模式，成为全国旧城改造的样板？这样的排头兵同样值得争当。

（2009 年 9 月 24 日）

与其复建洋楼，不如立碑明耻

两个月前，毗邻广州新河浦中共三大会址一带的小洋楼在被拆除 9 栋之后被叫停，似乎令保卫文化的人们感到了些许欣慰。不过，那充其量只能算作惨胜。刚拆的时候，舆论无何怎样呼吁都丝毫不起作用，直到引起主管领导重视才能一锤定音。当然，领导的重视因舆论的功用而起亦不容否定。现在又有了似乎同样令人欣慰的消息：广州市规划局称，其中的 3 座洋楼将要进行复建。

所谓复建，就是像北京永定门那样再立个模样相像的东西吧。然而，与其复建洋楼，不如立碑明耻。并且我想，这块碑上该刻有 9 栋洋楼的遗照，碑文要讲明它们何时何以遭受了人为的灭顶之灾。事情怎么发生的就怎么记载，实事求是，言简意赅。如果要做的话，这一点不难做到。歌功颂德的碑那么多，文笔不是都洋洋洒洒、漂亮得很吗？雪耻明志的碑那么少或几乎没有，广州立一个，也算补全了碑的一个当代品种，遑论更兼有开风气之先之效。当下考验的，只是有关方面有没有、敢不敢拿出这样的勇气。

把洋楼被拆事件作为深刻教训，非立碑不足以记取。钩机一定要把这些具有历史文化内涵的小洋楼荡平，并不是因为一些不得了的大项目必须让路，要建的不过是寻常的商住楼而已。这样说话，盯着孔方兄的开发商等人可能会眼睛一瞪，不高兴。没错，时下楼市又在疯涨，闹市之中来这么一座，不卖他个天价才怪。而历史文化命运的可悲之处也正在这里：当没有经济利益与之一争高下的时候，它尚可以“贫居闹市无人问”；一旦发生冲突，它就不能幸免，必须无条件退出现实舞台。我所以说该立“明耻碑”，道理也在这里。明什么耻？在方方面面嘴里高唱文化如何的今天，历史文化在眼前的经济利益面前就这么轻易地打了败仗，这就是耻，就是值得当代及后人必须铭记的耻！复建出来的洋楼可能会一模一样，但终究只是模样相似而已，并无历史文化的韵味可言。它们毕竟没有扮演过历史的见证角色，没有承载过相应的历史内涵。打个比方说，如同一个时尚青年硬披了件长袍马褂，不伦不类。复建它干什么呢？挥之即去，招手就来的东西，可称历史文化？

不久前，进行了重大调整的《广州城市总体发展战略规划（2010—2020）》提出，广州要建世界文化名城。什么是世界文化名城？其中提到要充分发挥“国家历史文化名城的优势，弘扬历史文化，保护历史文化名城风貌，形成传统文化与现代文明交相辉映”。广州的历史文化名城风貌为何？南越宫署、陈家祠等，这些响当当的品牌自然可以充当代表，但是，包括东山洋楼在内的历史悠久的“寻常”建筑，某种程度上说才是构成历史文化名城风貌的基本载体。

立一个“明耻碑”，对迈向世界文化名城的广州大有好处，至少可以对今后面对同样问题时的决策人士之类做一个提醒，庶几可以避免类似恶性事件继续发生。退一步说，哪怕有一丝好处，也算被毁掉的那几座洋楼死得其所了！

（2009 年 11 月 8 日）

请保留秦咢生先生故居

从昨天《南方都市报》上看到，广州要拆掉秦咢生先生故居。故居所在的街道已经拆得差不多了，秦宅墙上被涂的那个大大的“拆”字，化作现实仅仅是短时间内的问题。尤其是，坚持到了最后的秦家下个月也要搬走。

拆掉秦咢生先生故居，还是且慢动手吧，虽然我知道这呼吁在现实面前何等苍白无力！

秦咢生这个名字，许多人可能已经陌生。仅仅 20 年前，记得广州大街小巷的店铺招牌上，也还到处都是秦先生的“秦宝子”和麦华三先生的“麦家”体。店铺招牌，自然只是书法大家们化雅为俗的“雕虫小技”。置诸南粤乃至全国书坛，说秦咢生先生是广州的一个文化符号，恐怕没有人会表示反对。“秦宝子”，报道里没有丝毫解释，应该是“秦氏爨宝子”的省称吧。笔者在大学读的是民族学，学习西南民族史时知道云南曾经有过显赫一时、称霸一方的爨氏家族，而最能体现爨氏家族文化的，就是在书法史上从隶书向楷书过渡的《爨龙颜碑》和《爨宝子碑》。业界人士说，秦咢生先生“可能是自清末民初以来，融《爨宝子碑》《天发神谶碑》体势、神韵，并写得最好的书法家”。

广州市新近出台了新的十年规划，要打造“世界文化名城”，到现在该算是墨迹未干。在何为“世界文化名城”的阐释上，说是要“弘扬历史文化，保护历史文化名城风貌，形成传统文化与现代文明交相辉映”。殊不知，名人故居正是历史文化的一种。今天很多人讲的文化，只是能直接带来白花花银两的东西，非常片面；而文化的属性决定它具有长期的积淀特征和稳定的传承生命力。爨氏家族的那些干戈往事谁还记起？而《爨龙颜碑》和《爨宝子碑》一定能绵延无穷。名人故居也是这种物质的史书，能够托物寄情、托物寄人、托物寄史。所以，英国连我们的老舍先生于 20 世纪 20 年代在伦敦不过住了 5 年的房子都挂牌保护起来了。

当然，这只是文化人的看法，在那些嘴里也讲着“文化”的人眼里则不然，名人故居就是几间摇摇欲坠的破房子，还占个好地方，妨碍“发展”。所以，我们看到名人故居遭到厄运在全国是一个普遍现象。北京不用说了，时不时成为焦点；“山东济南对名人故居痛下杀手”“江苏淮安对名人故居连片拆除”，单看这样的标题，也知名人故居的凄惨境遇。然而，取而代之的，不过是些模样相似的商住楼之类，能不令人扼腕痛惜？我有时妄想，名人故居是否都该享受一下“文物保护单位”的待遇？进而又想，是否凡是按照一定程序认证的有价值的老宅——如东山洋楼，不论是否与文化名人有关，都应该通过专门机构依法列为保护建筑？

便是就载体本身而言，建于清代同治年间的秦咢生故居，也有相当的文物价值。请保留下来吧！瞧不起名人故居，毫不手软地拆掉它，毫无悲悯之心，归根到底恐怕还在于拍板的人自身缺少相应的文化素养。

（2009 年 11 月 25 日）

“小蛮腰”很有历史文化内涵

广州新电视塔的名字迟迟还没有确定。准确地说，曾经确定了一个，还花了重金，可惜那名字“姥姥不疼，舅舅不爱”，夭折了。有意思的是，民间用口投票，早就自发选出了“小蛮腰”。此名既出，旋即不胫而走。然而，对这昵称不疼不爱的，这回换成了拍板的一方。

有关方面为什么不采纳民意？不知道。不知道不妨碍猜。我猜，他们觉得“小蛮腰”不那么正式，俗，或者“蛮”字碍眼吧。虽然“小蛮腰”不知什么时候、由什么人、因为什么叫起来然后叫开来的，然而无论是谁，面对这个果真形似“小蛮腰”的建筑，想必都会觉得熨帖，都难免会心一笑。并且，“小蛮腰”这个称谓本身，也很有历史文化内涵。

先说“蛮”字，提起它，往往让被指的人们在心理上存在接受障碍。这很正常，从前的人的确把荒野遥远、法制不到的地方称为蛮荒之地，具体来说，就是指长江中游及其以南地区，包括或主要包括我们广东。韩愈《潮州谢上表》说，自己“虽在蛮荒，无不安泰”，在皇帝面前摆出了诚恳改造的样子，然先流露出的却是轻视此地的倾向。但“蛮”字其实还有很多义项，就像本文主要要谈的，也是唐朝大诗人白居易小妾的简称。与白居易同时代的孟棨说：“白尚书姬人樊素，善歌；妓人小蛮，善舞。尝为诗曰：‘樱桃樊素口，杨柳小蛮腰。’”这是说，白居易的两个小妾中，那个叫樊素的，嘴小；叫小蛮的，腰细。“小蛮腰”因此成为词语，专利权属于去今一千多年的香山居士，他是专指，后人则是借指，指善舞女子的细腰。

樊素、小蛮一定长得非常漂亮，因为过了两三百年之后，苏东坡提起来还直流口水。东坡平日最爱乐天之为人，在《次京师韵送表弟程懿叔赴夔州运判》中说：“我甚似乐天，但无素与蛮。”觉得自己哪儿都跟前辈挺像，除了小妾。但我们都知道他也有王朝云一直忠心耿耿地陪伴在身边，跟他一道贬谪惠州，并死在那里。惠州西湖边上至今还有朝云墓，是市级文保单位。所以东坡的《朝云诗》中，又有“不似杨枝别乐天，恰如通德伴伶玄”，对朝云很是一番赞赏。杨枝就是樊素，她以唱《杨枝词》闻名，故也称杨枝，在白居易晚年时离开了，东坡所谓“乐天双鬓如霜菅，始知谢遣素与蛮”。通德是樊通德，汉朝名臣伶元的妾，伶元著有开启中国色情小说先河的《赵飞燕外传》。通德因为“能言飞燕子弟故事”，对伶元成书很有帮助，并追随了伶元一生。

电影《手机》里的作家费墨感叹还是农业社会好，上京赶考一去几年，回来扯谎，什么理由都成立。今天包二奶、养情妇的那些官员，看到乐天、东坡那么公开，该要感叹还是生在那个“好声伎未尝为人品之累”的时代好吧？不去理他。“蛮腰”作为词语，显然已为后世所认同。“他有樱桃素口，杨柳蛮腰”“蛮腰细舞章台柳，檀口轻歌上苑春”，俯拾皆是。广州新电视塔就叫“小蛮腰”，甚至索性就此做小蛮乃至白居易的文章，亦未尝不可。千万不要选来选去，又是什么“珠水”啦，“云山”啦之类。那种貌似风雅的“雅”，真不如全民喜爱的“俗”，如果认定“小蛮腰”就是俗的话。

（2010 年 7 月 7 日）

也看广州三联书店关停

设在广州购书中心的三联书店准备关停了。报道说，这是广州的第一家三联书店，早在 1994 年就落户于此。记忆中，广州购书中心正是那个时候落成的，未知广购对之，是否会有李后主“挥泪对宫娥”式的感叹。

广东刚刚提出建设文化强省，作为文化载体之一的知名书店便抽身而退，很有一点儿巧合，关停得似乎不是时候。但是，如果说它的无奈退出——租金贵、利润低云云，染上了一抹悲凉的色彩，我们也只能承认，这是市场选择的结果。不由得担心一种论调，诸如“偌大广州容不下什么”的句式，这种联想的言下之意，隐喻着对广州发出了有没有文化这样宏大问题的拷问，上纲上线。其实，这完全是南辕北辙的两个问题。没有人这样联想自然最好，有的话，应该说不够客观。

笔者多少算是个买书大户，这家即将关停的书店以前逛过几次，后来也就没兴趣再去了，虽然对倒闭原因之一的“客流稀少”构不成什么影响，但语云涓涓细流汇成江河。我之所以没有兴趣，首先是因为那书店并无任何特点，即便是三联出版的新书，也无须一定要在那里得到信息，遑论购买。其次是因为那里的图书价格始终“高昂着不屈的头”，定价多少就卖多少，斩钉截铁。而近几年来，不要说网上的低折扣了，便是经营灵活一点儿的个体书店，新书至少也能打个九折，碰上定期的活动还可以更低。这样的话，读书人或者消费者为什么一定要往你这里送来脚印呢？套用张柏芝的歌曲《星语星愿》来说话，“找不到要去的理由”嘛。

实体书店曾经有过辉煌灿烂的昨天。遥想20世纪70年代末80年代初，清楚地记得当时非常想买一套16册的《数理化自学丛书》，但需要漏夜排队，而叫人沮丧的是，即便如此也未必能买到，跟这几年春运时买火车票真是有得一比。如今，实体书店没落是一个不争的事实，尤其是民营书店。来自中华全国工商联合会书业商会的数据显示，在过去10年的时间里，有将近五成的民营书店倒闭，而倒闭趋势还在加剧。网络的冲击诚然是一个方面，但像新闻一样“同质化”严重，该是实体书店的另一条软肋。世易时移，陶醉并幻想回归彼时的辉煌是极不现实的。在人们方方面面的选择包括购书渠道同样已经多样化的前提下，实体书店本身也要思量“改革”，如何突出个性，吸引目标人群，而不简单地只是“卖书”。国家层面对实体书店出台必要的保护政策是应该的，但业界必须面对的现实是，实体书店生存的门槛已经大大提高了。

另外，因为购书渠道的不再单一，广州乃至全国，是否还需要那么多的实体书店，也是一个值得重新考量的大问题。正如一个人买了多少书，并不相应地等于读了多少书一样，一个城市有多少家书店，也不能天然地与城市品质或市民素质一类就挂上钩。这些，终究还只是表面上而非本质性的东西。

（2010年7月21日）

“白天鹅”不要存“非分之想”

位于广州沙面岛的“白天鹅宾馆”打算自行拆除引桥并在西侧建新楼。规划方案刚一公示，即引起了极大争议。浏览一下各方意见，大抵是引桥有碍景观视线，拆掉是好事；新楼则不该建，因为对沙面景观的破坏更大。但凡到过沙面的人，如果要发表意见的话，基本上都会是这些。无他，情况一目了然，而拆不拆引桥，早就是一个一边倒几乎没什么争议的问题了。

但“白天鹅”提出“拆”的前提是“建”，所谓“堤内损失堤外补”，而倘若让人家只拆不建，一味“奉献”却得不到“回报”，想来是达不成“共识”的，最终的结果很有可能是维持现状，你别建了，也不用拆，拆的话，遵照先前规划的指示：远期拆除。不过，我觉得在这件事上，如果不了了之地单纯这么热闹一回，将来这个问题可能会车轱辘一样很没意思地又转回来，必欲使争议能产生一定的积极意义，大家都需要一点理性态度。

所谓大家，包括争议的双方，也就是“白天鹅”方或赞同其扩张一方和持反对意见的公众舆论一方。所谓理性，是应该审时度势。

环顾自己所处的地理位置，“白天鹅”就应当明白，提出建新楼这样的规划显得多么不明智。相对于沙面这个历史街区而言，百米高的“白天鹅”已经非常突兀，但那是特定时期的特定因素造成的，尤其是国门刚刚打开，经济建设成为当务之急，历史文化还根本没有进入国人的视野。记得早几年有一种声音说，干脆把“白天鹅”拆了，非常偏激，而支撑的依据就是根本不协调。然而，作为中国第一家中外合作五星级酒店，“白天鹅”已是改革开放的标志性“见证”之一，它自身也有了相当的文物价值，偏激行事于事无补。俱往矣，如今再搞什么二期工程，给“白天鹅”添个“兄弟”之类，饶是只是七八十米高，矮过“哥哥”，还是讨论都无须讨论。广州不缺酒店，缺的话想来也不会众目睽睽之下在这里凑热闹，“白天鹅”不要再存这种“非分之想”。

就公众舆论一方而言，不要一提起人家的那个引桥就恨得一副咬牙切齿的模样，还是历史地看问题吧。不错，今天引桥挡着大家看江景了，或者从对面、从江上看过来不舒服了，须知首先是引桥在先，所谓的景观在后，在引桥修建的时候，并无可预期的两岸景观可言。相反，我们倒应该感谢引桥才是，如果当初“白天鹅”不修这条引桥，硬是要从沙面开一条道进去，即便拆些今天当成宝贝看待的西洋建筑，想必也不是什么难事。正是因为修了这条引桥，才使沙面基本上能够保留当年的面貌，它在其中是立下了汗马功劳的。况且，从沙面望出去，所谓挡住了，也只是部分挡住而已，劳驾挪挪玉步，转到免费的沙面公园，对岸不是同样一览无余吗？只是为了看得顺眼一点而大行拆来建去之能事，跟自己整天宣传倡导的低碳何其矛盾！或者说，当下我们的视觉消费过于奢侈了吧。照此逻辑，则我们的城市该拆掉重建的东西真是多得数不胜数了。

按照公示流程，“白天鹅”的规划还必须听取相关利害人的意见，一旦有沙面岛上其他业主对此表示反对，并能提出具体证据证明这一规划方案损害了自己利益，那么该规划很可能夭折。我想，这个“相关利害人”外延应当扩大，届时，那些投票决定的专家们，对来自岛外的反对呼声同样要仔细斟酌。

（2010 年 8 月 18 日）

地铁站如何取名是个文化问题

广州市地铁三号线北延线即将开通，“京溪南方医院站”这个站名因为属于“复合式”，又因为“超长”，引起了网友们的议论纷纷。

甚至有网友跟帖恶搞，把已有的地铁站名按照那个模式生生地“拉长”，以图让人会心一笑。

地铁属于公共交通，其车站的命名，无疑应该优先使用那些知名度、文化含量都比较高的地名。不独地铁，凡公共交通的站名命名都该如此。广州有不少公共汽车的起始站，用楼盘来命名，我就不大能接受。因为“××花园”之类的名字仅仅是一个单一或者说干瘪的符号，没有任何“历史文化”内涵可言，不常坐那趟车的人往往就会连一点儿方位感都产生不了。而那些“花园”的所在，此前未必是不毛之地。“花园”遍布全城，何以那些才受到青睐？唯一让人联想的，就是人家出钱了，买断了。前几年国内有个大城市，不是如果不交钱，正规出版的地图上都不标注你吗？后者诚然走了极端，但前者那种命名方式，也有商榷的必要。当然，还有没有商榷的余地是另外一回事。

地名的命名、更名以及演变，都是社会的产物，具有约定俗成的性质，因而也具有广泛的社会性。地名中潜藏着的文化信息，与一个地方的历史息息相关。比如深圳市“上步”“草埔”这一类的老地名，就和古越语有关。学术界甚至早就诞生了地名学这一学科，通过对地名产生情况、词语特征、名地关系和沿革演变的探讨，从而弄清地名的起源、发展和分布的一般性规律。公共交通的站名与到达地地名之间的关系，应当是一种直接“利用”的关系，在这个问题上丝毫没有“创新”的必要。这样确定出来的名字，无论在地上还是在地下，不仅能够明白地指示方位，而且也等于保留了传统文化的一个因子。近年来，老地名的消失，一如老建筑的消失一样，引起了有识之士的极大关注。今年的广州市政协大会上，保护老地名就是个热点话题。前几天，深圳市政府批准了《深圳市地名总体规划》，30 年来更首次将挖掘保护老地名提到法规层面。

网友非议的“京溪南方医院站”这个站名，由“京溪”这个村子与“南方医院”这所医院叠加构成，比对其他的站名，画蛇添足是无疑的，问题在于谁是蛇足。我个人的倾向是，应该舍“南方医院”而取“京溪”。诚然，作为一个村名，“京溪”没有毛泽东视察过的“棠下”那么知名，但是，清末即诞生了的“京溪”同样浓缩着广州的历史文化，而“南方医院”只是一个实体，必欲达到服务公众的目的，完全可以在即将到达京溪之前，像现在的做法那样，播报一大串去哪里哪里的乘客请下车。在现有的地铁广播里，休说那么大的医院了，便是律师事务所之类的小“作坊”，不是也可耳闻吗？不是什么难事嘛。倘若“京溪南方医院”还有变更的余地，那么，得寸进尺地说，三号线的“汉溪长隆”也该忍痛割爱，割掉“长隆”二字，维护老地名的“纯洁”。

广州的地铁线还将继续延伸，地面上的公交线路也是如此，这就意味着还将面临大量的取名问题，还真不能等闲视之。广东不是建设文化强省吗？这个取名的问题归根到底正是个文化问题。

（2010 年 8 月 26 日）

恶劣之事不少，道歉之声罕闻

在中国古文字学泰斗容庚先生首部传记出版之际，先生弟子之一的陈炜湛教授重提往事并向恩师道歉。1966 年 6 月 7 日，中山大学中文系 7 名研究生在中山大学校报上公开发表文章《坚决砸烂容庚这把“鬼锁”》，虽然这篇文章的材料是 7 名研究生凑起来的，但由陈教授执笔。因为容先生说过“我是野马，我是鬼锁”，寓意其个人精神的独立，则这篇文章的针锋相对性，足见一斑。

在容庚先生生前，陈炜湛教授曾向恩师道歉，这就使道歉具有相当的“含金量”，也因而更具有实质意义。此番再度提及，可见在陈教授那里，往事并不如烟，歉意一直无法释怀。而陈教授的可贵之处，还在于衬托出我们国家在荒唐时代发生了那么多极端恶劣之事，道歉之声却一直以来都罕有耳闻，稀缺得很。1966 年 8 月 5 日，北京师大女附中校长卞仲耘被本校红卫兵暴打致死，成为文革中被学生打死的第一名教育工作者。1967 年第 1 期《中国新闻周刊》有一篇卞仲耘遇害后数日，即以匿名唁函向其丈夫披露卞仲耘遇害真相的张静芬老师的访问。今年已经八十高龄的张静芬老师，这么多年来一直以她的学校为荣。她记得有一年国家说需要地质方面的人才，学校毕业的学生几乎有一半都报名地质专业的院校，然而令她百思不得其解的是：“这样优秀的爱国女生，为什么到了文革中会爆发出那样野蛮残忍的兽性？”“从革命者到害人者，转变得如此轻易？”其实，她还应该不解的是，为什么当年的当事人至今好像没事人一般？

两年前，笔者有幸拜访了曲阜孔庙，看到孔庙那么多历朝历代的石碑几乎没有一块完整的，并没有任何惊讶之感，“批林批孔”的时候已经读中学了，孔府的罪恶也跟着鹦鹉学舌地批判过。然而令人无比惊讶的是从讲解员的口中知道，文革中对孔夫子这位“万世师表”纪念圣地痛下杀手的队伍中，北京师范大学那些即将“为人师表”的学生出力甚巨！如果说，当年那些身上沾染着卞仲耘鲜血的中学生们不敢面对过去还情有可原，那么，对自家正宗祖师爷如此大不敬，在“心平气和”之后又有什么可难于启齿？把这一切简单地归咎给那个已经死去的、当年红卫兵“五大领袖”之一的谭厚兰，就可以心安理得了吗？肯定不能。但是，我们可曾听闻过些许道歉之声？

正是这种道歉之声过于罕闻之故吧，去年下半年《南方周末》关于北京外国语学校 8 名红卫兵学生时隔多年向老师道歉，忏悔当年参与暴力迫害行为的报道，引起了强烈的社会反响。其中用“四十四年后，终于有红卫兵公开道歉了”做的眉题，足见“艰难”程度。可惜，他们虽然“带了个好头”，却不见后来者。看起来，为时代大潮所裹挟，且那大潮是以革命的面目出现，仍然可以成为当年的施虐者、加害者为自己轻易开脱的借口。

陈教授、8 个当年的红卫兵，他们的道歉让我们看到了国人品格中的一抹亮色，但还只是孤立的个案，还只是基于他们个人的道德水准，而有一天，当“吾日三省吾身”不再停留在祖训当中而见之于行动层面，上升为一种集体自觉，我们的社会才有“不贰过”的可能，才会真正杜绝那些纯属人为悲剧的重演。

（2011年1月6日）

粤剧要走出自己的方言区

3月10日到19日，包括粤剧《花月影》、话剧《与妻书》、现代舞《临池无墨》在内的五部“广东制造”的舞台艺术作品将集体亮相京城，还将首次登上国家大剧院的舞台。粤剧走出省门乃至晋京，不是第一次，60周年国庆的时候，经典粤剧《山乡风云》就曾令京城戏迷一饱眼福。但这次演出是广东首次组织多个优秀剧目统一亮相，换言之，声势如此浩大，应该是第一次。并且报道说，本次展演活动将完全按照市场规律运作，门票均在市场公开售卖，更展示了改制后的广东文化艺术院团非常自信的一面。

“昆曲是江南的兰花，粤剧是南国的红豆”，这是周恩来总理生前的高度评价，粤剧也因之有了“南国红豆”的昵称。2009年，粤港澳三地联合申报的粤剧成功入选“人类非物质文化遗产代表作”，继开平碉楼填补广东“世界物质文化遗产”的空白之后，再填补了广东非物质文化遗产的空白。但我们在欣喜之余必须看到，粤剧的申遗成功，一方面体现了“世界”对粤剧独特艺术价值的肯定，另一方面也意味着粤剧作为传统剧种在现代社会正面临着严峻考验。申遗成功，无异于颁给粤剧一块“金字招牌”，如何擦亮招牌，还需要脚踏实地的行动。行动之一，就是“走出去”。不错，粤剧早就走出国门了，东南亚、美洲、大洋洲等但有粤籍华人华侨聚居的地方，就传唱着粤剧。我是想说，粤剧得走出自己的方言区。早几年我就在文章中说过，粤剧得让国人认识才行，人家不能听到“yueju”的发音之后，本能想到的是越剧，想到的是“天上掉下个林妹妹”。作为地方戏曲，诚然要立足本土，然本土只是蕴育、传承的雄厚基础所在，地方戏曲必欲弘扬、光大，只在自己的“一亩三分地”上转圈圈是绝对不够的。

不难感受到，粤剧在全国的影响并不大，比京剧就不用说了，也比不了越剧、豫剧、黄梅戏等。不是吗？荧屏上每每“林妹妹”“包龙图”“刘大哥”之声一响，不用介绍，大家都能很自然地知道这是什么剧种，至于无论在哪里成长的人都能跟着哼哼两句，真的是耳熟能“唱”。粤剧要在全国唱响，也得有自己的、能够为方言区外的人们易于接受的经典段子。粤剧现在有没有这样的经典段子呢？如果有，就需要以之为突破口大力普及；如果没有，就需要刻意经营。余对粤剧曲目所知不甚了了，但听喜欢的人们每每喜欢唱些“分飞万里隔千山，离泪似珠强忍欲坠凝在眼”之类，还有“大姑”“乞儿”什么的，给本人的感觉颇怪。如果把整出曲目比作“面”的话，经典段子就可以比作“点”，虽然“点”脱胎于“面”，而就普及功效来说，可能又胜于“面”。而且，凡称经典的东西，也就意味着百听不厌。

登上国家大剧院只是粤剧迈出的第一步，另一条唱响的“终南捷径”，我以为是跻身央视的春晚。央视春晚不是有例牌的地方戏曲联唱吗？在我的印象之中，似乎从未闻粤剧的声音，而粤剧应该并且必须想方设法在那里占有一席之地，以期在全国观众之中普及开来，使不同地域的人们既知粤剧其名，又闻粤剧其声，进而熟悉其声。

（2011 年 3 月 3 日）

骑楼幸免或是舆论监督的胜利

今天上午，广州市规划局局长王东“特地”举行新闻发布会澄清：中山六路骑楼将保护下来，道路扩宽子虚乌有。因为“规划部门从来没有在规划上提出拆除骑楼”，扩路也没有立项，所以市民没有必要过分担心。的确如此的话，舆论前一阵子的议论纷纷，真是“天下本无事，庸人自扰之”了。

就用王局长的话说，中山六路拆除骑楼是一个“伪命题”吧，这个“伪命题”何以能够当真，还是值得深究的。王局长估计是“专家或者两会期间代表委员就中山六路的交通问题提出来的假设”，此言差矣。这个问题的来源委实不难检索。今年 1 月，本埠媒体就报道说，广州市城乡建设委副主任陆原去年底向市人大代表汇报时透露，“十二五”期间，广州将加大推进主骨架道路网建设，“拓宽中山六路，消除主干道交通瓶颈”云云，成为其中单独列出的一项。除非这是一条假新闻，否则，拓宽中山六路，对任何市民来说无疑都意味着开拆中山六路的骑楼。今年 2 月，大洋网记者向市城建委求证此事时，市城建委主任侯永铨明确表示，目前该规划正在进行前期的调研摸查，具体包括管线迁移的数量、拆迁户数的情况、改造资金的投入等，“估计今年不会安排拆骑楼扩马路的工作”。除非这又是一条假新闻，否则，中山六路的骑楼开拆，任何人都会理解成仅仅是个时间问题。

人们对“伪命题”——姑且这样认为——成惊弓之鸟，在于被一些地方大权在握者面对文化遗产的态度吓怕了吧。毁掉真文物，建个假古董，十几年来在全国各地一直屡见不鲜。前两年走在北京著名的前门大街上，险些以为到了众多影视城中的一个，然而看街道门牌和对面的前门楼子，才确证不虚。这叫神马跟神马呢？——声明一下，此无追求时髦词汇意味，在我从小生活过的京郊，30 多年前即称“什么”为“shenma”。最近看新闻，他们又准备复建地安门了，说什么“为了重现老北京中轴线秩序，恢复世界上现存最长的城市中轴线”。1955 年，正是为了改善交通而拆除了地安门。开拆和复建的理由都充足得很，甚至都气壮得很，也就决定了开拆和复建的举动必然都轻巧得很。叫你走你就得走，就你来你就得来，完全视当时的需要，这就是多年以来不少决策者对待文物建筑的态度。什么时候才能得到改变，无法预期。

最新又有一则消息说，始建于1916年，被称为“北京最老澡堂”的双兴堂，正面临着被拆的命运。为了保住这个澡堂，双兴堂老板想到了申报中华老字号和非物质文化遗产，以为借此“护身符”可以躲过一劫，孰料被人一眼识破天机。北京市丰台区商务委员会流通管理科科长说了：“就算成功申报了老字号，双兴堂是否能避免被拆迁也还是个未知数。毕竟老字号与文物建筑并不是一回事。”相关人等应当明白，文物保护单位不是静态不变的，各级文物保护单位每几年都会评定一次，此时不是文物的彼时可以是，此时保护级别比较低的彼时可以升格，直到最高级别的“国保”。倘若今日当成一堆破烂，而彼时认识到其价值之时，不是徒成追忆？关键还在于，任何可以归属为传统文化的东西，我们都该以敬畏的态度视之，不能为追求自以为光鲜的外表而毫不惋惜、毫不留情地抹掉城市或乡村的历史记忆。

最后想说一句，如果要对一个“命题”证“伪”，敬请尽早。比方“谣盐”，闹腾一天也就平息了，权威部门的声音以及事实起作用了嘛。中山六路骑楼既然一定不会拆，也从来没有拆的打算，就可以早一点儿广而告之，免得让关注它的市民白担了那么多天的心。事到如今，让人难免认为骑楼的幸免或是舆论监督的胜利。

（2011年3月22日）

闻“广东美术馆或将推倒重建”

看了今天《新快报》“广东美术馆或将推倒重建”的消息，心里不大是滋味，虽然那只是广东美术馆本馆改、扩建工程两个方案中的一个，还有一个是“边展边建”——以旧馆作为主体的基础上展开扩建施工。不过，因为馆长说了，“推倒重建的话，不仅能让新馆的结构更合理，也会加快工期，顺利的话将在三年内建好”，想来这是两案相权取其轻。那么名曰“二选一”，实则大家很可能都青睐“一个全新的广东美术馆”。

无论是“边展边建”还是“推倒重建”，对于我们这种属于旁观者的非决策人士、非业界人士，严格来说都只有“看热闹”的份，不该胡乱插嘴。为什么还要说？如鲠在喉。位于广州市二沙岛上的广东美术馆才有多少年的历史？以 1997 年 11 月 28 日落成开馆来计算，14 年还不到。笔者一直生活在她的对岸，每天都可以隔江相望，因而是看着她一点点落成的。始而对她的“身高”颇犯嘀咕，但知道二沙岛对建筑高度有限制也就没什么好说的了；继而对她的外型以及外墙颜色很不“感冒”，觉得以“美”为内涵的载体本身却着实没什么美感，但想到咱对归属于艺术的美术没有半点儿造诣可言，也就只有噤声不语了。等到实地进去参观，虽然那个时候广东还没有提出建设文化大省或强省，一个寻常百姓也觉得里面的空间实在小得可怜。现在，她可能要拆了，笔者的胆气也才稍稍壮了起来，敢说“推倒重建”真不是不可能了。

撇开广东美术馆而言，一座建筑存在十几年了，到了该拆的光景，倒符合当下全国各地的普遍做法。不少被津津乐道的几秒钟内就炸掉的大楼、体育场馆等等，不都是才十几年的历史吗？叫人郁闷的是，无论是炸掉还是重建，哪怕是破坏性建设，反思的倒总是公众，可惜呀浪费呀什么的，当事方却总是一副理直气壮的架势，没有丝毫触动。他们应该检讨一下吧。检讨什么？谁来检讨？检讨什么，地方层面当然应该检讨为何如此短视，国家层面归纳集中之后应该检讨为什么短视在各地成为一种现象而不能成为一种教训。至于谁来检讨，我也不大清楚，后任肯定不想擦前任的屁股，也擦不好；清楚的是，大家都像没事人一样的话，类似的事情就会此起彼伏，不要指望杜绝。

不难发现一个怪现象，在咱们国度，应当有远见的事情每每短视，而应当短视的事情却每每眼光长远。大量被曝光的地方政府办公楼，不都是因为超前得很而闻名吗？在广东，有个位于偏远山区的镇政府的办公楼，也因气势恢宏兼且外形酷似而有“白宫”或“故宫”

之谓，今天的东方网不知为何还做了个相关专题。短视与远见这两种现象关联起来，真不知与之相映成什么——声明一下，笔者不是不知道“相映成趣”这个成语，只是“趣”字用在这里肯定不对，因为这种短视与长远的相互衬托，不仅毫无趣味可言，相反让人感到非常丑陋！

扩建或重建的广东美术馆当有多大规模，还是经过严谨的论证吧；扩建或重建之后是什么样子，还是先见见“公婆”，让市民见识见识，“指点指点”。总之在这个问题上即便不会一劳永逸，也再不要区区十几年的工夫就须另打算盘。

（2011 年 3 月 28 日）

有多少“混账创造”等待定性？

日前，著名学者阮仪三在广州痛批“全国都在造假古董”的同时，认为广州对历史文化遗存保护不力，某些方面还带了坏头，尤其广州创造的所谓“迁移性保护”，是“很混账的创造”。阮先生虽然出言很重，但是有关方面和有关领导不妨平心静气地面对。

阮先生针对的是十年前广州清代建筑锦纶会馆的平移工程。当时，砖木结构、有着近 300 年历史的锦纶会馆，因为挡住了一条主要干道打通，被一班能工巧匠们给挪了个窝：建筑整体打包，然后底下掏空，再装上千斤顶之类，横走走，竖走走，最后到达“指定位置”，再重新固定住。阮先生之所以生气，是因为这种做法破坏了文物建筑的“原真性”，改造它应该非常尊重它的环境。的确，到了锦纶会馆跟前，不明就里的人会以为它从来就在这里。然而，我们却该为锦纶会馆感到庆幸才是。作为旧广州纺织业老板的聚会、议事场所，它不过才是广州市的文物保护单位，级别很低，拆了也就拆了。花了那么多钱平移它，无论怎样都算是保住了“性命”。而且，比那种拆了重建——尽管一砖一瓦都编上号——的还要“原汁原味”一点。两害相权取其轻，平移还是“两全其美”的：既没有妨碍市政建设，又保全了文物建筑。至于全国各地刮起了一阵“古旧建筑平移风”，在广州就还有因为洲头咀隧道系统工程而让德国教堂搬了家，不能归到平移锦纶会馆的“首次”头上，这个“创造”非但谈不上“混账”，相反，还是有功的。

历史文化名城的牌子争来之后，挂上之后，很多城市的主宰者可能会对那些散落在旧城区的“破烂玩意”觉得很烦，因为妨碍他们的“大手笔”改造。越是在这种情况下，我们越要对不管以何种方式生存下来的文物建筑感到庆幸。阮先生不可过于偏激，饶是对文物建筑的命运痛心疾首，还是要折中一些，“辩证”一些。试问：旧城整体环境早就被改造得面目全非了，片面地强调单体文物的“原真性”，讲究地理、风水之类还有丝毫的意义吗？当年，梁思成先生为了保护北京城，提出在西郊另建新城，结果，新的没建成，旧的也没保护好。我觉得，那个完整保护北京旧城的“梁陈方案”，就脱离了时代背景看问题。百废待兴之际，放着王公贵戚的大量院落不用，另辟新城，可能吗？单纯地从文物着眼，注定不会为决策者所接受。

受阮先生的思路启发，我倒觉得可以把他的“混账创造”引申出去，看待光怪陆离的社会现象。当前在全国各地，有多少“混账创造”等待定性？在我看来，“大树进城”就属于“混账创造”。你这里倒是迅速地绿化了，别人的——那些被取走大树的地方的生态呢？肯定遭到了破坏，移的人、享受移的人眼不见为净就是，玩儿些掩耳盗铃的把戏罢了。把好端端的东西动辄“爆破拆除”属不属于“混账创造”？给神话人物“安家落户”或者捕风捉影狂抢“名人故里”美其名曰文化牌属不属于“混账创造”？为了吸引眼球而把赋有历史文化内涵的地名改成特产、改成风景名胜的属不属于“混账创造”？我看都属于，有兴趣的人们可以开列下去。

当务之急的是，我们该怎样遏制“混账创造”！

（2011年5月30日）

不仅应该保留物质的城中村

汪洋书记率广东省代表团在意大利就推进文化建设进行专题考察时感慨，佛罗伦萨、威尼斯、米兰等意大利城市之所以能够成为闻名世界的历史文化名城，关键在于对传统文化遗产和城市独特风貌的精心保护、科学管理。汪书记进而指出，我们的城市，不仅老城、老街、老屋这些承载着历史记忆的建筑符号不能因为扩张而一味推倒重建，而且广州可选择保留一个具有代表性的城中村，留下城市快速发展的印记。

这番话给城市管理者提供了一条思路。广州城中村的名声不佳甚至名声狼藉是不争的事实，提到它，“脏、乱、差”，治安形势复杂，藏污纳垢，等等，就会成为本能的联想。城市的规划者、管理者至今没有探索出规划、管理城中村的相应办法，城中村乃以“有碍观瞻”的尊容出现，“谢幕”便成大势所趋。但谢幕不等于完全消失，它也是城市扩张的一个鲜明印记。城中村原本是村，世世代代就在那里，被说不清是喜是忧的城市化浪潮裹挟了进来，才导致原有的社会结构彻底变迁。笔者臆想，当一个城中村消失的时候，在享受拆迁补偿带来的狂喜之余，其社会成员也势必会产生一定的精神失落，且随着时间的推移而愈发强烈。而一部城市发展史，完全可以凭借给城中村留下的一席之地，避免自身的文化失落。

广州有那么多城中村，光是列入今年改造计划的就有 20 个，什么样的可以保留呢？我想，接下来应该对所有要拆的城中村进行全面评估。保留下来的那个城中村既然要具代表性，在外观形态上就该残存着一定的“古风”，虽然已经被城市差不多同化了，但风韵犹存。那种村民们竞相在宅基地上玩魔术般盖起出租屋的城中村，或者见缝插针，不余一点儿空地，使村中街道“暗无天日”，由“贴面楼”“接吻楼”构成的城中村，保留的意义显然不大。说到这里，很有些为被视为城中村改造样板的猎德村惋惜，这个珠江边具有900年历史的城中村正具有保留下来的标本意义，倘若汪书记的话早说几年，猎德或许可以“幸免于难”。当然，这个假设对于猎德已经毫无意义，但是对于“貌似”以及“神似”猎德，最终能够成为标本的城中村，汪书记的话未尝不是福音。

笔者现在所居的小区，正与市内一个较大的城中村毗邻，举目所见，都是“种楼”的产物，楼下无一例外都是以生产服装为主的家庭作坊。但是，每每从村中穿过，看到夜晚依然在忙碌的打工者，不由得动容，进而想到我们在影像方面——电影或者电视剧，纪录片或者故事片——是否忽略了在都市角落里生存着的这个庞大群体？影视能不能以他们为主人公，填补当代题材的一个空白？影视未必一定向票房看齐吧，况且，真正优秀的作品也不会受制于题材，受制的只能是社会的态度。在表现打工者方面，广东不是就有过《外来妹》那样的优秀电视剧吗？保留具有代表性的城中村，保留的是它的物质形态，而保留其“精神”层面，显然也应该被认识。

不难预见，那个有幸保留下来的城中村，原有的功能肯定将不复存在，却可能成为人们来到广州的一个必到之处。

（2011年6月14日）

对恩宁路规划新方案审慎乐观

广州恩宁路规划方案日前已在市规委会上获得全票通过。虽然新方案姗姗来迟——仅仅在本月也还有被列入建议保留历史建筑名单的建筑被无情拆除——但毕竟还是来了，毕竟恩宁路街区那些该保存的建筑并没有被“剃光头”，还有幸存者，像吉祥坊一号那幢堪称历史建筑精品的中西合璧洋房，尽管三层楼房的房顶已经被锤穿了一个巨大的空洞，但模样还在。因此，如果新方案今后真的能够起到“盾牌”的作用，就不能说聊胜于无。

从追求就地经济平衡的“基本全拆”思路，到将文化传承作为恩宁路改造的第一目的，赋予之“西关文化复兴”的使命，诚然如广州市规划局局长王东所言“这是意义重大的突破”，但比较令我感兴趣的是，恩宁路否泰如天地的命运为何发生了一百八十度的改变？这种“文化自觉”究竟是如何唤醒的？假以时日，愿闻其详。因为恩宁路街区内的历史遗存如何丰富，本地人早就人所共知，包括各级决策者；又因为文化决定发展后劲之类的说法大家早就耳熟能详了；还因为广东建设文化强省的决定去年就做出了，如果算上提出建设文化大省就更早了。文化内涵的一个重要方面就是传统文化，传统建筑又是传统文化的一个重要载体，那么，何以恩宁路街区此前一定要规划一条 40 米宽的贯穿道路？何以那些精美的传统建筑屡遭毒手，任凭如何呼吁保护也无法制止？难道此前还是认识不足，今天才恍然大悟，才蓦地惊醒吗？恩宁路规划“不断进步”诚然是可取的，但明摆着的事情为何一定要以昂贵代价的付出为前提？

古典戏曲中常有“刀下留人”的情节：问斩之际，有人大喝一声，持着“尚方宝剑”之类飞驰而来，才救下一条戏外的人早知冤枉的性命。恩宁路街区此前的不幸遭遇告诉我们，广州市以及全省别的什么地方今后改造传统街区时，对那些有历史价值的建筑要借鉴这个经典套路，不要不分青红皂白，推倒了再说。恩宁路吉祥坊一组原本有成片的民国时期的西关大屋和洋楼别墅，如今已成了废砖败瓦，这就难怪老街坊们对新方案发出“太迟”的无奈叹息了。此外，在恩宁路街区新建起来的东西，考虑与旧建筑间整体的协调同等重要，不仅包括控制建筑的高度，而且包括统一外部的装饰。云南丽江古城的房子一概铺上黑瓦，新建筑尽管因此鱼目混珠，但高处眺望还是有整体感。恩宁路街区今后不是加重现在的“泾渭分明”，而应该尽量“模糊”，对老的修旧如旧，对新的何妨建新如旧？

恩宁路新规划方案出台之后，笔者更关心它的“刚性”程度如何。制订各种规划似乎是我们的一项日常工作，隔三差五就有新的，但有心人比对同一类规划每每发现：新的往往不理旧的，当它根本没存在过；而旧的又没有声明作废，导致规划“打架”。拥有70多年历史的金声电影院，2007年也是属于规划保留范围的，2010年就给拆成了“广州大三巴”——只剩下一堵墙。而早在2009年，规划思路就已经明确不会随便拆掉恩宁路上“有争议”的建筑。因此，对于恩宁路规划新方案的出台，笔者持审慎的乐观态度。乐观是因为恩宁路街区有了法规方面的保障，审慎是因为还要静观执行是否得力，不远的将来是否又有新的什么东西取而代之。

（2011年6月27日）

恩宁路野蛮拆迁带出的新问题

7月9日傍晚，有街坊在广州恩宁路吉祥坊17号被拆废墟上，发现了一件刻有“吉祥坊”字迹并保存完好的石门套以及十多件长条麻石，欲搬走留作纪念，但被拆迁人员强行阻拦；阻拦也就罢了，仿佛是有意斗气一般，拆迁队的人回去拿了锤子，硬是把好端端的石门套当场砸成几段；并且随即开动钩机，把那十多条麻石悉数捣毁。媒体报道称拆迁队的行为是野蛮行为，恰如其分。

发生在恩宁路上的这起令人心痛的事件，也是缘起拆迁，然不同于我们司空见惯的出了人命的那种，其野蛮不是针对被拆迁户，而是针对文化。按照没有变化快的计划，吉祥坊17号本来是应该保留的民国建筑，不幸遭遇了“误拆”；现在，连带有它标记的那点儿可怜的物质遗留也不能幸免，真是不幸中再添不幸。变成废墟的东西不等于就变成了废品，这一点拆迁队的人比我们更清楚，吉祥坊17号的趟栊门和一对大门，不是就被他们拆下来后以一千元的价格卖了出去吗？他们的眼里只有值钱和不值钱，不值钱的就痛下杀手，必欲其彻底“香消玉殒”而后快，哪怕损人而毫不利己。那么，恩宁路的野蛮拆迁就带出了一个新问题，也就是被拆物件的归属。直白地说，是不是凡拆下来的东西就一定归拆迁队所有？不应该是，当然，也不归街坊，应该归国家。

不应该是，说话的底气显然不足，没办法，套句俗话说没有相关法规。但是，这个可以有。因为拆下来的许多东西，可归为文物范畴。什么叫文物？辞书上说，文物就是历代遗留下来的在文化发展史上有价值的东西。我国《文物保护法》说：“文物认定的标准和办法由国务院文物行政部门制定，并报国务院批准。”这里的文物概念，该是对保护级别而言，国务院批准的为全国重点文物保护单位。众所周知，没有保护级别但有文化价值的同样可以是文物。如吉祥坊17号建筑本身就是文物，其所构成的物件就更不用说了。对于地下埋藏文物的归属，早就有了明确法律，如《文物保护法》第五条：“中华人民共和国境内地下、内水和领海中遗存的一切文物，属于国家所有。”但对于地上的，尤其是拆迁拆出来的，还没有，还是个空白，也许是因为还没有认识到。这个空白要及时填补，宜早不宜迟。因为在某些当政者的思维意识中，“没有强拆就没有中国的城市化，没有城市化就没有一个个‘崭新的中国’”，因而“强拆更在所难免，或者说不得已为之”，这个思维意识具有普遍性。则强拆也好，和谐拆迁也好，总之是个一时间不会消停的行为。而当下的拆迁，大抵都关联着旧城改造；旧城改造，正关联着有文化价值的东西。所以，这个（法律）必须有。

《文物保护法》第七条规定：一切机关、组织和个人都有依法保护文物的义务。显然，任何拆迁队也都在这“一切”之列。则具体到恩宁路上发生的事情，仅仅对拆迁队队员进行关于保护有价值材料的必要培训，是远远不够的，当下还应该让这个野蛮拆迁队付出一定代价。否则，羊都丢光了，牢补得再结实也没了意义。千万不要小看拆迁这种貌似堂正行为对传统文化的蚕食力量！

（2011年7月11日）

历史建筑经受不住蚕食

广州市署前路一座雍容大气的民国时期建筑9月5日被拆除了，又是微博爆料的。有网友担心："署前路没了署前楼，以后都要改名。"据说，署前路于1916年问世，得名正在于当时路旁有警察公署。然而闻讯赶去的越秀区文化部门工作人员说了，拆除的这个民国时期建筑名叫"东石医院"，而非"民国警察公署"，别信谣言。然而，那座民国建筑叫什么有那么重要吗？没有。该不该拆、能不能拆才是重要的。如果一定揪住"东石医院"和"民国警察公署"来做文章，那就是得了公孙龙"白马非马"的真传。因为按照越秀区相关人士的逻辑，正可以推导出"民国警察公署"不可拆、"东石医院"可拆的结论。有意思，真有意思。

更有意思的是，在同一天广州市召开的全市干部大会上，省委常委、广州市委书记张广宁在会上说，今后，在城市改造建设中，广州要更加重视保护老城区、古村落的历史文化底蕴，更好地保护城市的历史文化空间，传承城市历史文化脉搏。两相比对，尴尬异常。那么，这个会如果早开一天，这个话如果早说一天，"东石医院"会不会幸免呢？显然不会。比方广州要"建设世界文化名城"的口号提出一段日子了，之前和之后，类似的拆除都没有终止过。前两年，毗邻新河浦中共三大会址的小洋楼在拆除9栋之后被叫停；前几个月，恩宁路吉祥坊一组原本成片的民国时期西关大屋和洋楼别墅给拆成了残砖败瓦。我不知道，现在张书记该怎么看待署前路的这一拆。在我看来，这一拆，光天化日之下存心添堵是必定无疑的，在既成事实之后也考验着广州市的态度。如果拆了就拆了，拆得有理，拆得对，那么它就会起到一个恶劣的示范作用，告诉后来的人们，你们看到那些不顺眼的老房子，只要没挂文物保护单位的牌子，大胆行事就是。

恩宁路不久前出台了一个规划方案，关心广州历史文化的人们似乎吃了颗定心丸，其实这只能算是给残存的历史建筑糊了一道纸面上的“护身符”，因为这种方案就像古装电影里的情节：窗外的人想看清屋里发生什么，手指蘸点儿唾沫抹在窗户纸上，然后一捅就破。但就是这样的“窗户纸”，广州也不可能到处都糊。关键是，广州市人大早在1998年就通过了《广州历史文化名城保护条例》，1999年3月1日起施行，那里面该说的都说了。如果硬要认为没有，还可以出台条例解释，《婚姻法》都出司法解释三了，乱哄哄地再出个四来也说不定。那个《条例》如今作废了没有？如果没有的话，可曾有人记起？那些应该而且必须知道的人物不能把它抛到九霄云外，保护广州历史文化要立足于此，不必动辄另起炉灶。但是，如果没有一个如恩宁路那样具体的、明确的规划，广州那些“不是文物保护单位”的老建筑一旦被人惦记是否就一定不能幸免呢？

网友对署前路地名消失的担心，不仅一定程度上喧宾夺主，而且这担心真的有些多余，即便没了警察公署建筑这个实体，署前路也不会改名。广州越秀区的大小马站早就不驻有骑兵部队了，海珠区下渡路的“渡”又何在？根据沿用的地名来探究其所从来，探究那些曾经的存在，本身也是一门学问。因而我们该担心的是，广州的历史文化遗留经不住这么零敲碎打地蚕食，继续下去的话，我想不出广州保护和传承城市历史文化的行动在哪里，“建设世界历史文化名城”的底气又在哪里。恐怕只能停留在口号层面，喊得再响，无非自娱自乐而已，再过些年别说老外了，连我们听着这口号也会觉得好笑。

（2011年9月6日）

广州三联书店，撤就撤吧

自去年7月31日位于广州购书中心的首家三联书店撤场后，广州三联仅余的两家分店——流花店和增城店也于今年相继结业。这就是说，与广州结缘17年的三联书店就此要和街坊说再见了。三联书店撤出广州购书中心的时候，我曾经发过一篇《也看广州三联书店关停》，应当说比较“心狠”，因为对它的离去并无惋惜之态。现在，广州的三联书店全部撤离，饶是全部，觉得仍然是“量”的问题，性质与先前一般无二，因而还是“不动声色”。然而见到有人哀叹“哪里还可以觅书”，甚至有“再见了，阅读”一类的文字问世，觉得言过其实。一家尽管是名牌的实体书店的离去，至于产生那么严重的“后果”吗？我看不会。

大概有两三年了吧，休说广州的三联书店，任何一家实体书店我都比较少去了。当然，这不意味着不再买书，不再读书，事实上一如既往，每天至少读两百个页码是自定的“硬指标”，而对电子阅读还丝毫提不起兴趣。哪儿买去呢？不错，网上书店。我在本地一家民营名牌书店有一张九折卡，算优惠了，但比起网络的动辄七五折，就算八折，也还是相形见绌。这笔小账谁都会算，尤其是买得比较多时，小账就成了大账。这两年的CPI不断蹿高，大概并不包括图书消费在内，实际上书价的上涨也是“蹭蹭”的，任何一个图书消费的相对大户，都不可能不考虑“折扣”这一点。常买的那家网上书店不久前来了封邮件，说我已成为SVIP会员，多出来的一个S是什么意思，Super？总之，得了这个“衔头”，再在他们那里购书，可以享受折上折的待遇。同样的书，人家又不是盗版的，在这样的诱惑之下，实体书店的吸引力又在哪里呢？

广州三联书店的当下境遇在全国是一个普遍现象。今年以来，北京的“风入松”、杭州的“光合作用”、上海的“季风书店”，都相继传出不那么好的消息，要么得另觅新址，要么倒闭，要么缩减规模。有人喜欢用国外的数据来审视自己，人家平均多少人就有一家书店，咱们才如何，然后人文缺失、精神沦落一类的帽子不假思索地就扣过来。其实咱们要是发起狠来，硬件的数量不仅不会逊色而且或会大大地超过他们。今年6月份一期《文汇读书周报》的头版头条有篇文章，眉题是“书店倒闭趋势加剧已引起新闻出版总署的重视”，标题是“实体书店有望获得政策扶持”。这个“有望”，就是“从税收减免、财政扶持、银行贷款、上市融资、土地使用等方面为其提供更大的优惠”。不过，问题的关键更在于，我们的实体书店数量与国民素质如何之间，究竟能不能产生实质性的关联？

实体书店的撤退或倒闭，社会大环境因素肯定是决定性的，但是，有没有或者有多少属于自家经营不善、因循守旧而被市场淘汰了的呢？倘若是后者，则无论多么名牌的书店，走了就走了吧，真没什么，城市的“颜面”显得难堪一点儿而已。毕竟现代物流业的发达，使读书人能够买到书、买到好书的途径已经有了多重选择，根本不必咬定实体书店不放松。

（2011 年 9 月 21 日）

陈家祠要扩建与高架桥要拆除

广州的陈家祠又要扩建了。两年前陈家祠为扩建广场已经花了 8 亿元，是不是财政的钱不记得了；此一番手笔同样不小，初步经费预算近 6 亿元，报道明白告诉我们依靠政府全额拨款。昨日又看到消息，广州人民路高架桥“待时机成熟时”也要开拆了，为了“突出人民南路历史文化保护区历史风貌，复兴传统商业街区商贸功能”。两件事，都与文化相关。陈家祠作为岭南文化的重要代表，差不多要成为广州文化形象的代言了；而人民南路的骑楼街，是目前广州最集中、规模最大、保留最完整的骑楼，极富岭南特色。

两件事的另一个相似之处，就是都要大拆。在陈家祠那里，拆迁费用高达 4 亿元，占了预算的三分之二。拆就拆吧，都是经过专家论证了的，理由充足得很。况且对陈家祠来说，人家有近 3 万件藏品堆在库房里，其中有 3000 件是国家级珍贵文物，连镇馆之宝——价值逾3000万元的元代青花瓷瓶也一直无法对外展示，这可怎么行呢？拆就拆吧，但我觉得对被拆的高架桥和民居，不要拿出理直气壮、气壮山河的姿势，还是应当给予它们应有的尊重。我对人民路高架桥就存有一丝温情。20世纪80年代中的某一天，在广州火车站送完回家过寒假的同学正准备返校，蓦地发现远远有几个桥墩立在路中间。出于好奇，就走近前去，结果发现沿着人民路一路下去似乎都是如此，乃如陶渊明笔下的武陵渔人一样，“甚异之，复前行，欲穷其林”，结果一直走到了珠江边，后面的已经铺好了桥面。后来才知道，这是广州也可能是全国的第一座高架桥，那张著名的由密集人流汇成的“人”字型照片，就拍摄于人民南高架桥地段。它曾经为缓解广州的交通拥堵立下过汗马功劳，现在一定要拆它，交通状况如何也还是个未知数。所以，对于它，大可不必“咬牙切齿”。

陈家祠相关负责人表示，陈家祠是广州文化形象的典型代表，政府理应加大投入完善场馆设施。即便如此，我还是想懦懦地说一句：保护文物的环境与保护文物本身可能同等重要。十几年前，在著名的遵义会议会址周边，当地有关部门一意孤行修建所谓城市标志性休闲广场，从而把会址周围1.5平方公里内近4万平方米的民居悉数拆掉，后来被国家文物局勒令复原，但新建的假古董无疑再也换不回历史风貌。这对任何地方任何一个标志性景点的规划都是一个教训。可惜，像我们中国太多应该记取的教训一样，它仍然起不到任何警示作用。把文化景观充分放大，早已成为全国各地的一个普遍做法，无论旗号如何炫目，目的无非是最大限度地容纳游人。早些年去新会参观还是县级文物保护单位的梁启超故居，那种原生态的感觉非常良好，升格为“全国重点文物保护单位”之后，旁边建了硕大的纪念馆喧宾夺主，故居本身倒成了陪衬，颇显寒寒酸酸。因此，我对陈家祠的大拆，不免生出种种担心，扩建之后大则大矣，却要不幸“沦为”都市中的孤岛，历史风貌势必丧失殆尽！

无论怎么说，陈家祠附近那些与“国际大都市”不大匹配的破旧不堪的民居，人民南路上今天看起来非常碍眼必欲除之而后快的高架桥，都承载着一段历史，同样值得我们尊重。即便动手毁灭它们，也应心存一定的敬畏之感。

（2011 年 10 月 20 日）

开平碉楼认养早有经验可资借鉴

开平市不久前出炉了《关于已托管的碉楼与村落认养管理办法(试行草案)》，鼓励民间人士“认养”碉楼。尽管认养一座的费用要几十万到几百万元人民币不等，但是重要的在于这种“允许”，借此破解开平碉楼保护中的困局，不啻开辟了一个新途径。

开平碉楼是广东一笔不可多得的宝贵物质财富，在此之前，中国虽然有了不少世界文化遗产，广东却还是“零”。因而开平碉楼这个“破天荒”，从申报成功之日起，就成为广东文化领域一件惊天动地的大事。从某个角度看，这也是我国的一个突破。因为我们此前的世界文化遗产大抵都是古代的文化结晶，长城、故宫、莫高窟、秦始皇陵及兵马俑，或者丽江、平遥等等，离不开一个“古”字，而开平碉楼则是近现代中西合璧的文化产物，离今天并不久远，相当多的一部分仅仅问世于几十年前。然而，开平碉楼摘取世界文化遗产的金字招牌，只是在其保护和开发的征途中迈出了第一步。这不，申遗成功不过 4 年，对当地政府来说碉楼保护似乎成了一个沉重的“包袱”。在申遗过程中，政府修复了四处核心区村落，对其中几十座碉楼、居庐和村落进行了维修保护，但是开平还有 1800 多座碉楼，那些收门票的“旅游点”仅占其中的 2%，继续单纯依赖政府的力量维修和保护，力不从心。这种情况下，《认养管理办法》就有了相当的积极意义。

无缘一睹《认养管理办法》的全文，综合各种报道来分析，感觉有两点值得商榷：一个是认养的门槛太高，不少人虽然有兴趣，但难免摇头咋舌，饶是这并非大众消费项目；再一个是单纯强调了认养者对碉楼保护的“义务”一面，而忽视了其“权利”的另一面，“绝对不允许做商业用途”一说，表现得最为决绝。对历史建筑实行认养，不是开平的发明，国外国内都有成功的经验可以借鉴。英国有“一英镑城堡”，斯洛伐克有“一克朗城堡”，政府出租那些多年无人居住的古堡，只收取象征性的一英镑或一克朗，当然，对使用者修缮城堡有着严格的规定：不允许动城堡外观，只能装修内部空间。这样既利用了民间资金使那些失去人气的城堡免于倾颓，同时又让那些热爱古堡且有经济实力的人得以一圆城堡梦。厦门的鼓浪屿老别墅早几年也开始实行了“认养”，分无偿认养、有偿认养、购买、开发经营等多种模式，用于商业用途的比比皆是。开平的《认养管理办法》全然不理会这些，是认为人家的做法不宜照搬照抄还是别的什么？

汪洋书记在上周五到省华侨博物馆参观保护华侨文化遗产（碉楼与村落）工作汇报展时指出，在保护和开发的过程中必须坚持从实际出发，解放思想，大胆创新。在严格保护建筑外立面和房屋结构的前提下，可以允许碉楼的“认养者”对其适当装修和合理使用。以愚意度之，“解放思想，大胆创新”应该成为《认养管理办法》修订时的出发点和灵魂。假如某一天哪个碉楼变身成了旅馆，相信很多人都会有兴趣去住一住。前人留下的文化遗产无论在物质还是精神层面肯定都是财富，如果不幸成了“包袱”，不是别的，是我们的保护和开发思路不大对头。用句俗话说，就是捧着金饭碗要饭吃。

（2011 年 11 月 7 日）

大修之后，该为海珠桥考虑养老了

广州的海珠桥确定不拆了，选择稳妥的大修方案。此前，重建还是大修，民间曾讨论一时。11 月 16 日，广州市政府常务会议审议通过了海珠桥危桥抢修工程方案，遂一锤定音。按照方案，大修后的海珠桥既能恢复历史原貌，同时又满足机动车通行和行人观光的需求。在时间表上，市建委初步计划在明年2月底前动工，最快后年8月搞掂，届时，垂垂老矣的海珠桥将“增寿50年”。

其实，根本用不着讨论，综合关于海珠桥历史地位、城市记忆、交通功能等各方面因素，谁都知道所谓拆掉重建是根本不可能的，谁要是敢拍这个板，谁就与千古罪人无异，笔者疑心放出拆掉重建风的始作俑者只是图一时口快而已。但海珠桥78岁了，“年纪”大了，且“病”得不轻，也是客观事实。我们在积极给她“治病”——大修——的同时，从现在开始，也得有意识地为她抽身而退考虑“后路”了，尤其是在城市规划方面。海珠桥现在仍然是广州市的重要交通干线，仅仅货车禁行是不够的，要逐步为她“卸载”。虽然这次大修之后，号称“增寿50年”，实际情况很难逆料。并且，也不必等到海珠桥完全“干不动了”的那一天才考虑她的“养老”问题。而之前的讨论，两个方案无论是重建还是大修，都没有触及这个问题。2006年，当年提供建桥钢材的英国企业告诉我们，海珠桥的钢材已到100年“大寿”，进入了钢铁材料的疲劳期。从那个时候起，我们就该有这种意识。

放眼国内，很有一些名桥正在享受着养老的待遇。早些年偶然去过一趟位于河北赵县的赵州桥，这个昔日的交通要道干脆被围墙圈了起来收价格不菲的门票，完全丧失了实用功能，仿佛当初造桥的目的就是为了让后代敬仰隋代的造桥工艺一般，这种做法就显得过了。北京的卢沟桥也是这样。或许是因为它们都顶着“全国重点文物保护单位”的光环所致？海珠桥尚不能与它们比肩，即便能也不要这样。如果将来的历任城市管理者尊重城市历史的话，则海珠桥就将是长生的，永远存在的，“退休赋闲”也将是迟早的事情。到那个时候，海珠桥不用每天重负在身，但也不必沦为敛财的工具。她可以单纯地承载行人观光，一方面发挥其作为天然博物馆的“余热”，另一方面就像个被“供奉”起来的高寿老人一样，怡然自得地欣赏并见证城市的发展。但是，这一切，如前所述，现在该有个初步的打算，不能过一天看一天。

不要说海珠桥承载了老广州几代人的集体记忆，像笔者这样的“新客家”，也对之情愫颇深。早些年，无数次地从桥上经过，而且觉得这种有钢铁桁架的桥，才像是现代意义上的桥，具备桥的美感。当时海珠桥的东西两侧分别有广州大桥、人民桥，两桥的共同点是愧对了一个“新”字，新建的桥，理应“青出于蓝而胜于蓝”，但那两桥其实就是桥墩上铺了水泥板子，能通行而已。像早期各个城市的住宅楼，“搭”个遮风避雨的“窝”罢了，与建筑艺术了不相涉。幸喜后来的海印桥、解放桥、猎德桥等等，恢复了桥梁艺术形貌的一面。也正是出于对海珠桥的这一份浓情，笔者以为在本次大修之后，决策层面该关注海珠桥的“养老”问题了。

（2011 年 11 月 17 日）

“大金环”之类不要横空出世

看了今天的报纸才知道，在广州市荔湾区东沙大桥以东的珠江北岸，一座庞大的半圆形建筑已初具雏形。吓了一跳，虽然有段时间没往那边送脚印了，但也不能不慨叹当下建设速度的神奇。据说，这将是一座圆环形的大楼，外径、身高各有 100 多米，外立面呈金黄色。从业主方提供的效果图来看，酷似一座“大金环”。

乐观派认为，这座造型独特、“在亚洲乃至世界都是独一无二”的大楼，被业主方寄予厚望，希望它能成为广州白鹅潭经济圈最南端的一座标志性建筑。而包括笔者在内的一些人属于不那么乐观的，因为它很容易让人记起不久前被 CNN 列为“全球十大丑陋建筑”的沈阳“方圆大厦”，二者在外观上叫作“何其相似乃尔”。倘若“大金环”的备选名字之一——“团圆大厦”正式当选，来个北有“方圆”，南有“团圆”，那这一对“难兄难弟”今后想必更要如影随形了，也许就像提起梁山伯，不能不想到祝英台一样。该项目副总工程师陈敬谦指出，方圆大厦是“实心”的，中部呈方形，酷似铜钱，而这座大楼最大的区别是中部打通成圆形；可惜，因为“方圆”不幸“丑陋”在先，广州市民就难免要为“团圆”的前途捏一把汗，虽然历史未必总是惊人地相似。

别老“团圆、团圆”地叫得那么亲热，人家还没有大号呢，还是形象地呼之“大金环”吧。报道说，这是意大利人约瑟夫的设计，而约瑟夫的灵感，来自于南越王墓中的“玉佩”和奥运奖牌“金镶玉”。这么说来，你别看立在那儿的东西俗气，文化底蕴还丰厚得很。但是，他要不这么说，大家好像还很难往那些方面去想。比方说像玉佩，颜色得淡绿才庶几近之吧？又当然，对这种抬杠式的挑剔，只能用荀子的“性恶论”去解释；嫌荀子理论太深奥的话，不妨来句俗的：“狗咬吕洞宾，不识好人心。”就是说，构思那么精妙的建筑，硬被我们这帮没文化的人活活给想歪了，可不“恼煞人也”！但乐观派平心静气的话，却也怪不得人家想歪，东西摆在那儿了，市民自会辨别妍媸。什么是美，往往见仁见智；但什么是丑，却容易达成共识。另一方面，从宏观方面着眼，我们在神州大地上目睹了太多古里古怪的建筑，“裤衩”有了，“背心”“马甲”还会远吗？至于中国成为外国先锋建筑师“实验场”的呼声早已响起。越是古怪的东西，越有独一无二的属性，与美不美，完全是两回事。而一个浅显的问题是，无论是什么人的设计，在中国土地上矗立的标志性建筑，总得符合多数中国人的审美标准吧。

中山大学教授冯原认为，建筑商、业主方虽然有权决定建筑的造型，但大型建筑作为一座城市的公共产品，有其公共属性，放在公共领域就应当有一个底线。我觉得这个底线是取得多数市民的认可。“大金环”已矣，今后广州还会破土动工，一般的就算了，倘若是搞标志性建筑尤其准备在珠江岸边搞标志性东西的话，还是先把那建筑的“模样”给市民公示一下为好，不要横空出世，令生米煮成熟饭，给市民来个措手不及。从报道中我们知道，今年5月“大金环”就要封顶，年底前就要投入使用，都这个时候了“丑媳妇”才羞答答地面见“公婆”，晚了点儿。

（2012年2月2日）

海珠桥大修不能“做得太粗放”

广州的海珠桥从本周一起正式围蔽，开始为期18个月的新一轮大修。不过，广州市委常委、常务副市长陈如桂昨日在现场调研时发现，围蔽有一点忒早了，很不妥，因为“设计还在深化，材料没落实”，甚至“现在都还没确定加工单位，这不是开玩笑吗?”施工组织方案连一些细节都还不清不楚，“做得太粗放”。但倘若陈常委没去调研，懵里懵懂的该是百姓了，还以为人家那里什么都胸有成竹了呢。

在如火如荼了那么多年，还不知要延续多少年的城市建设中，围蔽每成都市里的一道常见景观。围蔽一个无关大局的楼盘可以，围蔽一个交通要道就伴随着相应的问题。围多大，围多久？必须的，还是尽可能让施工方自己舒适的？早几年珠江新城里的围蔽，有人进去一看，不得了，那里面篮球场等各种体育设施都一应俱全。就说海珠桥桥头的海珠广场，市民也已经多年没有一睹芳容了，因为地铁建设围蔽的面积过大和时间过长，好像是去年的某个时间段吧，啧有烦言的市民终于忍无可忍，质疑声铺天盖地。陈常委在听取汇报时说，本次调研他自己最关心的问题之一，就是桥梁的施工在中心城区，平时有那么大的车流人流，施工对城市运行、对市民工作生活有多大影响。这也正是市民最关心的问题，不仅是海珠桥周边与之息息相关的市民，而且包括直接或间接取道于此的人们。陈常委要求“围蔽时间尽可能缩短，避免扰民”，呼出了市民的心声；而其强调“不允许在施工现场占道围蔽建生活区、篮球场”，具体所指，任何关心时事的广州市民想必都心知肚明。

与围蔽的“提前”相对应的，不难发现是相关服务的“滞后”。因为海珠桥大修，广州有 22 条线路进行了临时调整，涉及到 380 辆公交车。诚然有关方面之前都已张贴了绕道提示，但是要让市民真正地入脑、入耳，仅仅提前打个招呼是不行的，得“天天讲，时时讲，处处讲”，不能等人们到了近前看到告示才知道，哦，改那边去了。广州亚运之前，我家附近的一条主要道路围蔽施工，在长达半年多的时间里，老线路上那几路公交车里的报站广播竟然自始至终无一修改，只在老的停靠站点用纸条贴上新的停靠站名，弄得好多天到本该拐弯处公车却继续直走的时候，车厢里都乱成一团，胆大点的乘客去质疑司机怎么这么走。为什么一定要让人家“看到”而不让人家很方便地“听到”呢？彼时碍于亚运即将召开，本着帮忙而不添乱的宗旨，忍下了那口鸟气。海珠桥涉及的线路更多，人次更多，这个工作可得做好。报道说，在 3 月 10 日以前，所有相关车站的站牌和公交车车厢内的路线指引将完成修改。2 月 27 日就封桥了，3 月 10 日才完成修改，早干什么了？

此外，对于 18 个月的工期，陈常委的那句“怎么可能那么整齐的一个日期”也问得正中要害，表明这个日期也定得“太粗放”。细细想来，这倒怪不得他们，3 年如何、5 年如何、10 年如何乃至 20 年如何，这样的“大饼”在我们国土上随便哪个地方、哪个领域都“画”得满天飞，谁去理会“届时”如何？但海珠桥这里似乎不同，多围一天，市民就多受交通不畅的煎熬一天。所以这个问题他们也需要细化，科学地计算一下工程进度的时间表，不要给大家信口而言乃至儿戏的感觉。海珠桥大修这么大的事，无论哪个环节都不能太粗放。

陈常委是建筑专业出身，所谓“内行看门道”，一下子就发现了仅仅围蔽还没动工的海珠桥大修存在的问题。这也提醒各级组织部门，具有专业素养的干部何其重要。

（2012 年 3 月 1 日）

历史建筑也是城市的文脉

广州市将开展有史以来最大规模的历史建筑“家底”普查，并建立历史建筑保护名录。此外，为了将名录外有价值的历史建筑及时纳入保护，广州还将建立定期常规性保护名录增补机制。这是一个值得称道的举措，折射出广州对自身那块“历史文化名城”招牌的爱惜，达到了一个新的境界。

由这次历史建筑“家底”普查，想到广州市前几年的文物“家底”普查，那一次的直接成果，是出版了皇皇14卷的《广州市文物普查汇编》，所辖十区两市各一卷，加上总卷和专门辟出的“白云山卷”，蔚为大观。谁要是想了解广州市究竟有哪些文物，到这部“大而全”的文物志上检索即可。这部《汇编》也在客观上纠正了人们对文物的认识，许多人或许认为，只有“值钱的”，或者挂了“文物保护单位”牌牌的，才是文物。显而易见，这部《汇编》也是广州城建规划各部门不可或缺的重要读本，在新的城市规划中，不仅不能“破坏”，还要懂得“保护”，懂得“避让”，懂得新旧之间的“协调”。这次历史建筑普查，可以成为上次文物普查的姊妹篇，虽然二者不可避免地存在交叉，毕竟历史建筑本身正是文物的重要组成部分之一，但历史建筑普查可以做得更细，更深入。

这些普查出来的“家底”，实际上就是广州的文脉，亦即广州城市文明的发展脉络。广州建城的历史可以上溯至秦代，迄今已有2200多年，“秦汉四宝”的问世，无疑是其文脉的发端。这些国宝级的文物，堪称广州作为历史文化名城的“领军”者，然而文脉的内涵，更多地还要依赖看似“寻常”但历经了各个历史时期饱受沧桑的其他要素，比如建筑。可惜的是，这一点并未引起重视，因为即便是这两年，我们也不断看到它们惨遭厄运的事实。新河浦地区的那9栋民国时期的小洋楼，在开发商的大锤之下顷刻间死于非命；拥有70多年历史的金声电影院，给拆成了“广州大三巴”；恩宁路吉祥坊成片的西关大屋和洋楼别墅，在一片保护声中还是有不少沦为了废砖败瓦……广州要保证自己的文脉不被蚕食而逐渐丧失至有“殆尽”之虞，必须拿出新的保护力度。报道说，自1999年施行至今的《广州历史文化名城保护条例》是广州目前唯一的名城保护法规，该条例的修订已经列入广州市2012年度地方性法规制订计划的预备项目。与此同时，目前广州全市有1000多宗已批未建、但与名城保护规划有冲突的项目，市规划局将对这些项目逐一重新评估，有的将不能再建，有的则会减少建设量。无论承诺做什么，关键还是在落实吧。

城市的文脉总是在“新”与“旧”的张力中生存发展的。没有“旧”的，文脉无从谈起；缺乏“新”的，文脉则不能延续。古往今来，世界级的名城无不具有鲜明的文化个性。通过世代传承，在见证城市历史的同时，产生了世界性的审美价值。这就像人有遗传基因一样，城市的遗传基因就是自己的文化脉络，名城更加显著。在我们的城市越来越呈现“千城一面”的前提下，历史和文化遗产正是标志或区别“彼此”的重要符号。改革开放后，我们那么多各级决策人物出国开过眼界，他们应该知道城市的发展与文物保护并不矛盾，罗马遍地“废墟”，何曾妨碍其成为真正的“国际大都市”？广州倘若真正认识到这一点，它的文化底蕴就无须自家突出什么，强调什么，城市形象也会更加鲜明。对广州之外的历史文化名城，亦然。

（2012年3月29日）

给广州购书中心几点建议

本埠有媒体对眼镜店、运动品牌店等副业“占领广州购书中心”进行了报道，标题“请问，你现在叫购书中心还是购物中心”，明确表达了对其进行多元化经营的不满态度。购书中心稍后回应说，他们的多元化经营为形势所迫，目前图书业务仍占总业务的七成以上，“改革不会让市民失去一座书城”。

因为手上有一张购书中心读者俱乐部的贵宾卡，可以享受8.8折的购书优惠，所以时常光顾之。尽管网上折扣比这个要低，但网购一阵之后，不如意处亦随之而来，有时看书名或作者而买走了眼，有时收到的书脏兮兮或卷边折角，不能忍受。且对守旧的人来说，毕竟网上购书那种看图片下订单的感觉，要远逊于现场触摸。这一点，“拇指族”恐怕是难以理解的。当然，我顽固我的，他们理解不理解也无所谓。

实体书店如今面临的命运，任何关心它们生存的人都心知肚明，不要说购书中心经营了“三成”副业，就是更多我也能够理解。老一辈领导人陈云关于中国特色社会主义经济特点的话非常经典，那就是：“一要吃饭，二要建设。”购书中心作为一个大型的图书零售企业，首先要“吃饭”，就算关注利润也没什么大不了；问题在于如何“建设”，也就是把现有的“七成”主业经营好。以我在那里的购书经历看，他们还有太多的改进空间。声明一下，我的建议局限于针对社科类图书。

有些什么改进空间呢？首先，新书该有专门的陈列，他们没有。人们一度批评城市建设有新房没新城，大抵与之相类。购书中心肯定每天都在进新书，但因为地方太大，新书等于淹没在旧书形成的“汪洋大海”之中。因而要买书得事先做足功课，有备而来，否则得“淘”，这一次把书架上下全都扫视了一遍，下一次来还得如此。加上那里好像什么时候人都那么多，就让购书的乐趣无形中灭去不少。没错，他们那里有好多自助查询系统，检索起来很方便，但且不说排队等候不可能不浪费时间，即便无须排队而径直操作，一一去敲键盘该是怎样的烦琐？

其次，图书分类不能莫名其妙，要找的书不能在意想不到的类别下面。举个切身的例子说，笔者由商务印书馆出版的三集“报人读史札记”承蒙他们青睐，检索起来都有，抄下检索号去找，却发现性质完全一样且副题已标明成系列的三册书居然分属三个类别：第一集在历史类，第二集在新闻类，第三集又跑到了旅游类，啼笑皆非不？估摸分类者是根据书名臆想之故，否则解释不通。还有，同一套丛书，往往也因为再分类而七零八落。有些书类别一目了然，更多的恐怕不是，没必要过于精细去分；而如果要精细去分，就该精细到底，了解一下这本书究竟说的是什么。

第三，新书进货速度不能太慢。笔者有个坏毛病，看到新书介绍后发现感兴趣的书，便有先睹为快的冲动，但在购书中心那里每每失望。同样举例子说吧，上周我发现架子上扬之水的《〈读书〉十年》还是（一），而今年 4 月出版的（二）仍杳如黄鹤。顺带说一句，杂志《老照片》都出到第 84 辑了，那里才刚有第 80 辑。《老照片》是两个月出一期，来个不当类比的话，进货速度等于慢了 8 个月。

我的这些建议都是信手拈来，一些个体书店之所以经营成功，在我看来一个重要原因就是在几个似乎微不足道的方面满足了读者，购书中心应当借鉴人家的成功做法。个体书店诚然有特定的目标人群，但购书中心的区域划分，正相当于试图锁定目标人群，借鉴起来不是什么难事。倘若购书中心继续我行我素，“书城”虽在，却迟早会失去我这个“市民”。说实在的，如果没有会员那点儿“蝇头小利”的诱惑，早就跑了。当然，倘若他们认为你跑不跑无所谓，顾客多着呢，不缺你一个，事情又另当别论。

（2012 年 9 月 18 日）

再看雷州那点儿“鸟”事

中秋、国庆双节期间，雷州的“鸟”事被曝光了：一些酒楼肆无忌惮地大吃候鸟。报道说，从 9 月起至 11 月是当地吃候鸟的季节，为了招揽食客，酒楼乃大设“鸟宴”，推出的各种烹饪应有尽有：白灼鸟、焗鸟、烤鸟、炒鸟、炸鸟、鸟汤、鸟饭，等等。吃候鸟，在雷州成为宴请宾客的“时尚”，翻翻旧账还“历史悠久”。自家在2004年就有一篇《候鸟天堂怎成地狱》，说的正是雷州。八年过去，当年艰苦卓绝的抗战都胜利了，雷州“禁食候鸟”这一仗却仍然没有打赢。

讽刺的是，双节期间在雷州街头到处还能看到这样的横幅：“凡参与捕杀食用候鸟，一律报市三打办立案。”这就可见，当地官方在主观意识上还是明白的。可惜，嘴上说得挺好，现实却是那样的现实，二者并非相映成趣，而是“以子之矛，攻子之盾”。平心而论，“禁食候鸟”一类的政令形同虚设，并非雷州所特有，在其他地方也见得太多。贴标语、喊口号那种治理方式，虽然早就为舆论所诟病了，但丝毫不能减弱各地继续充分运用的激情。再结合历史上的同类事件来看，似乎又可以认为是我们的一种“文化”现象了。

宋朝有一段时间不准吃驴。为什么呢？据说是因为开国那赵家两兄弟对驴都很有感情，关键时刻驴都助过他们一臂之力，甚至还救过赵匡义的命。这些“齐东野语”姑妄听之可也，学者研究则认为那是宋代马政衰落、频繁的对外战争以及经济的飞速发展，客观上加大了对驴的需求的结果。不管究竟为什么吧，总之国家“禁食驴”，宋代的牧驴业因此非常发达。有人在张择端的名作《清明上河图》上数过，画面上有45头驴，马却只有20匹，可以当作一个佐证。不让吃而有人送上门来呢？钱惟演守洛阳的时候，有人就专门给他送来驴肉。钱惟演是个大文人，参与编纂过《册府元龟》；“坐则读经史，卧则读小说，上厕则阅小辞”，挤时间读书的这一范例也是他的专利。但面对驴肉的诱惑，钱惟演着实不能让人恭维，他的态度是：“厅前捉到须依法，合内盛来定付厨。”说白了，阳奉阴违。

清朝李渔在其小说《连城璧》中的一段话更加一针见血。那是他论及“忠孝节义”，以为这四个字“是世上人的美称，个个都喜欢这个名色”。然而，“奸臣口里也说忠，逆子对人也说孝，奸夫何曾不道义，淫妇未尝不讲节，所以真假极是难辨”。确是。比方贪官只有在落马之后，我们才知道他们的“两面性”，那么道貌岸然的人原来同样逃不脱财与色的窠臼。不过，辨别标语、口号的真假没有这么复杂，大可用其辖区内的状况来比对，当下在雷州那里显然就自扇了耳光。而包括雷州在内，任何地方在曝光之后如何雷厉风行，都只能说是舆论压力之下的不得已而为之，不仅不值得嘉许，而且还该反问他们一句：早干吗去了？

标语横幅什么的当然可以继续挂下去，但那充其量只是个态度。态度要表，只是光信誓旦旦不行，“厅前捉到”与“合内盛来”不能南辕北辙。即是说，“厅前”面向公众的时候睁一只眼，“合内”来到的时候则闭一只眼，那就不要指望能够解决什么问题了。而“厅前”与“合内”的全然脱节，正是当下不少痼疾积重难返的症结所在。雷州那点儿“鸟”事，能够推衍出这个结论。

（2012 年 10 月 8 日）

到南越王宫博物馆看什么？

昨天，位于广州市中山四路的南越王宫博物馆扩大开放区域，包括南越国一号宫殿模拟展示、南越国宫苑曲流石渠模拟展示等在内的多个区域首次向市民免费开放。从各种相关报道来分析有两个新闻点：一个是公众的参观热情并不高，“下午 1 点到 3 点，仅 10 多人进馆参观”；再一个是来了的人觉得没什么看头，10 分钟可以搞掂。看到这些，很为这个宫署遗址惋惜，惋惜其明珠投暗。

作为“年度全国十大考古发现”之一、全国重点文物保护单位、“2012 年世界遗址观察名单”入选者，倘说南越王宫遗址没什么可看的，显然不是事实，事实是你想去看什么。容我估摸一下，多数人恐怕是去看“宝贝”。这当然怪不得公众，长久以来，博物馆就给人以

“藏宝贝的地方”的感觉，而每个博物馆也大抵都有自己的“镇馆之宝”，有机会便炫耀一下。在考古层面，这种感觉就更突出了，媒体报道重大考古发现时，往往舍本逐末，尽量挑“宝贝”说事，使公众以为考古就是挖宝。倘以这样的视角看待南越王宫博物馆，一个“卖点”该是著名的“曲流石渠”。然而，文物本体目前还没有办法向市民开放原址，但博物馆特意在遗址保护主楼的楼顶设计了模拟展示区。没看到真家伙，可能是市民失望的一个主要原因吧，其实就算过两年覆盖的沙土完全揭开了，以“宝贝”意识观之，也未必会有惊奇之感，因为它肯定远远没有前两年整治出来的新荔枝湾涌好看。当年发掘的时候，我曾有幸在现场先睹为快，还在渠边走过不少来回。

那么，到南越王宫博物馆看些什么呢？看广州的历史，看广州灿烂辉煌的古文明。博物馆里保留了一块文化层，剖开的立面显示出自秦讫民国的各个朝代的历史遗迹。著名的不仅有秦代造船工场遗址，还有南汉王宫遗址，这些遗迹正如一部无字史书，无声地倾诉着两千年来的广州城市，以此为中心向外扩展变迁的每一步。因此，来这里参观，听馆方讲解诚然是必要的，但自己至少也得备备功课，粗略了解一下广州的历史，了解一下南越国、南汉国在中国历史序列中处于哪个阶段，大致是怎么一回事。两眼一抹黑地来了，看到残砖断瓦之余，势必要觉得没什么可看了。

对博物馆的功能而言，那也不应该是去看“宝贝”的地方，国外许多人不是把博物馆视为自己的“终身学校”“生动的百科全书”吗？130 多年前，我国近代著名思想家王韬有一部记述自己欧洲之行的《漫游随录》，他谈到了自己去参观大英博物馆，说它“博采旁搜，综括万汇，悉备一庐，于礼拜一、三、五日启门，纵令士庶往观，所以佐读书之不逮而广其识也”，进而体会到大英博物馆“用意不亦深哉！”当然，我们今天的博物馆也确有太多值得改进之处。前几年我在一篇文章中说到过，博物馆如何发挥其功能，也就是到博物馆去看什么，一方面取决于博物馆能提供什么，另一方面取决于观众想要知道什么。对前一个方面，检验博物馆的定位和水准；后一个方面，则检验观众的文化素质。两者相辅相成。

南越王宫博物馆局部免费开放好久了，我在去年就去过几次。那是个真正的闹市区所在，与北京路步行街咫尺之隔，走一下，无意中领略了什么叫“贫居闹市无人问”。南越王宫博物馆当然用不着也不可能门庭若市，但过于冷清，某种程度上也是可以折射出市民文化素养的。面对博物馆，倘若我们感到了自己知识的贫乏，可能是对博物馆功能的一个正解吧。

（2013 年 1 月 16 日）

招聘动物饲养员该考什么？

一则广州动物园公开招聘工勤人员公告上明确需考马克思主义理论的消息，引来了网友吐槽，大抵都认为此举颇为滑稽。

登陆广州市人力资源和社会保障局的网站可以看到，这则招聘消息是 2 月 18 日发布的，“根据工作实际需要，招聘工勤人员 15 名”。单看“工勤人员”这几个文雅的字眼，公众可能对其工作性质尚有含糊的一面，而后面则点明就是要招聘 15 名饲养员，“主要负责动物饲养、科普宣传、笼舍卫生等”，直白得毫无余地。招聘动物饲养员，考试内容是“马克思主义哲学原理、毛泽东思想概论、中国特色社会主义理论体系、党和国家现行的重大方针政策、法律基础知识、公文写作与处理、文史知识、公园、动物园相关专业知识等”，且特别注明“考试内容不指定复习用书”，网友以为滑稽也是自然而然。仅从这个考试内容本身来看，基本上看不出是在招聘什么，当成是在招聘高层次人才也是正常的。

照各路网友的意思，既然是招聘饲养员，显然应该以考“公园、动物园相关专业知识”为主，考别的都多余。事情倒未必有这么绝对。比方乒乓球是个技术含量极高的运动项目吧？早期的中国乒乓球队，就是因为把毛泽东思想运用其中而成为体育界的样板。在他们看来，比赛的胜负不仅取决于技术、战术，在一定条件下，精神起决定性作用。你在今天可以不认同他们的观点，但你不能否认当年正是凭借他们奠定了国球长盛不衰的根基。现在的问题在于，对招聘属于“岗位等级普工”的动物饲养员来说，在“考试内容”字面上占了绝对比重的内容，在试卷上占有多大的比重。考试之后，有关方面不妨公布一下试题，知情权谈不上，满足一下好奇心吧，反正这其中也毫无秘密成分可言。记得以前有一度个人年终考核是选项题目，自己打勾，第一项是“是否坚持四项基本原则”。我当时就武断认为，无论怎么想的，也没有人会傻到选择“否”。一望而知答案的选项，是一种“伪选项”。如果招聘饲养员考试中“相关专业知识”之外的内容类似于此的话，那么还就真的不如不考。

动物饲养员招聘考试何以如此？想来不是没缘由的。在招聘信息附属的“广州动物园简介”中看到：“广州动物园是直属广州市林业和园林局的处级事业单位，本单位的主要任务是动物移地（显然应是‘异地’）保护、科普教育、动物展览及游乐休闲场所。”既然如此，事业单位公开招聘自然有它的程序，广州动物园只是遵循了这个程序。照章办事，无可厚非。但滑稽结果的出现，该检讨的或许是机械的公开招聘制度。凡事“公开”是一种趋势，招聘不能例外。但招聘公开，针对的更应该是针对行业性质的过程公开，让公众觉得个中没有猫腻，而不仅仅是笔试和面试了事。韩非、司马相如、范晔、郭璞他们都是结巴，在当代参加面试的话肯定过不了关，但他们留下的著作却在我们的文化史上占有重要地位。我知道这样举例有点抬杠，但公开招聘势必要考虑行业性质。招聘动物饲养员该考什么？我也不知道，但一支笔、一张纸显然让人狐疑。把一成不变的考试规则应用到千变万化的具体行业之中，难免遇到尴尬。而如果饲养员招聘要考相对“高深”的“哲学原理”，对准从业者来说不是无异于苛求吗？

最后，我们还是得对广州动物园的招聘考试予以必要的理解，倘若没有这些网友看来滑稽的考试内容，比吐槽要严重得多的责难恐怕也为期不远了。这一点，我们需要设身处地。但凡一眼就能看出滑稽的事情，更需要冷静思考。

（2013 年 2 月 19 日）

徽派建筑保护给我们以启示

应该是成龙“捐赠”的刺激所致吧，安徽省住房和城乡建设厅日前明确，黄山、宣城等地的徽派古建筑在今年年底前都将拥有特制的“身份证”。当地媒体在报道此事时，援引了去年底由安徽省政府办公厅下发的《关于加强徽派建筑特色保护与传承工作的意见》，内容包括：严禁拆除、迁并经认定命名的徽派古村落；严厉打击走私、盗窃和违法买卖徽派古建筑及其构件、附属文物的行为；对确需迁移的私有徽派古建筑，鼓励个人向政府或村集体捐赠，或由政府作价收购，严禁将徽派古建筑迁往省外；对擅自改造历史遗存、破坏徽派建筑特色风貌、拆除徽派古建筑的行为，要严肃查处；等等。而比对之后会发现，成龙“捐赠”之前的相关新闻中，没有“严禁将徽派古建筑迁往省外”那一条，所以在下起首有那样的猜测。

不管是否刺激所致，“亡羊补牢，未为晚也”。由徽派建筑保护的增大力度，先想到了客家围屋。概因前几天到梅州——原称“客家大本营”、现称“世界客都”——走了走，很自然地关联到了一起。众所周知，客家人的标志性建筑之一是围屋，这种建筑体量庞大，有钱人再是一掷千金，买得下恐怕也搬不走，尤其是夯土建造的那些。与徽派建筑先前动辄给人弄去美国，弄去瑞典，现在又要弄去新加坡相比，这是围屋的幸运一面；但围屋也像任何地方上了年纪的建筑遗存一样，除了列入各级文物保护单位的，都不免面临日益破旧、趋于自灭的尴尬境地。1991 年我在平远县从事人类学田野调查，就经常发现成为废墟的围屋，印象较深的是差干乡（现已为镇）有一间标准的

“九厅十八井”遗址，干涸的半月形池塘、庞大的基址乃至建筑的四壁犹在，但如同火劫之后的圆明园一般。

乡土建筑是农业社会政治、经济、文化的载体。当其营建之时，就地取材，因材施用，积累和发展成为富有鲜明地域特征的技术与制度，具有丰富的历史、艺术与科学价值。对司空见惯的当地人来说也许没有什么，但对“外人”来说，这就是其文化特质所在、魅力所在。我至今记得第一次目睹真正围屋时的激动乃至震撼，以后又有很多次到梅州，但那种欣赏与品味的激情并没有减弱半分。所以我想，除了因为建筑与人文内涵而名列文保单位的围屋要格外受到青睐之外，着眼点还不能局限于此，也就是说，保护的基点不能建立在能否带来经济价值的层面，而应当建立在作为乡土建筑“活化石”的文化层面。改革开放 30 多年了，梅州的客家围屋还举目可见，表明当地已经付出了极大的保护努力。人多地少，财力有限，今后的保护工作一定会面临很大困难，但无论如何，都应当继续坚持下去。安徽方面的报道说，目前黄山市和宣城市绩溪县、旌德县、泾县等徽派建筑所在的核心区域，将全面调查徽派古建筑的分布、数量、保存现状等情况，并按照要求开展测绘工作，建立文字、图片、录像等档案。凡此种种，都足给保护客家围屋以启发。广东现在有没有省级层面的相关意见或办法？如果没有的话，还应当尽快制订一个。

由此又想到遍布在全省各地的古村落遗存，仅仅评选出“最美”“十大”一类远远不够，这些吸引眼球的东西搞过之后，更应该以点带面，促成人们对岭南乡土建筑的深层理解与发自内心的钟爱。只有真正认识到其中蕴含的文化之美，才谈得上真正地呵护它们，才不至于在我们这个讲文化的时代中断了乡土建筑传承的这根文化链条。

（2013 年 4 月 16 日）

“国保”单位凝聚民族文化精华

5 月 3 日，国家公布了第七批全国重点文物保护单位。这应该是一个比较重要的文化消息，毕竟，全国重点文物保护单位是我们国家对不可移动文物所核定的最高保护级别，所谓“国保”是也。但我们广东对此好像反应平平，晚上八点钟落笔之际，在省文化厅的官方网站上尚没有看到相关消息。山西则不然，几天前就豪气地宣布自己以 181 处入选而位居全国之首；并且，哪个市哪个县多少，都是什么，清清楚楚地开列出来。检索一下还可以发现，不少省份都发出了自己“新增”多少的消息。

也许是我在那个官网上查得不够仔细，或者方向不对，发布这类信息是在别的地方吧。既然没有看到广东有多少入选的相关信息，便“自己动手”，当年延安困难时期此举能够“丰衣足食”，现在则能把关心的问题尽快弄个明白。那份名单虽然长达 118 页，好在查找起来并不难，人家分好了“古遗址”“古墓葬”“古建筑”“石窟寺及石刻”“近现代重要史迹及代表性建筑”“其他”等六大类，每一类里面，各个省市区的又排在一起，找到一个就能牵出一串。这样一共数出广东入选 32 处，除了“其他”没有之外，另外五类都或多或少都有，最多的“古建筑”有 13 处，最少的“石窟寺及石刻”有 2 处。这 32 处的分布倒是十分均匀，珠三角及粤东西北，一概没有遗漏。挑自己了解的说，广州有五仙观、镇海楼、中共三大会址、南海神庙；梅州有人境庐和荣禄第；茂名有冼夫人墓；韶关有丹霞山摩崖石刻、南粤雄关与古道……

从 1961 年国务院公布第一批全国重点文物保护单位起到现在的第七批，汇总一下，不难发现若干规律性的变化。1961 年公布了 180 项，1982 年第二批公布了 62 项，1988 年第三批公布了 258 项，1996

年第四批公布了250项，2001年第五批公布了518项，2006年第六批公布了1080项，此次再公布了1943项。能发现些什么规律性的变化呢？首先，在正常的年代，公布的周期基本上为五六年一次；其次，虽然如文化部副部长、国家文物局局长励小捷所言，“每一处全国重点保护单位都是严格按照标准，遵循程序评选出来的”，但公布数量总体上还是呈大幅上升的态势，此中发出的信号则无疑是国家层面对传统文化的重视程度越来越得到提升。那就不妨把它理解为一根“指挥棒”，概因从现实的功利角度来看，全国重点文物保护单位不啻“金字招牌”，挂上这块招牌，有相当一部分就能够成为著名的旅游景点景区。各级地方政府明了这点，就不必把文物保护与经济发展的关系弄得水火不容，一旦冲突，前者必须为后者让路，文物保护单位同样可以为促进地方经济社会发展贡献力量。

尤为重要的是，优秀传统文化往往正通过文物来体现、来实现文化传承。国保单位无不凝聚着中华民族精神价值、思维方式、想象力的精华，体现着中华民族的生命力和创造力。把全国的重点文物保护单位串联在一起，不啻于一部“图文并茂”、形象生动的中国历史教科书，国人了解自己的国家，就应该从这些“点”所构成的脉络入手。具体到某一个省某一个市县也是一样，把自己辖区内的各种文物保护单位汇集在一起，就是一部生动的乡土教材。前人云，不洒扫一庭何以扫天下？鄙人云，不了解乡土何以了解自己的国家、民族，进而谈论热爱？

广东不是要建文化大省或强省吗？还是应当对国务院的这次公布重视起来，增强自豪感之余，借此来普及或强化一下文化遗产保护的法律法规，使干部和群众对文物保护有一个正确的理念，等等，都是不可多得的良机。

（2013年5月6日）

海珠桥应该成为文保单位

9 月 1 日，历时 18 个月大修后的海珠桥恢复通车了。毫不夸张地说，这是广州市民生活中的大事，不仅在于通车提供的出行便利，更在于 80 年来，海珠桥所承载的这座城市的记忆，市民因之对她产生的深刻眷恋。恢复通车之前，大量市民先涌到了海珠桥上，兴奋地拜会这位久违的“街坊”。

“新生”的海珠桥有了很大变化，桥梁承载能力、交通功能、防腐蚀性能、桥梁灯光等等，都进行了相当的优化。一眼看得到的，还有钢架的南北两侧镶上了胡汉民先生手书的“海珠桥”三个大字。1933 年海珠桥落成之时，中跨钢梁上即镶刻有这三个大字。前一阵子，因之还引起了争论，概当年的题字是按照当年的书写习惯，阅读顺序为由右向左。争议方认为既然用了人家的字，就应该“桥珠海”，再把人家的名字署上，并把此举上升到尊重历史的高度。不过，我认同建设部门对此事的回应，“海珠桥”的顺序符合当代的阅读习惯，暂时不考虑更改。大家较这个真干什么？从现在的情形看，“海珠桥”不是都挺好吗，为什么一定要“桥珠海”？别扭不说，外地来的人面对之不引起混乱吗？须知，连一贯坚持“由右向左”的宝岛台湾，也早就开始由左向右了。

由此想开去，我倒是觉得所有政界人物以及他界名人在公共场所的题字都不必署名，就用书法的魅力来赢得世人的眼球，由公众来评点字之优劣，而不是“字以人贵”。早些年，我们在公共场合可以看到大量的“笔走龙蛇”，店铺招牌乃至楼盘名称，在风景名胜区尤甚。我们都知道，那里展示的不是字而是写字的人，单要看字的话，大量的这些东西难免令人嗤之以鼻。而看人的话，则难免日后生出尴尬。胡长清丧了卿卿性命之后，南昌就掀起了“铲字风”，那是大小招牌在荡涤胡氏的踪迹。王立军出事之后，重庆公安局前面的“剑”球，就赶快磨去了“剑”及“立军题”。这样一来二去，我也给提到一个高度来说，这有亵渎书法之感。“海珠桥”出自胡汉民先生，在新增的文化墙碑文中添上这一笔足矣，而没必要“挂”在桥上。《人民日报》《南方日报》的报头下面，有必要署上“毛泽东”吗？

我比较奇怪的是，历史文化内涵如此厚重的海珠桥，并不是任何级别的文物保护单位，而只是一条微不足道的“文物线索”。看理由，似乎在于《文物保护法》中有“不改变文物原状”的原则，如果评定为文保单位，本次大修也不能改变原形制（外貌、高度、体量、构造组合等）、原结构（桥身钢结构、引桥钢筋混凝土结构）、原材料（进口钢材）和原工艺（钢结构铆接），等等。诚然《文物保护法》中有此规定，但现实当中，未必许多入选了的文保单位都如此拘泥于原汁原味。比方我们前些年看到一则解密材料知道，文革中天安门的所谓大修，实际上是彻底拆除，在原址按原规格和原建筑形式重新修建了一个，重建的结果是天安门比原来“长高”了87厘米，电梯都装上了。著名的赵州桥我曾经去拜访过，像天安门一样，那也是全国第一批重点文物保护单位，然桥头的陈列馆里，包括隋代在内的历代桥栏均有陈列，据说是历代维修时把原来的直接推到河里而得以保存，现在的桥栏就是现在的，好像连民国的都不是。如果说天安门太特殊，但赵州桥又是怎么做到“改变文物原状”而照样入选的呢？

倘若较真到底的话，则只有当年被国民党炸塌在江中的海珠桥才算文物了，重修的，无论怎样不是都已经失了真？况且，从原来的可以开启到后来的完全闭合，桥体本身还有了“质变”。所谓原汁原味只能是相对的，过度拘泥之，则或许没有什么东西入得了文保单位的法眼。海珠桥无疑应该成为文物保护单位，这要看我们如何努力、努力的程度如何了。

（2013年9月2日）

古建在国内“搬迁”也不妥当

广州某个地方“历时十多年”，且“在最好的地块”迁建的两座古宅，近日竣工了。报道说，“广州市民可前往一饱眼福”。这两座古宅一属徽派，一属晋派，秉承“外观不动”“结构不动”的原则而迁建。据说，“所用的老料新工材料不能超过15%，而且保证全部使用老木，尽可能还原原貌，力求呈现最原汁原味的古宅”。假以时日，在下愿去一窥，饱眼福绝对谈不上，因为觉得这种做法不妥。

古建“搬迁”这几年已经几度成为社会焦点。早几年有徽州古建迁往瑞典；这两年有香港影星成龙将徽州古建捐赠给新加坡，上个月，其中4座在新加坡科技设计大学东海岸校区举行了盖顶仪式。这两件事之所以引起国内舆论的轩然大波，主要是因为我们的东西去了人家那里，心里不舒服，或者说受到了强烈刺激，虽然那些古建如果待在“原产地”仍然不会被当回事，仍然被当成一堆破烂的累赘。古建今后很可能不会跑去国外当“孤魂野鬼”了，那么，在我们自己的地盘上就可以挪来挪去，挪的双方就都可以心安理得吗？不可以。10月18日，在国务院新闻办公室新闻发布会上，住建部村镇建设司司长赵晖在回答“成龙捐赠”一事时也明确表示，从国家政府的角度讲，一定要把古建筑、古村落、文物留在村里进行保护；村落里的传统建筑不能动。

民居建筑是一种文化，它是人类在生产生活中与自然环境不断作用、不断适应的产物。也正是因此，不仅在不同的时代，建筑文化的内涵与风格呈现出不同的特点，便是在不同的地域，建筑文化也呈现出完全不同的表现形式。早些年国家发行过一套民居普通邮票，大概是14枚吧，展示的分别是云南、上海、安徽、陕北、福建等地民居，其中并无广东的，我想，不是因为广东民居没有特色，而是广东三大族群——广府、客家、潮汕——的民居各具鲜明特色，拎出任何一个都涵盖不了其他两个，也就是都代表不了广东，因而估计是设计者忍痛割爱的成分居多。民居古宅具有如此鲜明的地域性，如果说外国得之是对中华文化有一种猎奇心理，那么在我们国内“搬迁”它们的目的是什么呢？饱眼福的话，到当地去感受还会更深一些，在旅游早已勃兴的今天，这也根本不是什么难事。

从生态的角度而言，古宅迁建有一点类似“大树进城”——就是不少地方急于求成而搞的“高价建绿”。这种做法的危害人们已日渐认识，在我看来，其危害还不在于移植成活率那个可怜的百分比，而在于城市倒是一家伙绿了不少，但破坏了移出地的自然生态毋庸置疑，只是破坏的程度无人肯去评估而已。而古宅迁建，倘若“蔚然成风”的话，则必然破坏移出地的文化生态。也许不会，但请允许我杞人忧天一回。成龙出手阔绰，当年一家伙就买了10座徽派古建之多，广州这里“目前已有两栋大宅完工”，究竟要迁建多少还是个未知数。当然了，广州此番迁建的晋派古宅属“拼凑”而成，戏台来自榆次，过厅来自太谷，主楼来自祁县，这里一点，那里一点，但是我们可以小觑其对文化生态破坏的苗头吗？

赵晖司长说，防止古村落里的大拆大建首先要上升到国家法律法规层面。这些法律法规还是快些问世才好，在此之前，对古建移出地来说，对传承而来的文化即便谈不上生出敬畏感，也总得有点儿尊重意识，谁出钱谁就拿走，对自己祖先谱写出的“凝固音乐”完全持一种无所谓的态度，那就与败家子无异！

（2013年10月21日）

第四部分

有“最佳”，也该有“最丑”

我们干什么从来都是要锦上添花，“拆台”的事、给人难堪的事基本上不干，除非双方存心就要掐架。但如果看不到消极层面的那些东西，难免沉湎于自我陶醉之中。我们也该有方方面面的“最丑”评选，作为一种警示。

豪华邮册也属于过度包装

商品的过度包装眼下是个众目睽睽的问题，用千夫所指来形容一点儿也不为过。但对豪华的货色，人们的视野显得偏狭了些，盯住的大抵只是月饼，可能是愈演愈烈的“天价”把人们吓着了的缘故吧。该根治的过度包装实际上有许多方面，比如豪华邮册。

不知道从什么时候开始，中国的邮票失去了作为邮政资费凭证的本意，悄悄地退出了通信领域。这与国人不爱写信了这个前提肯定相关。前不久，国家博物馆等机构发起“抢救民间家书”活动，就是鉴于流传千载的家书已成“濒危物种”。即使当我们还喜欢写信的时候，信封上贴的多数也都是“普通”而不是“特种”或“纪念”邮票；后者在发行的当天，邮局柜台上往往即难觅芳踪。于是，我们发行邮票的目的，似乎只剩下了两个：一个是供集邮爱好者收藏，另一个是制作专题邮册。所谓专题邮册正可划入过度包装的一类。现如今，不少单位部门都喜欢在搞活动或者年终岁尾的时候制作专题邮册当纪念品。这种玩意甫一亮相的时候，挺新鲜；看得多了，发现就是那么几枚邮票摆来摆去，生拼硬凑。可笑的是，有的实在与已发行的邮票搭不上边，竟然把图案打上齿孔，用非驴非马的东西来充数。真的邮票，经过这一重新“组合”更不得了，本来“轻飘飘”的东西，拎起来便坠了手。概因为这种邮册无不装帧成厚厚的一大本，关于本部门的照片、图案、文字说明等喧宾夺主。说是邮册？邮票寥若晨星，纯属点缀。但这样一来，豆腐也就盘成了肉价钱。就像天价月饼搭售茶叶、红酒一样，有的邮册里面还搭售线装书。有的更用一两枚价值稍高一点的邮票做诱饵，做噱头，搭售大量滞销邮票。

笔者与一些邮票商交谈过，他们都很乐意制作专题邮册，销量大且有保证；最主要的是，专题邮册大多是机关团体消费，说白了也就是公款消费。那么是不是可以说，正是公款这种不计较代价的消费，催生了邮册的过度包装？中消协人士曾经指出，凡包装体积明显超过商品本身的10%和包装费用明显超出商品价格的30%，就可判定为侵害消费者权益的商业欺诈行为。这种说法是否适合邮票这种“特殊商品”，还要咨询专业人士。但稍稍关心邮市的人们都知道，自20世纪90年代初以来，我们的大量邮票——即使新邮也每每跌破面值，为此，国家还先后两次大量销毁库存邮票。在这种情况下，“欺诈”的意味是存在的，不过是“周瑜打黄盖”，受损的是公帑乃显得问题没那么严重而已。

包装过度的危害，在于浪费资源，并无实际用途的包装物不是转眼之间就沦为生活垃圾了吗？豪华邮册也是一样，毕竟是物非所值，这种过度包装理应引起重视并得到制止。建设节约型社会，真的是有太多的工作可做。

（2005年8月2日）

不妨终止发行邮票

自11月15日邮政资费上调以来，为什么不进行价格听证的质疑就没有中断过。11月24日，国家发展和改革委员会有关负责人出来释疑：因为邮政资费未列入2001年公布的价格听证目录，而且，主要考虑的是这次调整对群众利益影响较小。他说，目前个人交寄的信函、明信片量年人均0.81件，调价后增加支出每年0.3元，其中农村居民增加支出0.32元，城镇居民增加支出0.28元，学生增加支出0.8元。

这个计算如果准确无误的话，对百姓的影响确实微不足道。最多的，一年才增加支出8毛钱嘛，算什么？但账不是这么个算法。信函资费首重100克以内，每重20克本埠由0.6元调整为0.8元；外埠由 0.8 元调整为 1.2 元，涨价幅度不可谓不大。信函、明信片量的 70%左右固然为企事业单位用户，但是个人用户毕竟还有一定的比重，平均起来没增加支出多少，问题在于多数人包括笔者在内已经多少年不写信了，少数因为种种需要还经常交寄信函的人，他们的负担一定加重得不轻。退而言之，企事业单位就是天生该挨宰的对象吗？从这个意义上看，正在进行前期工作的《政府定价条例》还是早日出台的好，否则就应了发改委价格司司长曹长庆日前所说，目前对垄断行业产品的成本监审缺乏足够的法律依据；法律依据不足，或者法律层次偏低，严重影响了政府定价的科学性，制约了政府价格监管的效力。

由此想到了另外一个问题，那就是不妨终止发行邮票，邮票是邮资预付的一种凭证，其功能首先应该是走一趟邮路，但在我国邮政领域，邮票已经失去了存在的“原始”意义。现在，企事业单位交寄信函无须邮票，特快专递等不用邮票，个人又是那么个微不足道的平均交寄量，在这样的背景下，国家每年动辄发行几十套，每套发行量动辄上千万、几千万枚干什么呢？况且我们还曾几次大规模地销毁邮票。前年就一次销毁了面值 30 多亿元的邮票，都是 1992 年到 2001 年间发行的。印制和销毁邮票都需要成本，且成本不低。发改委负责人称：“邮政企业要加强管理，降低管理费用，控制成本，提高效率。”控制成本，是不是就该从控制邮票的发行开始？与此同时，也可以维护而不是有损“国家名片”的声誉。

价格听证已是百姓社会生活的焦点。为什么要涨价，该涨多少，都是公民事前的权益，意味着知情权与决策参与权，这是一种程序的正当性，价格听证不该时有时无。发改委负责人说，这次邮政资费调整还不能解决邮政企业亏损问题，其弦外之音也许埋藏着继续斩钉截铁地上调的空间。那么，强化听证制度的刚性更显得十分迫切和必要。

（2006 年 11 月 27 日）

图书馆如何服务公众更值得期待

国家图书馆日前对外宣布，国图二期新馆暨国家数字图书馆9月9日将开馆待客。届时，新增读者座位2900个，日均接待读者将达到8000人次，国家图书馆的馆舍总面积也将达到25万平方米，成为世界第三大图书馆。对这样一个大型文化设施，我们没有理由不表示欢迎，但接下来我们要关注的是它可能起到的功效，也就是能否物尽其用。我们的许多图书馆还仅仅是一座或一组堂皇的大楼。

在不少国人眼中，图书馆基本上等同于藏书楼。笔者也持这种观点。宁波天一阁是明代兵部右侍郎范钦创建于嘉靖年间的私人藏书楼，也是亚洲现存最古老的图书馆，把二者直接画上了等号。有人研究，英文“图书馆”一词来自拉丁文，其原意的确就是藏书之所。但在现代社会，图书馆一词的外延早已伸展，终究不能再等同于藏书楼。图书文献的收集、整理和保存，固然是整个图书馆工作的基础，然而图书馆更主要的是职能，要面对公众开放，使公众能够充分利用这些图书文献。而藏书楼里的书，则是专门用来传之后世的。还以天一阁来说，不要说外人进去难比登天——余秋雨先生考证说，在黄宗羲之后，“近二百年的时间内，获准登楼的大学者也仅有十余名，他们的名字，都是上得了中国文化史的”；就是范氏子孙自己也很难进去，因为凡阁门和书橱门的钥匙分房掌管。据说，清代嘉庆年间宁波知府的侄女钱绣芸为了登阁看书，还嫁给了范家，不料人家还有“书不出阁，女不上楼”的家规，可见其藏书的目的纯粹就是为了保存。

今天的人们容易把图书馆等同于藏书楼，在于好多图书馆名义上虽然开放了，但偏重的还是收藏的功能，“好”东西更秘不示人。不要说宋椠元刻、明版清刊，稍微珍贵一点儿的版本也轻易不能见到。于是图书馆里能看到的大抵是寻常的“大路货”，用不着来这里一样看得到。这里面当然也有客观原因，就是国人的素质还让人不乐观。不少人丝毫不懂得爱惜图书这一公共财产，没“经眼”几个人，一本“面貌清秀”的图书可能就“蓬头垢面，衣衫不整”了。早几年，发生在国家图书馆的“撕书”行为，甚至有成为职业化的趋势。有些缺德的人去那里，专门就是为了撕书，或者据为己有，或者把撕下来的书页卖给信息咨询机构。这种恶劣的状况不知道现在好一点儿了没有。在这样的人文背景下，谁敢把好东西拿出来？但是，宵小之徒将来也不会绝迹，“道高一尺，魔高一丈”，图书馆就这么藏着掖着下去？显然不行，得找管理的办法。

有两种人应该不用去图书馆，一种是从来不读书的人，另一种是因为有钱而喜欢什么书就能把什么书搬回家的人，除此之外，都要利用也应该利用图书馆。国家图书馆跻身世界第三，表明硬件已经上去了，如何把公众服务好就值得期待。我没有去过国家图书馆，但看到不少去过的人留下的文字，很遗憾，尽是诉苦或者抱怨，不方便、服务差、收费高之类。国家图书馆以前也的确有过这样的规定：借外文书需要担保书，外地读者不能借书，刻录一张光盘最少要花 50 元，如此等等。现在，当国家图书馆对规模的追求达到了很高的目标之后，紧接着应该转化为对功效的追求。二者如能并举，则读书人幸矣。

（2008 年 7 月 16 日）

普及一下《诗经》也不错

网络歌曲《老鼠爱大米》《两只蝴蝶》有了《诗经》版。所谓《诗经》版，就是把原来的歌词用《诗经》的口气道出。于是，“我爱你爱着你，就像老鼠爱大米”，就成了“吾爱静女，如鼠嗜米”；“亲爱的你慢慢飞，小心前面带刺的玫瑰”，就成了“卿女徐翱，华有棘兮”。时下流行恶搞经典，赚得的只是浅薄一笑；而《诗经》版网络歌曲，据说连四川大学古典文学教授也被逗笑了，这种笑才笑得会心。作者不仅有才华——对《诗经》不够熟悉的人是做不到的，更重要的是用对了地方。

《诗经》是我国最早的诗歌总集，曾经入过孔夫子的法眼，删削成今天的305篇。老人家评价很高：“一言以蔽之，曰‘思无邪’。”别用《诗经》，此前早就有过先例。比如《世说新语》记载：郑玄使唤一个丫鬟不合意，“将挞之”；丫鬟辩解，他更生气，“使人曳箸泥中”，让她在那儿反省。过一会儿另一个丫鬟看见了，问她：“胡为乎泥中?”这一个答：“薄言往诉，逢彼之怒。”一问一答，用的就都是《诗经》的句子，还相当贴切。郑玄是东汉经学家，笺注过《诗经》，丫鬟们耳濡目染了吧。不过，清人连鹤寿认为这件事是别人胡说的，“郑公厚德，安有曳婢泥中之事？小说家欲以矜郑，适以诬郑耳”。在他看来，文化人怎么可能干出龌龊事?

我之所以说“别用”，在于与康成（玄字）诗婢的“正用”相较，《牡丹亭》里还有一种类似今天的恶搞。“关关雎鸠，在河之洲，窈窕淑女，君子好逑”，在丫鬟春香那里变成：“俺衙内关着个斑鸠儿，被小姐放去，一去去在何知州家。”杜丽娘游园惊梦，害了相思，塾师陈最良探问病症，春香说：“只因你讲《毛诗》，这病便是‘君子好逑’上来的。”腐儒陈最良则一本正经地说：“《毛诗》病用《毛诗》去医。”既然小姐害了“君子”的病，根据“既见君子，云胡不瘳”，他甚至非常下流地说：“这病有了君子抽一抽，就抽好了。”至于药，则“酸梅十个”，因为“《诗》云‘摽有梅，其实七兮’，又说‘其实三兮’，三个加七个，是十个。此方单医男女过时思酸之病”。一部《诗经》就这样面目全非。不过，丫鬟歪解成趣，陈最良歪解就显示了其冬烘先生的一面，他自己没有意识到罢了。

如果问《诗经》里最精彩的句子是什么，见仁见智。东晋的谢玄欣赏“昔我往矣，杨柳依依；今我来思，雨雪霏霏”，谢安则欣赏非常费解的“讦谟定命，远猷辰告”。后人认为，谢玄是将军，所以赞赏征戍的描写；谢安是丞相，所以赞赏为政的描写。从琼瑶的小说看，她无疑欣赏“蒹葭苍苍，白露为霜；所谓伊人，在水一方”。而网络歌曲的《诗经》版作者，对“改编”的对象倒没有偏爱，《猪之歌》《香水有毒》等等，统统可以落笔，真是“太有才了”。我想，就此激起人们对《诗经》的关注热情，普及一下也不错。

（2008 年 10 月 15 日）

买回圆明园文物毫无意义

法国将于明年 2 月拍卖被掠夺的中国圆明园文物鼠首和兔首雕像，引起了中国民众的愤怒。中国文化官员对这次拍卖计划表示愤怒，是因为他们要求返还的主张遭到拒绝；普通公民表示愤怒，是因为法新社报道说 90％的中国网民认为中国应该索回这两件文物；中华抢救海外文物专项基金表示愤怒，是认为卖方的报价“无异于打劫”。方方面面终于感到愤怒了，肯定是一件好事。

国家文物局博物馆司司长宋新潮日前接受媒体采访时表示，国家文物局反对“用中国的钱”回购“中国自己的东西”，笔者深表认同，虽然自己早就持有这种观点，但由权威人士表态腰杆才壮些。就算我们有钱，买得过来吗？国家因为积贫积弱而被列强掠去的国宝数得清吗？那些“不肖前人”为了个人的蝇头小利而慷慨“卖”与他人的国宝数得清吗？数不清，买不胜买！就圆明园的兽首回归而言，如果回归，也应当是一种体面的回归。所谓体面的，也就是当年的侵略者怎么抢去的，再怎么送回来。当然，我们谁都知道这在今天无异于与虎谋皮，然而除此之外，它们的回归就没有丝毫意义。

更为关键的问题是：把它们买回来干什么？爱国主义教育吗？偌大一个遗址还在，如果我们真的打算记取耻辱，足够了，无须再添加它们几个来佐证。何况，在英法联军的“火劫”之后，圆明园还经受了我们自己干出来的“石劫”“木劫”“土劫”，如今，百孔千疮的那个园子早就与它们不堪匹配了。先前已经回归的牛首、猴首、虎首、猪首和马首，都在哪里？如果同样是躲在保险箱里，则在此地与在彼地，在我们的手里还是在他们的手里，就没有什么区别。因此，尽管诸如猴首铜像右颊至今还保留着当年枪托砸击的明显凹痕，但它早就摆脱了耻辱的化身，而变成了价值多少万元的宝贝，令那些提起孔方兄就瞳孔放大的人啧啧称奇。

一则资料说，1977 年，扎伊尔向比利时索回了数千件文物；1978 年，巴布亚新几内亚向澳大利亚和新西兰索回了一批在人种学上极有价值的文物；1980 年，伊拉克向法国索回了《巴比伦法典》和《汉谟拉比法典》的部分；2002 年 1 月 26 日，埃及向德国索回了一具 3000 多年前的古代埃及法老金棺棺盒；2002 年 5 月 27 日，对归还文物态度一直非常强硬的大英博物馆终于同意，将与希腊就归还世界闻名的帕台农神庙大理石雕举行谈判。在我国，2005 年，铸造于清朝光绪十年、八国联军侵华时期被英军作为战利品运回英国的天津塘沽大钟也终于体面地回归。对那些流失海外的文物，我们还是保持追索的权利吧，能否索回是一回事；是否在努力争取，努力到了什么程度则是另一回事！

无论圆明园这几件兽首流落在哪里，其中国文物的性质不会变，其所承载的英法联军掠夺中国的历史不会变，其所铭刻的圆明园耻辱印记不会变。如果以拍得的方式达成它们的回归，除了说明我们手上有了几个钱，什么也说明不了。那么，回归不回归，就实在没有什么。

（2008 年 10 月 27 日）

也算对《通用规范汉字表》的意见

《通用规范汉字表》今天公布并开始向社会征求意见。按照教育部官员的说法，国家用了差不多9年时间制订的这个表，“学术性强，政策性非常强”，所以一般人恐怕也就不了解一旦颁行的深层含义。定稿之后，除了表上列出的8300个汉字，用其他的将不可以，我是这么浅薄地理解的，不知道对不对；或者，是不是低估了该表的作用。

从相关报道中至少能读出两点令人欣慰的消息：一个是对51个异体字予以了“重新”认同；再一个是对繁体字的出路留出了“活口”。先看异体字。尽管“在使用上有明确要求”，但如喆、淼、堃、昇等还是被还原成了“正常字”。此举虽是“为尊重社会习惯，方便人们用字需要”，实际上体现了对文字本身的尊重。所谓异体字，原本就是人为规定出来的，在古籍中人家就是正常的嘛。而当我们规定它们为异体之后，偏偏不少人还要使用，还在使用，说明汉字的魅力存在不以人的意志为转移的坚韧一面。那么，由“异体”回归“正常”，这个“轮回”或许说明我们已经认识到，先前对汉字强加了太多的干涉。

再看繁体字。教育部官员在今天的新闻发布会上说，目前还不考虑全面恢复繁体字。我之所以对这句话表现“敏感”，首先在于它没有将繁体字一棍子打死，其次是目前不考虑不等于将来不考虑，这就是所谓“活口”。我认为，这个问题将来是可以考虑的。诚然，简化是汉字发展的一个总趋势，但这种简化须约定俗成，大家都这么用，必须在磨合中达成了一致的前提下。而我们后来的简化，人为的甚至武断的味道更浓一些，套用翻译界的“硬译”说，可称之为“硬简”。比方说，没什么理由，“髮”和“發”都是“发”，就这么用。

解放后的“硬简”，或许是出于扫盲的需要。因为繁体字笔画太多，识别困难兼且书写费时，不少偏激的前辈不是还试图废弃汉字，将之字母化——罗马化、拉丁化吗？现在不同了，国人文化程度——当然不能说文化素质普遍提高了，我们连大学都从精英教育转化为大众教育了，应该可以考虑恢复汉字的“本来面目”了。繁体字毕竟还没有到该退出历史舞台的程度，况且因为“硬简”，我们今天读简体的古籍难免产生歧义。隋文帝杨坚评价大将贺若弼：“嫉妒心太猛，自是、非人心太猛，无上心太猛。”无上，谓目无尊长。但查辞书的时候，若查“無上”是查不到的，“无”和“無”在古籍中是两个字，并非单纯的简与繁的关系。我所说的歧义，是为一例。至于汉字如何来简，就交给时间去自然完成吧。

《通用规范汉字表》对百姓生活带来影响是一定的，其所以向社会公开征求意见，目的正是为了确保字表的科学性和可行性。但人家征求的是对字表本身的看法，这里扯远了一点儿，却也不妨同样视为意见的一种。

（2009 年 8 月 12 日）

让 60 句流行语成为新中国历史“显微本”

由新华网发展论坛举办的“60 年中国 60 句最难忘话语”活动自 8 月 18 日推出以来，受到了读者热捧。有报道说，第一天就有近 9 万网民点击、浏览活动页面，近万网民留言写下了自己的“最难忘话语”。

每个人都有每个人的时代记忆，不同的年龄段，注定了记忆的内容不同。更有一些，超越了时代，自问世起就意味着将定格永远。比如，“中国人民从此站立起来了”，这句 1949 年 9 月 21 日毛泽东在中国人民政治协商会议第一届全体会议上所致的开幕词，许多网友把它作为“最难忘话语”首选，放在60年的这个特定时间段，的确当之无愧。类似的还有“全心全意为人民服务”“权为民所用，情为民所系，利为民所谋”等，在任何时候都应该是领导干部恪守的行为准则。

更多流行语承载的只是一个时代的鲜明特色，对于从那个时代走过来的人来说，听来感触尤深。“实践是检验真理的唯一标准”“不管白猫黑猫，抓着老鼠就是好猫”“让一部分人先富起来”“发展才是硬道理”“今天，我们都是汶川人”“同一个世界，同一个梦想”，等等，一望而能使人联想起具体而生动的画面。60年来的流行语数不胜数，即便是部分地汇集起来，也具有窥视时代的“窗口”功能；那么，精选出60句，全面而有代表性的话，不啻为一部新中国历史的“显微本”。借此而回顾60年的行进历程，这项活动更加凸显了积极意义。

正因为流行语身上的这种“历史”功能，我们在评选60年“最难忘话语”的时候，就不必有意无意地回避那些不堪回首的年代。“人有多大胆，地有多大产”“跑步进入共产主义”“阶级斗争，一抓就灵”“文攻武卫，针锋相对”“横扫一切牛鬼蛇神”“打翻在地，再踩上一万只脚，叫他永世不得翻身”，诸如之类，更应该令我们没齿难忘。但在我动笔之前浏览新华网这个专题的时候，还没有发现一句这样的今天听来刺耳但的确曾经影响了几代国人的流行语，不知是网民的原因，还是其他。那是发生过的事情，尽管荒唐透顶，也不会因为我们不去正视就没有存在过。刻意回避之，应了古人所讥讽的“掩耳盗铃”。

不独流行语能够折射共和国历史，便是人的名字往往也一样体现着强烈的时代感。前两年《北京晨报》记者“从公安部身份证号码查询服务中心获悉”，全国有40万人名字叫国庆，96万人叫建国，其中以1960年至1969年出生的人叫建国的最多，达到了29万多人。其他的，耳闻目睹，或就在我们身边，往往也有“超英”“援朝”“跃进”，也有“文革”“卫兵”或“卫东”，数量都相当可观。这或许是我们国家独有的一种文化现象，如何看待，见仁见智。

纵观 60 年流行语的变迁，有这样一些感觉：从产生的“源头”看，由“自上而下”渐渐演变为“自下而上”；从内容的“性质”看，由“政治的”渐渐转化为“平民的”。所谓“政治的”，即国家政治生活强烈介入了百姓社会生活，因为铺天盖地的宣传导致人们对政治词汇耳熟能详，进而影响到了人名这一符号。而所谓“平民的”则正相反，民间的流行语首先影响了主流媒体，再通过主流媒体扩散、传播，有的往往还推动了社会治理的公开，如“周老虎”“躲猫猫”“70码”等，给后来处理类似事件提供了足够深刻的教训。流行语的这些变迁，让我们看到了社会在民主法治层面的进步。

正如政治不再强烈介入人们生活，人们却掉入了偏好僻名、怪名的泥淖一样，今天的不少流行语也“剑走偏锋”。网络上看似无意的一句话，都有可能一不小心成为流行语，贾君鹏，囧、烎等，乱哄哄你方唱罢我登场，颇有眼花缭乱之势。诚然，这些东西一定程度上成了社会情绪宣泄的通路，但终有为流行而制造流行的趋向，能被后来的人记住多少，有待时间的大浪淘沙了。而如何看待当下流行语泛滥这种现象，后来的人显然会比我们看得更清楚，就像我们看待前面的一样。

（2009 年 9 月 18 日）

《广告法》就能止住代言虚假广告？

中国广告协会最近“集中曝光、集中谴责”了艺人侯耀华所代言的 10 条广告。协会的专家说，这 10 条广告几乎涵盖了所有名人代言广告的违法形式。嗯，看起来后果会很严重。不过，明星深陷“广告门”的事情，因为已经说得太多，道理都说尽了，再说起来真的都没什么意思了，听的人感觉上恐怕也早就厌烦了。说归说，还是那副德性，由不得人不丧气。但这是人们关注的热点新闻，就只好硬着头皮再说。

Once upon a time——借用一句英文表述惯用的开头，大约可译为“很久很久以前”，明星代言虚假广告就是一个被谴责、被不断谴责、被反复谴责的问题，广电总局针对于此的禁令都不知发了多少。结果怎样？多数好像还是老虎推磨——不听那一套。这样一看，倒也应该对先前的说了白说宽心，在这个问题上，连广电总局至少“色厉”的禁令都是那样“被礼遇”，遑论我们这些只是敲敲边鼓的角色！但我们忧虑的是禁令的“信誉”，以及我们的工作方式方法。

我们的不少职能部门做事有一个很不好的“习惯”，就是始终不能使工作处于一种“常态”。一人有病，大家吃药，大家司空见惯。此外还有别的生动实例，比方他们要干什么，须是本地有非常重要的活动之类，然后各项工作才直奔主题，“一切为了×××”。为此，好端端的路可能也要刨掉重铺，有碍观瞻的建筑可能也要精心粉饰。不是某个地方如此，谁也不要吃心，全国一盘棋，到处如此。城市的样貌就此得到改观是可以肯定的，但如果工作的口号是“一切为了市民的幸福”则如何呢？凡事都需要靠“事件”来推动，得有“契机”，就难免催生“集中整治”思维、“契机”思维，失去按“常态”去工作的动力。工作的结果，自然也只能是治标了。

侯耀华此番不好彩，在我看来是因为即将修订的《广告法》将增订条款对名人代言广告行为予以法律制裁。这是其中的“契机”，兼且有宣传、张扬《广告法》的意味。“几乎涵盖了所有名人代言广告的违法形式”，言外之意够得上五毒俱全。那么我就很想发问了：为什么要等到五毒俱全呢？《广告法》假如不增订这样的条款，对明星代言虚假广告是否就真的无可奈何呢？倘若《广告法》能够奏效，则广电总局先前的诸多禁令就还不如不下，因为非但没有“伤敌一千”，也落了个“自损八百”，损害了禁令的威严或曰尊严！

根据经验来看，我对《广告法》增订这样的条款就能解决此类问题没有任何信心。不是本人不想相信，而是在太多的现实面前不敢相信，不能相信。进而想到，连明星代言虚假广告这种小事处理起来都一筹莫展，都把一筹莫展的原因归结为法律法规的字眼，对诸如反腐败之类的大事又怎么能不步履维艰呢？

（2009 年 11 月 3 日）

年度单个汉字已经力不从心

从前几年开始，我们有了评选年度汉字的习惯，印象中，好像是从别人那里学来的吧。转眼到年底了，网友顺理成章地提出本年度汉字：具。为什么是这个字？有一大堆理由，“杯具”谐“悲剧”之类，同样不懂且又有兴趣的人可以自己检索去看。

所谓年度汉字，该是年度最有影响力的字，应当具备高度的概括性。倘若“圈子”内的人对这个字谈论得眉飞色舞，而“圈子”外的人却不明所以，需要看跟在后面的那些密密麻麻的注脚，一定程度上意味着评选的失败。毕竟这不是一场急于出新、出奇的表演。恕我孤陋寡闻，在看到今天的报纸之前，真不知道这个“具”字已然流行到了这个程度。去年的年度汉字是什么早成过眼云烟，至少在于我没留下任何痕迹。印象最深的是前年的那个“涨”字，所有人都一望而知，感同身受，无须任何引导。那该是最成功的一次评选了。

年度汉字变得不那么触目惊心了，认真想一想也可以释然。我们那么多的权威评选都没什么公信力可言，评了也就评了，除了被评上的添了点儿一时的、旁人未必艳羡更谈不上以之为榜样的风光，剩不下什么。在这样的背景之下，指望网友自发的这一个必须站稳脚跟，经受住检验，有一点儿求全责备。但评选年度汉字，恐怕还不能单纯依赖网友，套句俗话说，得动员全社会的力量。如果年度汉字不能赢得社会共识的话，还不如不评，还不如只是平心静气地把年度事件来个梳理、总结，而不必像前些年热闹一时的新编三字经之类的做法那样，把一句好端端的话掐头去尾省略中间，非要截成三个字不可。

从实际生活来看，用单个年度汉字来“统领”五花八门的社会现实，也有些力不从心了。2009 年发生的许多事情都称得上是“焦点”，左一个右一个，“乱花渐欲迷人眼”，试图用一个汉字来概括何其苍白！此一番，在“具”字之外，网友不是也罗列了“陪衬”汉字达 11 个之多吗？黑、雷、门、房、被、哥、爱、马、长、流、最，每一个，后面都伴随着一串事件。有人说，看懂了这 12 个字，就看懂了 2009 年的网络。本人接续一下，看懂了这其中的大部分，也多少可以看懂 2009 年我们的社会，除了那几个被硬生生简成一个的字。年度汉字强调的是“最”，最易看懂，如此来衡量“具”字，恐怕“盛名之下，其实难副”吧。

网络喜欢制造流行字、流行语，从前的词汇大有一概推翻，以新的“约定俗成”的新词取而代之的意味。这未必是一种正常现象；然这种现象之产生，为什么网民喜欢抛弃“现成的”，非要去“另起炉灶”，则需要专业人士作答了。我只知道，其深层原因显然超出了网络范畴。

（2009 年 12 月 8 日）

彩票印《论语》当有普及之效

山东省福利彩票发行中心把孔子画像以及《论语》搬上了福利彩票。对此，“相当一部分人提出质疑”，认为这种题材的彩票借文化之名，让孔子变得满身铜臭味，“亵渎了中国传统文化经典”。

如何看待这种“新奇”做法，见仁见智。不过，横竖看去，我都没觉得里面有什么铜臭、亵渎的成分。彩票本身是个纸质载体，印上几句《论语》或者别的什么，自然而然。发行方说，此举在“销售彩票募集公益金的同时宣传儒家文化，一举两得”，我跟他们倒有些趋近。之所以说趋近，是因为“宣传儒家文化”的话听着还是大了点儿，近于冠冕堂皇，毕竟发行彩票的主要或根本目的是为了筹集公益金。但倘若利用巧妙，对普及一下儒家经典《论语》多少能起到一定作用，这倒是可以预期的。

类似的做法从前也有过。《清稗类钞》载，清末广东有一种赌博的方式叫作山票，正类似或等同今天的彩票，只是大抵该归入私彩之列吧。它是用《千字文》来开彩。“三百千”，是我国三部著名蒙学教材的俗称，《三字经》《百家姓》之外，就是《千字文》，以四言韵语的形式，叙述有关自然、社会、历史、伦理、教育等方面的知识。它还是今天确切知道成书时间和作者的一部书，不像顺德和宁波，前几年为争夺《三字经》的作者究竟是我们的区适子还是他们的王应麟，要各自组织人马唇枪舌剑一番。

山票的具体操作是取《千字文》前面120个字作为基准字，也就是从“天地玄黄，宇宙洪荒”开始，到“爱育黎首，臣伏戎羌”为止，如果去掉中间看着不舒服的“吊民伐罪”，则要顺延到“遐尔壹体”。此彩每次开出30个字，“猜买者以十五字为限”，比照今天的26选5、32选7之类，山票该相当于30选15。现在开奖时在开奖机里滚来滚去的圆球上写的是阿拉伯数字，山票则是在圆球上写着单个汉字。比如今天“7”号球摇出来了，开奖者就宣布中奖号码为“7”；而山票呢，滚出个“河”字球，开奖者便高唱“‘海咸河淡’的‘河’字”。“海咸河淡，鳞潜羽翔”，《千字文》里的句子。山票“取中字最多者得头彩，同中同分”，跟今天也没什么两样。因为赌注小，“每票仅售一角五分，得标者可获利至数十万倍，故人人心目中，无不有一欲中山票头标之希望也”。同样是因为赌注小，“广州极贫乏之人都买山票”，这又跟今天粤西地区屡禁不绝的私彩有些类似了，那里因为农民把钱都赌光了，甚至连一角五分一注的都有。

山票的得失，自有专业人士做研究。我想，如果彩票这东西一定要存在，就不妨借鉴这种做法，彩票上印《论语》，庶几接近了些。较之开奖时只是赤裸裸地对个号码，由几个干瘪的阿拉伯数字左右着人们的神经，山票的形式显然更有文化一些。时下因为胡玫的电影

《孔子》而令孔子大热，与其看完有“真是完全崩溃了”（鲍鹏山语）的感觉，倒不如让彩民在买彩票的同时顺便了解点儿原汁原味的《论语》句子。这应该不是什么坏事，铜臭、亵渎之类，从何谈起呢？

（2010年2月3日）

立春习俗也是一种文化记忆

昨天是立春。“春雨惊春清谷天，夏满芒夏暑相连，秋处露秋寒霜降，冬雪雪冬小大寒。”儿时背诵过的节气谚语，至今牢记。立春，春天的开始，二十四节气之首，很重要的传统节日。昨天看报纸，北京东四街道办事处在东四八条社区举办了传统的“报春”活动。“报春”就是在立春前一天，由扮成“春官”“春吏”的人在街市道路上高喊“春来了”。今天早晨看手机报，见到日本成田新胜寺也举行撒豆仪式迎接春天的到来。北京那一个活动，显然是传统节日在当代社会的“回归”，日本那里则不知道是否历来如此。

清人留下的《燕京岁时记》载：“立春先一日，顺天府官员，在东直门外一里春场迎春。立春日，礼部呈进春山宝座，顺天府呈进春牛图，礼毕回署，引春牛而击之，曰打春。”这一段文字，简要叙述了清朝时北京官方如何过立春，具有相当的代表性。广州这里对立春似乎没有什么动静，或许因为二十四节气形成于黄河中下游，具有极强的地域特点，在广州并没有形成风俗吧。又或许“春”基本上一年四季都没有淡出本埠居民的生活，“立”便无从谈起吧。再或许，广州自有其别样的立春民俗而我并不清楚且还没有读到。但估摸着，包括立春在内的二十四节气在北方受重视的程度可能会高于南方。在我的故乡河北，“清明忙种麦，谷雨种大田”之类的谚语，至今仍在影响和指导着农家生产和生活，家里的老人说过：“（二十四节气）很准。”

但在广州我们也能够明显感受得到，曾经渐行渐远的传统习俗正在被“翻箱倒柜”，呈现“复苏”的迹象。富裕起来的人们有精神文化需求，而以传统节日为载体的丰富多彩的传统习俗在一定程度上可以满足这种需求。所幸的是，我们也开始重视这种需求。作为昨天的生活实录，传统节日习俗凝聚着深厚的民族历史记忆，尤其是文化记忆，这是一个民族生息繁衍所不可替代的生存经验。对其中的精华，每一时代都有传承的历史使命，而不能因为经济的高速发展便弃之如敝屣。另一方面，当民族的文化记忆有沦为碎片倾向之时，借用传统节日习俗唤醒之，不啻为一种有效的方式。日前本埠媒体有报道说，西关咸煎饼、荔枝湾艇仔粥、泮塘马蹄糕、布拉肠粉等 10 种广州街头寻常小吃将纳入广州名小吃“申遗”工程中去，成为广州第三批非物质文化遗产候选名录。我不知道，先前的这个名录中有没有广州的传统节日习俗，有的话，都有些什么；还没有的话，想了解一下是什么原因。

今年我们的春节将与西方的情人节恰巧撞在同一天，可谓“狭路相逢”。在这里，“较量”二者的高低显然不是像当年千里决战大别山时的那种“勇者胜”，而是“文化胜”。也就是说，谁的文化内涵更有魅力，谁就能吸引更多的参与者。鉴于传统节日习俗正处在“回归”的路途中，假如春节像前几年遭遇“玫瑰”的“汤圆”一样灰溜溜地败下阵来，我们也不必丧气，更不要怨天尤人。相反，我们更应该对传统节日习俗的振兴产生紧迫感、使命感。

（2010 年 2 月 5 日）

从“被××”中反思蕴藏着的深层问题

由国家语言资源监测与研究中心网络媒体语言分中心、商务印书馆等单位联合主办的“汉语盘点 2009”网络征集年度字词已于日前揭晓，“被”字拔得“年度国内字”的头筹。刚刚过去的2009年，我们见识了太多的“被”事件，“被就业”“被自杀”“被捐款”“被涨薪”“被幸福”“被艾滋”等等，从开始的实指到后来的调侃，凡事必“被”之，导致“被××”句式组合以黑色幽默的强劲姿态横空出世。

按照辞书上的释义，“被”有好几个义项，在“被××”句式中，当作“遭遇”解。《史记·屈原列传》讲到屈原“正道直行，竭忠尽智以事其君”，却被“谗人间之”，作者因而慨叹“信而见疑，忠而被谤，能无怨乎？”《世说新语·言语》中，孔融的稚子说出“岂见覆巢之下，复有完卵乎”的千古名言，其前提是“孔融被收，中外惶怖”。这里面的两个“被”字，都作“遭遇”解，由此引申出被动之意。而年度当选的这个“被”字，显然又进行了引申，增添了“主动”靠拢的“被动”意味。“被××”中的调侃成分，正来自这种主动。

“盘点”的主办方说，这次为期一个月的评选活动，总点击量达150万次。这个数字即便相对网民的数量也并不算多，但同样是相对而言，在150万次的点击量中，“被”字列首，折射出一定的社会精神状态也毫无疑义。纵观2009年的一系列“被××”，不难发现在每一个“被”事件的背后，调侃之余都包含着几许无奈：对权力肆无忌惮地行使而束手无策的无奈，对准确信息渴求而不得其详的无奈，对自身生存状况、生活质量居然也要任人摆布、操纵的无奈，等等。从无奈中暴露出或曰所发出的警示，是一种必须棒喝并需要从根本上遏制的恶劣工作作风和工作方法。在“被就业”中我们看到，某位高校毕业生发现，自己在完全不知情的情况下竟然已被签署了就业协议书，而就业协议书上赫然是一个从没听说过的公司名称和该公司的公章。在“被小康”中我们看到，某市对辖下几个县市的小康达标情况进行民意调查，当地政府竟然对受访群众威逼利诱，要求他们必须按照事先下发的标准答案回答提问，于是，那些原本生活水平算不上高的群众，一夜之间在纸面上步入了小康行列。

高校的“就业率”居然与曾经就读其中的学子的就业无涉，城市的“幸福”居然与正在生活其中的市民的生活品质无关，这种咄咄怪事所以接二连三地发生，表明在不少地方、不少部门，片面追求所谓政绩成为工作的主要动机，而政绩又异化成了一种邀功请赏的筹码，为了表面上的光鲜，为了自己保住位子或者为升迁铺平道路，浑然不睬客观事实，甚至明目张胆地进行欺诈。“被就业”“被小康”之后，就业率看上去“提高”了，百姓看上去更“富裕”了，但那些冷冰冰的数字、指标，因为完全缺失百姓充满温暖的切身体验而变成了自欺欺人的把戏，其所造成的危害，就远远不止从炮制者的津津乐道沦为民间的笑柄那么简单。令我们国土上本已不堪一击的“诚信”二字雪上加霜还只是问题的一个方面，令干群关系、官民关系更加疏远乃至恶化，是问题的另一个重要方面。

“被”字折射了全年的焦点，为上一年度留下了醒目的标记。面对之，百姓当作茶余饭后的谈资可也，各级政府职能部门有必要认真反思其中蕴藏着的深层问题。诚如“盘点”的主办方所言，“被”字的流行表达了公众对于公民权责名实相符的吁求。那么，如果权力仍然天马行空般地不受监督，横行无忌，如果工作的根本目的仍然异化成数字游戏、文字游戏，到处是吹嘘“莺歌燕舞”的政绩工程，如果方方面面的诚信仍然严重缺失，明明道出的是事实而公众毫不买账，这个“被”字就很可能继续与我们为伍，社会就仍然可能在“被××”中被嬉笑怒骂，蹒跚前行。这样的社会恐怕不能算是正常的社会。

（2010 年 2 月 7 日）

“宣武”“崇文”不该成为历史

北京市对功能核心区行政区划进行了调整，东城区和崇文区合并取名“东城区”，西城区和宣武区合并取名“西城区”。调整行政区划自有其道理，报道简要地列了四条。这没有什么，值得一议的是合并后的“新”名字。

合并后的名字并没有另起炉灶，都是“拿来”现成的。可怪的是，为什么不“拿来”从而也可以保留两区中的“宣武”和“崇文”这种蕴含着传统文化意味的名字，而偏偏要选择只具方位感听来异常干瘪的“东城”和“西城”呢？须知，这种保留完全唾手可得，为什么一定要抛弃呢？实在令人费解。北京市有关方面就此应该给出必要的解释，让公众评判他们的选择是否站得住脚。

《清稗类钞》里有一则“城门名谶”，讲的正有宣武门、崇文门。消失了的宣武区、崇文区，分别因城门而得名。有人发现，老北京正东的西三门——正阳门、崇文门、宣武门之命名，恰恰预示了元明清三个朝代的灭亡时间和要因。是这么说的：“元之亡也，年号至正，则为正门之占验焉。明社之亡，年在崇祯。今者国祚之移，号曰宣统。盖崇祯时以文臣庸暗而亡，宣统时以发难于武人而亡也。”简言之，元亡于至正年间，含正阳门之“正”；明亡于崇祯年间，含崇文门之“崇”；清亡于宣统年间，含宣武门之“宣”。此种谶纬故事大可聊博一笑，不用当真，但“宣武”“崇文”较之“西城”“东城”显然韵味十足。据说，宣武门取张衡《东京赋》“武节是宣”，有“武烈宣扬”之意；崇文门是才子赶考必经之门，因而被称为“幸运之门”。两个充满了逸闻轶事的名字，保护还不及，怎么可以弃之如敝屣呢？

在文物能够带来效益的前提下，很多地方已经不得不注重保护并颇显过度地开发着，但地名、区划名这种“非物质遗产”却尚未为大小级别的名录所重视。要保护的东西太多，还轮不到？轮不到，其中一个重要原因是认识不到。地名是时代的产物，具有相对的稳定性，因而能保留较多的历史信息。正如语言学家罗常培先生的《语言与文化》所述，不仅能够“从语词的语源和演变看过去文化的遗迹”，而且能够“从地名看民族迁徙的踪迹”，包括地名所反映的斯堪的那维亚人在英国的殖民痕迹，北美印第安语地名、中国地名所显示的古代民族交通的踪迹，侨置郡县和民族迁徙、壮语地名所显示的古今民族的差异，等等。因此，笔者坚信，地名终会成为非物质文化遗产，时间问题而已。

在地名保护问题上，广州的情形也极不乐观。两个月前，广州市政协委员黄淼章先生即痛陈在这十几二十年当中，广州的老地名消失了近两千个，建议广州启动老地名保护工程，普查一下广州究竟消失了多少老地名。笔者续貂的是，还要看看有多少消失了的老地名可以重新找回来。连毁掉的文物建筑都可以复建，恢复老地名有何难哉？

城市改造的突飞猛进，使老地名的消失不可避免，但能不消失的可以不消失。北京市的核心四区无妨合并为两区，“宣武”“崇文”名称却完全可以免于成为历史，关键是，它们也不该成为历史。

（2010 年 7 月 5 日）

“抄”字将来必成年度汉字

从年终总结中也能够觅到“商机”，你不能不佩服人的无穷智慧。当下正是各个单位进行年终总结的时候，有报道说，“枪手”们在网上明码标价可以“代写总结”，从 5 元到 3800 元不等，并且生意不赖。不少商家都声称拥有“专业人士”“资深写手”，对各行业工作总结皆能应付自如。更有甚者称自己拥有专业的代写队伍，能为买家“量体裁衣”。

严格说来，这是一个很奇怪的现象。年终总结嘛，是一个人一年内都做了些什么，总结经验，以利再战。倘若可以代写，则“专业人士”也好，“资深写手”也罢，终究“隔”上一层，子非鱼，互不相识的人怎么知道人家干了些什么呢？但是，细想却也不值得奇怪，前两年开封市副市长在讲话中不是要“构建和谐平安漯河”吗？邯郸一个区委宣传部副部长发表的署名文章，与山东省青岛市一个区的政府文件除了地区名和人名不同之外，不是几乎一字不差而被称为现代版的“邯郸学步”吗？当然，他们那是“疏忽”了，但是，幸而如此，我们也才知道，下至学士硕士博士上至教授校长著名学者，论文抄袭被揭发的多如牛毛不假，平淡无奇的领导讲话状况更没有好多少。在“天下文章一大抄”的社会背景下，无伤大雅的年终总结又焉能例外，怎么可能“独善其身”？

年终总结没什么难写的，自己干了什么，罗列一二三四，要“骨头”不要“肉”的话，掰掰指头就数出来了，比自己的城市得了宜居牌匾但究竟宜居与否这个略带艰深的问题要容易弄清楚得多，有什么难于表达至于要人代写呢？要说难，首先恐怕难在现在凡是涉及文字的东西都有讲究规模的趋势，不说领导讲话，像七大闭幕词《愚公移山》那样的短篇还哪里见得到？没个万把字变得似乎不像讲话，加上年终总结可能又牵涉了奖金、先进之类，所以就更要绣出花来。理论上，“说得好”的前提应该是“做得好”，肯定不能反过来，“做得好”的前提取决于“说得好”；但在现实中我们谁都知道，很多时候“说得好”正起着决定作用，天花乱坠，正可以弥补或者掩盖甚至超越“做得好”。在不少研究者看来，岭南文化之所以光大得不足，正是吃了务实的亏，吃了“只做不说”的亏。此说确否又当别论，但国人笃信“说”胜于“做”，显见是有相当民间基础的。年终总结与荣誉的关联度如此之高，焉有不借助外脑以期妙笔生花的道理？

既然年终总结可以代写，说明那些“放之四海而皆准”的模板，必然空话套话连篇。进一步看，总结本身已经沦为形式。年终总结估计还是要搞下去的，总不能因噎废食；搞的话，该怎么搞，是一个不容忽视的问题。检测论文抄袭与否，有了一种叫作“学术不端行为检测系统”之类的测谎仪了，要不要再搞“领导讲话测谎仪”“年终总结测谎仪”呢？不管搞不搞，方方面面盛行抄袭，是我们国度必须割除的一个毒瘤。去年的年度汉字“涨”字卷土重来，可以预测，继续选下去的话，某一年这个“抄”字必定夺魁！

（2011年1月10日）

春晚应该取消“最喜欢节目”评选

2011年春晚“观众最喜欢的节目”票选结果揭晓了。因为本人在年三十夜是有一搭没一搭地看的，对哪个节目该得什么奖，一概没有发言权，没有比较嘛，谈不上鉴别。所以，对赵本山小品是否再度称王，总共已经称了几度王，全无所谓。但我对这种评选本身有点儿看法，泼盆冷水来说，以为不必再搞下去，应该取消。

近年来的春晚节目赞少弹多，是一个不争的事实。春晚号称“新民俗”，而不见生活中哪一民俗事项被如此指指点点，即便是陋俗，也是趋之者众才能形成民俗啊？我们甚至不难发现，每年春晚过后，“抨击”春晚节目倒真有成为“新民俗”的态势。人们蜂拥而至，完全可以用兴高采烈来形容，其言论的开放程度有如谈论中国足球，当真践行了黄遵宪先生的“我手写我口”。跳出央视来看，这是一种十分可喜的现象，须知，逆耳之言与舆论监督庶几近之。当然，这对被监督者的胸襟是一个很大的考验，肖鹰教授刚戳到了一点儿痛处，马东导演旋即反唇相讥；而因为反击得近乎蛮横，导致肖教授疑惑此马东是否马季先生家里的那个马东。可见马东导演欠缺一点儿气量。新近又看到语文出版社社长、教育部原新闻发言人王旭明在个人博客上炮轰春晚：“这样的虚伪无聊加贵族似的晚会，给教师和学生们烙下的印迹就是课堂上说真理一千遍，敌不过年三十一个滥春晚！”王先生一家伙还掷过去三顶“帽子”：现在的春晚一缺感动，二缺灵魂，三缺创新。我想，马东导演以及今后打算接手的什么导演先不要火冒三丈，自古“忠言逆耳利于行”，平心静气地面对没有坏处。

春晚主创人员在不断努力改进以满足全国观众的口味是无疑的。且无论再泼多少冷水，春晚“咬定青山不放松”，继续搞下去是可以肯定的。但“最喜欢节目”评选可以取消，网络这么发达，观众喜欢哪个节目，当时就表态了；稍后一点儿，纸媒也会很“深度”地充当“二传手”，委实不必要弄一些貌似精确的得票百分比来“佐证”。想一想不很别扭吗？大量舆论流露的倾向是对春晚节目的“不喜欢”，春晚却要在观众的非议声中评选“最喜欢”；又不参照国家科技大奖那样宁缺勿滥，就只有“矬子里拔大个”，这样的“最喜欢”究竟有多大的含金量可言？况且，有媒体告诉我们，央视投出来的“最喜欢”与网络调查的“最喜欢”，有的类别结果居然“大相径庭”，比如“旭日阳刚”在央视这里前四名都没进，而在网络那里却以23%的支持率位居第一。这种尴尬现象又该怎么看待呢？

春晚节目的“例牌”评比，实际上是社会领域凡事都要轰轰烈烈评比的折射。我们中国人太喜欢表彰，甚至在还没开始干事的时候，已经在准备表彰了，活干得怎么样不说，得皆大欢喜。在春晚这里，就那么几个节目，还分了不少类，小品、相声、歌舞等等，每个类别都要排出一二三等，多数节目都可以得奖了吧？当然，中奖率百分比还需要有心人计算一下才更有说服力。表彰首先是为了肯定，同时还有激励的作用，瞧瞧咱们已然成灾的表彰，激励的功能在哪里？所以，春晚倘若能够带头取消毫不必要的评选，为其他领域做出示范，就此赢得声誉也说不定。此之谓“失之东隅，收之桑榆”。

（2011年2月15日）

广电总局还欠一个禁令

广电总局终于叫停四大名著翻拍了。之所以说终于，是因为影视翻拍的“丛林”状态，早该管一管了。谁都知道，广电总局的禁令很多，受非议的也很多，被受禁对象不当成一回事的更多。但这一个，首先值得为之叫好；其次，此番不同以往，说了白说，而是审批权在手，估计确实能够收到成效。这也是我们衷心寄望的。

翻拍经典，本来上升不到“必欲诛之而后快”的程度，况且在凡事讲究与国际接轨的今天，这也正是国外一种比较普遍的做法，举例的话，不胜枚举。拿笔者新近看的几部电影来说，美国 2010 年拍的《大地惊雷》（True Grit）就是翻拍，1969 年已经有过一部，当然，他们那里新的也是声称比旧的更忠实于原著。并且，此国的还可以翻拍彼国的，比如日本去年拍的《通往死刑台的电梯》，就是翻拍 1958 年的法国同名电影。翻拍要由行政手段来强行干预——不要扣上“中国特色”的帽子，至少说明“市场调节”已然失灵，甚至有乱套的嫌疑。不是吗？有细心的人士告诉我们，四大名著中的《红楼梦》已翻拍 5 次，《西游记》更达 8 次之多，即在当下，叱咤银幕荧屏的，就有“5 个关云长、4 个孙悟空”。这种状况，以乌烟瘴气名之不知是否过分。

那么，以四大名著为代表的经典作品不是该不该翻拍的问题，而是翻拍的度的问题。现在这种态势，过了，不以行政手段叫停的话，恐怕要没有休止了。关键还在于，翻拍在我们这里往往不是超越或试图超越前人作品的尝试，而成了取巧的一种手段。一个巧是这些题材群众基础深厚，顺手拿来很容易赢得市场；再一个巧是相对“保险”，那些锐意进军内地的香港导演就不用说了，古装历史题材他们易于驾驭也更容易通过内地审查；以内地导演而言，借古喻今或讽今，以史为鉴的功能早已飞去了爪哇国，单纯变成了以插科打诨为能事，恶搞有理。用官方人士的话说，叫作“这类穿越题材对历史文化不尊重，过于随意”。因此，虽然新版《红楼梦》也在声称更接近于原著，但能令观众回味的，除了“铜钱妆”“黛玉裸死”之类曾经大量吸引观众眼球的花边新闻，还有些什么呢？

笔者曾经建议广电总局叫停翻拍“红色经典”，一直没有被采纳，这很正常，不过未达目的还想再说就是。四大名著作为经典当之无愧，而诸多“红色经典”却仅仅是在文化比较“单元”的时代混了个脸熟，与经典还了不相涉，除非改变经典的词义。但我们的影视工作者硬是像拿着篦子一样，在乐此不疲地梳来梳去，大有逐一翻拍之势。而这种所谓的翻拍，往往单借经典片名和主人公姓名这两个元素随意发挥，内容则大量或几乎全部塞进胡编乱造的私货。偶尔看几眼涉及抗战题材的，哪里能感受到当年的艰苦卓绝？相反，我们的人如此大智大勇到对手不堪一击的地步，倒要奇怪那场关乎民族存亡的战争为什么要打八年之久了。

广电总局还欠这样一个禁令，叫停翻拍“红色经典”。与此同时，他们该创造条件，让影视工作者更多地关注社会现实，使观众在荧屏中同样感受到：社会现实中并不只有城市白领小资的幸福生活，也并不只有充满喜剧色彩的乡村爱情故事。

（2011 年 4 月 7 日）

故宫不能叫人一“撼”再憾

今天，北京故宫博物院通过官方微博就“锦旗错别字”事件向公众致歉，坦言在遭质疑时强词夺理。此前，众所周知，故宫方面赠送北京警方“撼祖国强盛，卫京都泰安”的那面锦旗，其中的“撼”字引起公众质疑。从自称“只读过小学四年，认识的字不多”的童话大王郑渊洁先生，到“修订审定”过《现代汉语词典》的中国社会科学院预演研究所韩敬体老先生，莫不认为字用错了，应该是“捍”。

文化人即便在文化事上出现尴尬，也是正常的事情。前几年，亲民党主席宋楚瑜访问清华大学的时候，校方赠送其小篆书写的黄遵宪诗句条幅，校长先生在当众朗读时，在第二句起首的“倜”字那里就卡了壳，不认识。尴尬不要紧，弄错了也不要紧，关键是认识问题的态度。在“撼”与“捍”开始的纠葛上，故宫方面显然非常不理智，以“显得厚重”为由坚持认为没有用错，且举“撼山易”的用法为例来“佐证”，结果一错再错。藤野先生当年告诫鲁迅：“自然，这样一移，的确比较的好看些，然而解剖图不是美术，实物是那么样的，我们没法改换它。”倘若我们现在模仿这样的口吻来说故宫，则置换其中的一些字眼，比如“的确显得厚重些”，但“字义是那么样的，我们没法改换它”之类，完全适用。

现在，公开发出致歉信，应当说故宫方面此“撼”已了。可惜的是，在建福宫问题上，公众或许还要为之遗憾与抱憾。

央视一名主持人日前在微博上称：“听说故宫的建福宫已被某知名企业和故宫管理方改成一个为全球所谓顶级富豪们独享的私人会所，500席会籍面向全球限量发售。”对此，故宫方面断然予以否认，且质问这样说话“亏心不亏心”。然而，就在5月14日，一名知情人爆料，他与百余名长江商学院CEO班的毕业学员4月23日受邀参加了建福宫一会所的开幕式，开幕式上，举办方——故宫下属的北京故宫宫廷文化公司——介绍完建福宫的历史和现状后，表示正在建福宫成立会所，开始向全球限量发行500籍会席，成为会员可享受在建福宫吃饭、宴请、开会等服务。而仪式结束一周后，参加开幕式的人均收到了一份徽标为紫禁城建福宫的入会协议书。这番爆料，不仅与“听说”的并无二致，而且连协议书的模样都被贴上网了。两天过去，故宫为什么对此保持缄默？倘若是谣言，就该及时澄清；倘若是事实，就该再次及时低下“高贵”的头。一声不响，能让谣言“止于智者”呢，还是能让真相“瞒天过海”呢？

一个寻常毛贼的成功得手，把故宫的防卫系统捅了个千疮百孔。由此暴露出的一系列问题，更使故宫这个文化圣地令国人一“撼”再憾。细察之，故宫应对“负面”消息的做法，与如今不少地方“衙门”如出一辙：断然否认、拼命抵赖、被迫低头。在被迫低头的前提下，则任何致歉都让人怀疑其诚意。在讲“文化”的时代那些实质上没文化的地方就算了，故宫同样如此，难免让人失望至极。

（2011年5月16日）

新版“私奔”构成两个挑战

有个知名投资人在微博上宣告他“放弃一切”，和一名女士“私奔”了。一时间，以其“宣告”为蓝本的“私奔体”也跟着蹿红了网络，网友争相把自己对某人或某事的渴望用横空出世的新“体”表达出来，如“和睡眠私奔”“和人民币私奔”“和假日私奔”等纷纷“出笼”。不过，像“凡客体”“丹丹体”那样能热闹几时就不知了，总之大家的心态似乎是“得热闹时且热闹”。

知名投资人如此高调“私奔”，炒作与否圈子里的人才知道，挑衅法律与否专业人士才能作答。笔者想凑凑热闹谈论一下，是因为觉得他用的“私奔”一词颇显怪异，应该“以正视听”。这种用法至少构成了两个“挑战”。

首先，“私奔”挑战了传统词义。翻翻辞书就知道，私奔，“旧时指女子私自投奔所爱的人，或跟他一起逃走”。(《现代汉语词典》第5版）也就是说，私奔的主动者应该是女方，是女的要跟男的跑，而不是男的要跟女的跑。两人一定要走到一起，当然可以，何况在该事件中，男的认为“千古只贵一片情”，女的在微博里回应“终得一心人，白首不相离”，表明两人至少在现阶段是心心相印的。但是，男的不该用“私奔”这个词，用错了。

历史上有不少著名的私奔，都可以用于佐证“私奔”的传统词义。比如卓文君之于司马相如。卓王孙请相如来家里吃饭，再请他奏琴，坏了，“卓王孙有女文君新寡，好音，故相如缪与令相重而以琴心挑之”，结果，“文君夜亡奔相如，相如与驰归成都”，两个人跑了。那是汉朝的事，唐朝则有“红拂夜奔”。红拂女本是杨素家的人，杨素位高权重，别人都艳羡红拂女锦衣玉食的生活，但红拂女偏偏看上了尚是穷光蛋的李靖，黑夜里摸上他的门，然后两人装扮成行商模样，趁着天色微明之际悄悄离开了长安……

传统词义不是不可以挑战，“龟”演变成骂人的字眼就是颠覆传统的结果，但是这种颠覆需要得到公众的认可，埋头挑战却讲不出道理或者强词夺理是行不通的。新近故宫赠送锦旗上的那个“撼”字，狡辩了半天，灰头土脸不说，还不得不向公众道歉。早几年余秋雨先生非要把“致仕”释义成走上仕途，到现在好像也还是“任尔东西南北风”。前几天，他重开微博的消息一出来，网友立刻不乏调侃，甚至围攻，想来他那毫不明智的“执着”从中起了重要作用。

其次，高调“私奔”挑战了传统道德。传统道德对此并不认可，这一点似乎不用多说，即便史上那些佳话中也颇多波澜。卓文君私奔司马相如之后，“家徒四壁立”，卓王孙丝毫不同情，且大怒曰：“女不材，我不忍杀，一钱不分也！”他是不能容忍女儿私奔。河南大学王立群教授在央视《百家讲坛》上正式翻案卓文君和司马相如的爱情佳话，指司马相如对卓文君劫财又劫色，想来也有从传统文化视角打量的因素在内。知名投资人不仅高调宣布私奔，甚至还作了首《私奔之歌》，对传统道德的挑战就很有“公然”的意味了。

想一想，如今百分之九十几的贪官都有情妇，有高校甚至要出台“发现当三陪、当二奶、当二爷、搞一夜情将开除学籍”的规定，当道德滑坡成为公认的事实时，或许添个“真是两情相悦一定要生活在一起”的规定，似乎也没什么大不了。但重复一下，男的不要再说“私奔”，让人笑话。

（2011 年 5 月 18 日）

文物保护单位需要另一种普查

故宫建福宫又开了扇“解雇门”。有消息说，因怀疑泄露建福宫修建豪华会所的机密是内部人所为，北京故宫宫廷文化发展有限公司开除了所有员工。倘若消息确实，也不令人奇怪，我们文化中的那些恶劣成分使然。中石化广东石油分公司“天价酒”曝光之后，他们不也是毫无反思悔过之举相反却热衷追查“内鬼”吗？故宫的庭院之深是为人所熟知的，但“庭院深深深几许”？还要开启几扇“门”才能“触底”？有形的自然谁都看得到，而无形的，从目前来看还是个未知数。

就算真的开除了所有员工，也像“错字门”一样，都是下属干的，领导没什么责任。可是现在的问题在于，就一个建福宫变身私人会所也就罢了，偏偏“福无双至，祸不单行”，从承德、从南京分别传来了性质一模一样的消息。承德避暑山庄的蒙古包，经过“抢救性修复”之后变成了“避暑山庄皇家会馆”，今年 6 月中旬就要试营业了，目前正在招募尊贵会员，首批限量发行会员卡 100 张，每张价格初定为 20 万元。该会馆倒是“好汉做事好汉当”，毫不隐讳地对外宣称他们那里拥有总统套房、豪华商务套房、特色豪华蒙古包等各类房型 40 余间……有皇家御宴、法式大餐，饕餮奢华餐品，会员可以独享至尊体验。相形之下，南京美龄宫像建福宫一样有点儿偷偷摸摸。美龄宫把二楼原本的会客室变身成为一间开阔的宴会厅，以“蒋、宋喜爱的特色菜肴”为招牌，且已存在七八年之久，但一直没有对外公布订餐电话，只有直接联系经理才能订餐。避暑山庄、美龄宫与故宫一样，都是全国重点文物保护单位！那可是中华人民共和国对不可移动文物所核定的最高保护级别啊，就这么被那些有“尊贵癖”的极少一部分人给霸占了？即使霸占的只是其中一部分也不行吧。

黑色幽默的话，故宫的“失窃门”才真正诠释了什么叫“坏事变成好事”。由它引发的一系列事件，可谓“拔出萝卜带出泥”。首先，我们因此知道故宫还有建福宫的“变质”问题；其次，因为建福宫的问题，我们才知道避暑山庄、美龄宫同样如此或已然如此。很遗憾，像官员的落马往往出自意外或偶然一样，这三起性质并无二致的事件的曝光，也都与主管单位了不相涉。眼皮子底下的事情硬是看不到，还能看到什么？由此也可推知反腐败的难度，那可是涉及大是大非的问题呢。不过，难道他们今后就只能通过网友爆料才去被动地发现问题，才不得已地去正视问题吗？他们当定了鸵鸟，把头钻进沙里自以为平安无事，或者跷着二郎腿理所当然地“民不举、官不究”吗？

我不大相信全国只有这三起“变质”事件，果真如此，倒是国之大幸了。我国有文物普查制度，借此发现未知的文物，全面掌握不可移动文物的数量、分布、特征、保存现状、环境状况等基本情况，以及最后厘定保护级别。现在，文物保护单位显然需要借鉴之，进行另一种普查，那就是全国究竟有多少文保单位“变质”，先查查问题有多少，再查查问题有多严重，就从全国重点文物保护单位查起好了。总之，我们不能在讲“文化”的时代，不断闹出没文化的事情来。

（2011 年 5 月 19 日）

没有摩梭族，只有摩梭人

今天中国新闻网有一篇《摩梭族母系文化濒临瓦解，走婚引发官司越来越多》的报道，是对学者拉木嘎土萨的采访，谈的是“在经济利益的驱使下摩梭人开始面临家庭小型化的问题，这将导致泸沽湖母系文化的支撑平台坍塌，母系文化濒临瓦解”。报道提出的问题是值得重视的，但“摩梭族”的用法显然违背了基本常识。

在我国 56 个民族中，没有摩梭族，只有摩梭人。不要说专业人士，就像笔者这种民族学专业出身，但早已远离“本行”的人也一眼看出了破绽。摩梭族与摩梭人，虽然只是一字之差，却性质大别。所谓××族，是经过了民族识别之后正式确立了的民族名称；而××人，则属于待识别的人群。经过民族识别，他们可能归属于某个民族，如 20 世纪 80 年代苦聪人被确认为拉祜族；也可能产生一个新民族，如 56 个民族中最后明确的基诺族，是在 1979 年确定下来的。民族识别，是指对一个民族成分的“辨认”。笔者在中山大学人类学系读书的时候，好多前辈、老师都曾参与过 20 世纪 50 年代开展的大规模民族识别。比如中国人类学第一个女博士生导师黄淑娉先生就参加过四川小凉山、云南中部坝区及南部地区的彝族识别调查。听前辈们说，当时先由各自申报，自认为是什么族，一共上报了 400 多个，然后根据斯大林下的民族定义——“几个共同”——来进行识别，最后确定了我们现在熟知的 55 个少数民族，连同汉族，“五十六个星座五十六枝花，五十六族兄弟姐妹是一家”。斯大林还有一本《马克思主义语言学问题》，上语言学课的时候也是言必及之。彼时感到非常不解，学术问题为什么也要唯领袖人物马首是瞻，应该说到现在也仍然没弄明白。远离了“本行”，不知道我们现在“学术上”的民族定义究竟如何。

其实，在上面提及的报道里面，也是一会儿摩梭族，一会摩梭人。稍微留心一下就不难发现，凡是直接引用学者拉木嘎土萨的话的地方，都是摩梭人，而轮到记者自己的表述，才变成摩梭族。这就充分表明或证明，“××族”与“××人”的概念，在学界中是根本不成其为问题的，只是学界之外混为一谈而已。这不是一个“局部”问题，早几年我在本埠一家报纸刊登的几个版面认领孤儿的介绍中，就见识了三个莫名其妙的“新”民族，纯粹想当然耳，都不知是怎么出笼的。当时按照报纸提供的报料电话纠错，人家的态度倒是诚恳，结果却不了了之，因为第二天固定的纠错版块，全然不见踪影。这是很不应该的。诚然，1950 年，丽江专区第二次各族各界人民代表大会文件明确记载：“出席会议的代表有摩梭族 12 人。”须知，那是在民族识别之前。我们也不排除将来“摩梭人”成“摩梭族”，但是现在还不能这样说话。

最后想说，我们关注任何一个民族的文化，都不该本着猎奇的心态。拉木嘎土萨认为：“要保护好摩梭人的母系文化，还需要更大的努力，比如建文化特区，限定旅游人口等。”他说的“限定旅游人口”，显然是针对猎奇人群的，摩梭人的“走婚”，以母亲的血缘为纽带，男不娶，女不嫁，对他们来说才是吸引力所在。知其然而不知，也没有兴趣知其所以然，这种心态就是猎奇的心态。

（2011 年 5 月 23 日）

这个通知可“誉”

国家广电总局近日发出了《关于 2011 年 5 月全国拍摄制作电视剧备案公示的通知》，其中说到：“个别剧目因为在表现抗战和对敌斗争等内容时，脱离历史真实和生活实际，没有边际地胡编乱造，将严肃的抗战和对敌斗争娱乐化。对存在这些问题的剧目，本月暂不予公示。”这等于是说，“个别剧目”的制作机构如果不“端正创作思想，认真调整创作思路”的话，我们看上去粗制滥造而他们也许是精心炮制的那些玩意，势必胎死腹中。

广电总局的通知很多，每每都会引起反响，成为焦点。在广电总局看来，5 月份的这种现象属于“个别”；在我看来，总体上应该属于“普遍”，如同山东师范大学电影学教授姜静楠所说：“现在再禁止其实有一点晚了。”本人不止一次撰文批评翻拍“红色经典”，诸多“母本”首先就未必可称经典，何况翻拍的往往只是借用一下先前的“名号”——片名、主人公名——而已，其余的全由人家另起炉灶，注水、添佐料，一锅乱炖，于是往往就比戏说更迈进了一步，变成胡说。但凡对充斥荧屏的多数东西瞄上几眼，恐怕都会得出这个结论。用专家的话说，披着主旋律外衣，行的却是青春偶像剧甚至是武打剧之实。关于红岩烈士的电视剧还要拍多少部我不知道，但看看最新的由 80 后主演的《××红岩》，比对一下江姐被捕、渣滓洞斗争等众所周知的情节，你就知道“娱乐化”到了何种地步！

5 月底，《人民日报》刊登了中国传媒大学博士研究生薛晋文的文章，对刚刚在北京卫视热播的《乡村爱情交响曲》提出了批评，认为“乡村爱情”这一系列农村剧“缺乏对农民的真诚体恤和温暖”。

薛晋文进而指出："面对诸多民生艰辛，农村剧应当给观众带来超拔苦难、突围困境与抚慰忧伤的希望和信念，而不是一味地回避。"印象中，《人民日报》上是从来没有出现过诸如"文章只代表作者观点"之类字样的，这就等于党报对这个批评直接地表达了认可。这句话对都市剧同样适用。我们早就承认社会转型期也是矛盾凸显期、多发期了，但是这些矛盾我们在媒体上、在网络上每天都耳闻目见，现在更多地在微博上领略，而在海量的影视作品中则基本上觅不到踪影，古装的，照旧飞来飞去，或肆意搞笑；现代的，照旧"到处莺歌燕舞"。从广电总局的通知看，光是 2011 年 5 月，"同意公示的剧目"就有 85 部 2523 集，对这些，我们该有怎样的冀望呢？之前我们拍了那么多东西，有多少不是过眼云烟呢？

诚然，当下我们产生不了震撼人心的传世之作，或有条条框框太多的因素，应了赵丹的遗言："管得太具体，文艺没希望。"在下虽不是文艺圈中人，但不妨碍"以近知远，以所见知所不见"。唐朝的魏元忠说过："何代而不生才，何才而不生代？"无论哪个领域，人才总是有的，影视不会例外。那么，我们是否也该检讨一下之所以出现"没有边际地胡编乱造"的深层原因？因此，广电总局的适时"把关"很有必要，但在"松绑"这方面，还有很多工作可做。

（2011 年 6 月 7 日）

故宫真叫人一"撼"再憾

故宫的"撼"事未几，憾事又来了一单。在沉默了 26 天之后，故宫博物院终于在昨天证实，7 月 4 日，古陶瓷检测研究实验室对宋代哥窑青釉葵瓣口盘进行无损分析时，科研人员操作失误，样品台上升距离过大，致使文物发生挤压损坏。报道说，这件哥窑瓷器属于国家一级品，而这样的一级品故宫总共才 1106 件。

故宫方面检讨文物受损有主客观两方面原因，信然。但我觉得那个“理工科毕业的女硕士、专业技术职称是中级”的当事人肯定没有任何主观故意，某种程度上可以说是他们那些客观原因的牺牲品。出了这么大的事情，如果没有网友“龙灿”爆料，公众对此事究竟能否知情？故宫方面是否试图瞒天过海？在矿难什么的那里，这种做法叫作瞒报。在故宫这里，尽管不关人命，仍然必须及时知照国人，因为那些国宝不是故宫大小员工的，他们只是在受国人的委托行使管理职能，没有保管好，失职了，就要给国人一个交代。当然，他们说了，不是要瞒，而是等到彻底调查清楚，形成一份详细的调查报告后上报。但是，他们应该知道，首先是要通报基本信息，如何调查，如何善后，如何处理，那是后话。

关于故宫文物的保护，众所周知有两个奇迹，那就是它曾经的两次大规模迁徙：一次是日本侵华，故宫文物随国人一道颠沛流离，没有个固定的家；再一次是随败军一道迁台。那志良先生有一册《我与故宫五十年》，以当事人的身份对此讲述极详，尤其是抗战时期那部分着墨最多。我们看到，近两万箱计百万件文物，长达十多年，行程数万公里，却无一受损。书中有个细节不能不提：一辆车子下坡时撞到了一个箱子，“箱子的顶板被撞到里面去了”，事情惊动了马衡馆长，专门赶来等着开箱查看。那先生说：“我看了看箱子，编字是A字，是古物馆的瓷器，心里一惊，这必是凶多吉少。”然而，“我先把上面的稻草拿出来，再拿棉花，一个个的纸包露出来了……一包包地打开，一件件地检查，完全没有伤损”！瞧瞧，那是个连人的安危都自顾不暇的时代啊，而故宫守护者们对文物的呵护却绝无丝毫的懈怠。今天出了这种匪夷所思的事情，那些接力的人难道还不该找个地缝钻进去吗？

论及今天故宫方面的主观原因，该在于缺少对国宝的敬畏之心。一个寻常的毛贼居然可以在戒备森严的地方从容得手，一个原本该对公众开放的宫殿居然可以成为富豪的会所，故宫成了什么？新近更震惊地获悉，1973年，他们为了改善员工的福利，居然将乾隆时的御林军铠甲以区区 5 角一件的价格卖给员工！而在买家眼里，这些铠甲的价值无非就是里面的丝绵可以抽出来做成丝绵被子而已。那么，那条捐给了上海恒源祥博物馆，以 10 套铠甲丝绵做成的丝绵被，与其说有助于使人们认识两百年前的丝绵质量，还不如说是一个耻辱的见证更恰当一些。饶是乾隆时的铠甲太多——他们不是还将 1000 套划拨给了八一电影制片厂做了道具吗？饶是那个时代比较荒唐，但这样对待文物也太造孽了吧，简直就是纯粹的败家子儿了！

故宫的小偷引出了“撼”事，旋即又牵出了建福宫“会所门”。此一番究竟会抖落些故宫什么丑闻，由不得我们不睁大眼睛。无他，北京故宫的这些管理者叫人太不放心了，得提高监督的等级了，得“红色预警”了吧。

（2011 年 8 月 1 日）

今天为什么要纪念孔夫子？

今天是孔子的生日，海峡两岸照例同时祭孔。这边长春、曲阜、柳州三地联动，那边台北、台中、台南、高雄等等，呈全方位态势但各干各的。有意思的是，这边纪念孔子诞辰 2562 周年，那边纪念孔子诞辰 2561 周年。一个孔子，有了两种年岁，可以肯定有一边应当改变。同样可以肯定的是，两边各有各的依据，都以为自己的确凿，改也是对方该改。但这个问题在两岸还是应当达成共识，先行“统一”为好，继续“维持现状”，难免让人笑话。

孔子在中国历史上的地位不言而喻，宋人说得好：“天不生仲尼，万古如长夜。”可见当初如果少了这位老先生，问题该有多么严重。钱穆先生的说法没那么夸张，但同样认为“中国文化理想之建立，具有最深影响最大贡献者，殆无人堪与孔子相比伦”。虽然史上“盗跖斥丘”一类的事情经常发生，农民起义如何反孔一度成为美谈，20

世纪70年代的“批林批孔”更使夫子斯文扫地到了极点，但从整体来看，历来社会的主流行为对他还是非常尊重的，连带孔氏后裔都沾了光。从宋仁宗开始，历代册封夫子嫡系为衍圣公。此后，王朝不断更迭而册封不变，直到1935年册封第77代嫡长孙孔德成时，民国政府才将“衍圣公”改为“大成至圣先师奉祀官”。孔氏家族因而赢得了“天下第一家族”的美誉，前两年他们要修族谱，好大的阵势，对来路不明的还要验DNA以防鱼目混珠呢。

尊孔表现在方方面面。《杨文公谈苑》载宋太宗至道二年（996年）重阳，太子一干人等摆宴席，同时观赏“教坊以夫子为戏”，其中有个叫李至的宾客说话了：“唐大和（文宗年号）中，乐府以此为戏，文宗遽令止之，笞伶人，以惩其无礼。鲁哀公以儒为戏尚不可，况敢及先圣乎？”太子听罢吓了一跳，“言于上而禁止之，此戏遂绝”。《永宪录》亦载，康熙初年，也是因为“优人演剧多亵渎圣贤”，从而“禁不得装孔圣及诸贤”。好在这个规定没有像祭孔一样沿袭下来，否则胡玫导演的电影《孔子》就没有问世的可能了。那电影也有争议，但针对的是太多胡编乱造的成分。

从前尊孔，有统一思想的目的，先是“罢黜百家，独尊儒术”，到科举场上的八股文登峰造极。今天为什么要祭奠孔夫子？看报道，这边要让市民、学生“感受穿越千年时光，走近孔子那熠熠闪光的思想，感受中国传统文化的魅力”；那边“希望通过这样（遵循古礼）的仪式，让所有参与的学生了解儒家思想，让儒家思想深植人心”。说虚吧，又有那么点儿实；说实呢，又透着虚。倘若光看照片、视频的场面，更像是找到抓手弄了台晚会。我觉得，今天祭孔，该是传承他作为“万世师表”的教育理念。比如他老人家的教育口号是“有教无类”，就是说不分贵贱贤愚，也不分地区族类，什么人都应当受到教育。他那个时候的学校只招收贵族子弟。孔子这样说，也这样做，他的学生大部分就都是平民。而至少在我们这边，“寒门再难出贵子”的话题连《人民日报》也不回避了。农村子弟因学费高、毕业后就业难而放弃高考，已经成为一种社会必须关注的现象，而其根源就在于教育资源的不均衡，竞争不在同一起点，使寒门子弟的向上通道越来越窄。

因此，如果只在孔子生日这一天，我们认识到老人家伟大啊，把他当作圣人捧得高高的，过了这天该是什么还是什么，而不能从孔子思想中吸收有益的、积极的成分，见之于行动，那么“祭孔日”就和没有多久就来一个的世界或国际什么日，比如“无车日”“环境日”之类没有多大区别，有没有都差不多。

（2011年9月28日）

整顿插播广告只是小事一桩

广电总局又有通知了。这一回是“关于进一步加强广播电视广告播出管理”，规范影视剧中间插播广告行为，禁止在片头之后、剧情开始之前，以及剧情结束之后、片尾之前插播任何广告；规范新闻节目中插播广告行为，新闻节目主持人不得为商业广告做形象代言；等等。记不清议过多少回广电总局的通知了，此番权算N议吧。

这个通知应该是能赢得叫好声的。但对其前景，我依旧没有那么乐观。在广电总局看来，他们的《广播电视广告播出管理办法》（广电总局令第61号）“实施一年多来，执行情况总体良好，社会各界普遍认可”。但对此的感觉是从来就没好过，反而感觉越来越严重了。从新通知的主要要求也可以旁证出这一点，比对一下不难发现，新的就是对那个《管理办法》的简单重复，抄了半遍，好听一点儿可以叫作“重申、强调”。但《管理办法》第五章不是专谈“法律责任”的吗？违背哪条罚多少钱，像非黄金时间、黄金时间，每集电视剧可以插播几次商业广告，每次时长多少一样，细到不能再细。而“近来一些违规问题出现反弹”之后，这柄法律责任之剑究竟舞动两下没有？如果没有，又焉能指望新通知收到预期的成效，倘若有预期的话？

市场经济了，电视台需要广告安身立命、维持自身的可持续发展。但是，把观众摆在首位还是把广告额摆在首位，仍然是一个不容回避的问题。如果是前者，就应该认真研究一下观众的承受心理，且这方面早有样板。咱不是崇“香”媚“港”，早些年可以直接收看香港电视节目的时候，对人家的插播广告至今印象良好。为什么？一个是广告制作精良，赏心悦目；再一个就是人家对观众的心理把握得非常之准，没有厌烦之感。咱们的插播实际上是学他们的，可惜学得不三不四。后来电视都“被有线”了，一到人家的广告时段，咱们马上来个“狸猫换太子”，把粗制滥造的玩意硬塞上去，却又不注意——或故意延长插播时间，致使之后的节目内容时常衔接不上。

不得超过多少分多少秒，电视台如果有被监督意愿的话，很容易办到，那就是屏幕上来个倒计时。我看的频道不多，但发现广东台的《新闻最前线》就做到了。有次看央视的一个什么节目，忘了，因为广告插播等得实在是让人不耐烦，剩下的部分索性就剩下了，没心思再看。江苏台正在大红大紫的《非诚勿扰》有些意思，但插播广告时间太长，特地计了几次，每一次大概要 6 分多钟。不仅太长，要我看，他们还违反了《管理办法》第十四条：“广播电视广告播出不得影响广播电视节目的完整性。除在节目自然段的间歇外，不得随意插播广告。”因为在很多时候，男嘉宾走上前去，观众正准备看究竟和哪一位“牵手”时，广告来了。本来嘛，“欲知后事如何，且听下回分解”是祖宗的真传，就是要吊足观众的胃口，传承传统不假，但是否影响了“节目的完整性”呢？因此，要么《非诚勿扰》“改弦易辙”，要么《管理办法》删掉那条规定，二者必居其一才对。

当电视台插播广告还不足以自律之际，看来非得广电总局出手不可。但是既然出手了，就该有头有尾，否则形同虚设，自己便处于十分尴尬的地位，再说什么，无论多少令多少申，人家也不会当回事。广电总局的诸多通知都陷在这个泥潭中不能自拔。事实上，在电视剧广告插播之外，道理亦然，比较起来，整顿插播广告之类还只能算是小事一桩。

（2011 年 10 月 13 日）

愿春晚取消评奖能带个好头

央视龙年春节联欢晚会宣传负责人马星日前证实，今年的春晚节目将不会进行任何形式的评奖活动，随后的正月十五元宵晚会也将取消颁奖环节。年初我曾经有此建议，但人家当然不是听了我说才不弄的，高攀不起。春晚一名金牌编剧认为，可能是近几年网上的投票情况和实际评奖结果差距巨大，招致许多负面声音之故；而龙年春晚主题是“回家过大年”，对于演员和观众来说，设置评比环节似乎意义也不大，所以取消。无论具体原因是什么，取消本身都是值得肯定的。

不知是从谁开始“定性”的，说春晚是一个“新民俗”，我不大同意。凡民俗，得有深厚的文化积淀，得经历相当长一段时间的检验而赢得多数社会成员的认同。春晚呢？“出道”不过才二十多年的光景，且非议之声早已响起，如果不是行政命令，不少地方电视台早就另起炉灶以“分庭抗礼”了。春晚不再成为公众的期待，有众口难调的因素，但节目本身的水准更是主要方面。在这个不争的事实面前，意味着春晚节目的评奖早已流于一种形式，变得为评而评。比如赵本山的小品，令人回味的精品固然有，然平庸之作、插科打诨之作亦不乏，但是丝毫不妨碍他 13 次蝉联小品王，跟他同台“打擂”的那些东西更提不上台面就是。在取消评奖之前，春晚总导演哈文还有“零广告”的承诺。就是说，在龙年春晚四个小时的直播过程中，没有一个广告，软的硬的广告都没有，包括零点报时之际。因此，类似受助的困难家庭，向“恩人”回赠价格不菲的“国窖 1573”的场面不会再现。龙年的春晚未到，先吹来了几缕清风，这是值得欣喜的，当然，春晚要恢复到万众瞩目的盛况，仅仅让公众没有吃了苍蝇的感觉还是远远不够的。

愿春晚取消评奖能带个好头，因为我们不难看到，在社会领域的方方面面，评奖早已经泛滥成灾。本人就不知曾经撰文批判过多少次。不要说“共和国脊梁”那种出了事才定性“违规”而此前不知何等风光的“李鬼”奖了，单是不违规的、名正言顺的、堂而皇之穿行于世间的奖项，谁又能数得清本地或本领域——不用放眼全国——究竟有多少？放眼全国就更可怕了。今年 9 月的一则消息说，全国评比达标表彰工作协调小组负责人介绍，2006 年至 2009 年期间，由中央纪委牵头，人力资源和社会保障部等部门参与，全国共清查出各种评比达标表彰项目 148405 个，保留了 4218 个项目，总撤销率为 97.16%。撤销了 14 万个。My God！我不大理解为什么这两年的没有计算在内，是风气煞住了，还是没来得及清理呢？总之，今天我们依然看到，但凡一项例行的活动、一次灾难的救援、一个项目的成功，以及岁尾年终，必然伴随着各类评奖，铺天盖地的架势，完全就是工作的“有机组成部分”，至于锦旗牌匾早就成了产业。看上去皆大欢喜，其实很有点自欺欺人。是不是该学学春晚，甄别甄别，意义不大的就算了呢？

春晚如果在取消评奖方面真的带了个好头，使之延伸到了社会各个领域、各个层面，假设，只是假设——乌鸦嘴——一下，即便龙年的这一台仍然令公众不大买账，也算是“失之东隅，收之桑榆”了，因为其积极意义已然超越了所谓“新民俗”所要达到的目的本身。

（2011 年 11 月 14 日）

期待“限广令”后面的“严肃处理”

国家广电总局 11 月 25 日下发了《〈广播电视广告播出管理办法〉的补充规定》，决定自 2012 年 1 月 1 日起，全国各电视台播出电视剧时，每集电视剧中间不得再以任何形式插播广告。11 月 28 日，又专门下发了贯彻执行这一补充规定的通知，要求各级广播影视行政部门全面监看各级电视台的落实情况，对仍插播广告的播出机构，将按照相关法规规定，给予严肃处理。最后这句说到了点子上。

在我看来，“限广令”之所以这回来了个“一刀切”，就是先前的违规没有“严肃处理”的必然结果。“限广令”是对《广播电视广告播出管理办法》即广电总局第 61 号令第十七条的修改，修改前的原文是什么呢？“播出电视剧时，可以在每集（以 45 分钟计）中插播 2 次商业广告，每次时长不得超过 1 分 30 秒。其中，在 19：00 至 21：00 之间播出电视剧时，每集中可以插播 1 次商业广告，时长不得超过 1 分钟。播出电影时，插播商业广告的时长和次数参照前款规定执行。”这个《管理办法》是经国家广播电影电视总局 2009 年 8 月 27 日局务会议审议通过，自 2010 年 1 月 1 日起执行的。但是，从那时起到现在差不多整整两年了，可曾有哪个电视台把它当成一回事？又可曾有哪个观众记得还有这样的可以用来维权的条款？好像没有，即便有，也是极个别。正是因此，《补充规定》此番才加大了力度。而我们比对一下白纸黑字就不难发现，类似的规定早已叠床架屋。就在上个月，不是还有个《关于进一步加强广播电视广告播出管理的通知》吗？内容同样是规范影视剧中间插播广告的行为，即禁止在片头之后、剧情开始之前，以及剧情结束之后、片尾之前插播任何广告，等等。违规而得不到“严肃处理”，足令各级电视台的胆子越来越大。

报道说，“限广令”既出，赢得了网友的支持，有网站更调查得出 93％的支持数据。这是可以想象得到的。当你好不容易喜欢上一部电视剧在追看的时候，忽然毫无征兆地蹦出广告——还不知要闹腾到几时——难免败兴，极端的难免骂骂咧咧。“限广令”因而能赢得观众的热捧几乎是可以肯定的，在热捧之余寄予热望几乎同样是可以预知的。若要“限广令”不辜负观众的热望，就需要广电总局真的能“严肃处理”。本来，在社会方方面面都面临有法不依的尴尬背景之下，单纯要求广电总局的禁令奏效，实在近乎苛求。但一方面他们的禁令给公众最贴近生活的感觉；另一方面他们的禁令执行起来也最具有可操作性。比方这回的“限广令”，根本不劳他们委派各级“行政部门”监看，每天电视机前的上亿双眼睛，都是最好的监督员，他们能够及时受理投诉就足够了。

放眼广电总局的禁令之外，我们不难发现一个沉重的社会现实。诸多先前信誓旦旦的“严肃处理”，或者根本没有，或者仅仅“严肃处理”于一时，这样的恶果导致不少领域的不少禁令条款都沦为形同虚设的境地。广电总局此番“限广令”如果能够奏效，庶几可以成为其他领域“言必信，行必果”的一个样板。我们应该认识到，“严肃处理”与否，实际上关系到对待法规的态度“严肃”与否。

（2011 年 11 月 29 日）

历史剧不可能图解历史

广电总局近日公示了“2011 年 11 月全国拍摄制作电视剧备案”的通知。这是个例行通知，但照例开辟了大量议论的空间。因为在什么题材准备拍多少部、多少集以及剧目表之外，还有若干“题内话”。通知说：“近期以来，一些历史题材电视剧创作中出现了不尊重基本历史史实的现象，个别剧目存在胡编乱造历史的内容和情节，在价值导向上出现偏差，这种现象必须予以纠正。”

以我的观察视野，这个“近期以来”就可以换成“长期以来”，“个别剧目”也可以换成“多数剧目”。电视剧戏说历史，那是多少年前对历史稍知的热心人就开始较真的事情了？20 年都有了吧。那个时候有句话很经典：气死历史学家。我知道那是调侃，但仅此足可折射胡编乱造的程度，亦足以验证时间之久。通知所说的历史，未知是否包括现代史，因为我们大量翻拍的所谓“红色经典”以及谍战剧、抗战剧之类，但能正眼相视，便不会得出“个别剧目”的结论。中国

第一部电视剧《敌营十八年》播出时，好多当年“潜伏”过的前辈还在，记得人家指出，照剧中主人公那个样子，他连敌营十八天也待不住。许是见证者渐渐远去了的缘故，总之，离我们并不久远的历史题材也有愈发肆无忌惮的态势。它们的一个恶果是，令今天的人们觉得当年战胜敌人何其轻而易举！

这个“长期以来”甚至可以上溯至古代。我们引以为自豪的“唐诗宋词元曲”中的“元曲”，就非常“不尊重基本历史事实”。比如昭君出塞，毛延寿如何因为没有收到红包乃在画像上做手脚等细节姑且不论，至少我们知道昭君因此无缘得幸；汉元帝竟宁元年（公元前33年），“匈奴呼韩邪单于来朝”之时，把昭君带走了。但在元曲四大名家之一马致远的名剧《汉宫秋》中是怎么表现的呢？昭君与元帝恩爱得一塌糊涂，“且尽此宵情，休问明朝话”；而且昭君走是走了，居然没到塞外。第三折中，一行人来到“黑江，番汉交界去处”，昭君“做跳江科”，结果“番王惊救不及，叹科，云：‘嗨！可惜，可惜！昭君不肯入番，投江而死。罢罢罢！’”够离奇吧？再拈一例。“樱桃樊素口，杨柳小蛮腰”，白居易的诗句，夸的是他的两个小妾，樊素和小蛮。但在元曲四大名家另一位郑光祖的名剧《㑳梅香》中，小蛮成了名相裴度的女儿，樊素变身裴家的丫鬟，裴度要小蛮嫁给白居易的堂弟白敏中，韩愈则请姐姐（裴夫人）把樊素“与您侄儿阿章做个媳妇儿”。人物的身份、相互之间的关系，简直就是乱来一气。

这两出还是名剧呢，说了也就说了，八百多年过去，没人去当真。这就是说，历史剧就是历史剧，让它图解历史，或者承担历史教科书的功能是不可能的。影视需要情节曲折离奇，起伏跌宕，而真正的历史往往枯燥无味，根本不具备这样的魅力。所以，历史题材的影视剧“真实可信”几乎是不可能的，即便不“胡乱”也是“编造”，则真实又何从谈起？与其如此，还不如想个什么办法来强化影视剧和历史之间的“楚河汉界”，这是影视，那是历史，鸿沟一道，做到这一点也就足够了。

（2011年12月7日）

就当年度汉字评选是个娱乐项目吧

还有 20 多天才到明年呢，“年度汉字”先迫不及待地出炉了一个，叫作“微”。所以说“先”，因为谁都知道这不是“定论”，过几天，陆陆续续地，我们还会见识不同评选机构评选出来的形形色色的“年度汉字”。这一个，是两岸媒体——确切地说只是两岸各有一家媒体——主办的“2011 海峡两岸年度汉字评选”。

每年发生的刻骨铭心的事情都有很多，2011 年并不例外。就如一千个读者的心目中有一千个哈姆雷特，每个人大概也都有自己心目中的年度汉字，关注点不同嘛。比方我本能想到的是“车”，公车、动车、校车。每一个“车”的后面关联着什么，用不着多做解释。2011 年发生的事情已经告诉我们，公车虽然并非如动车、校车带来的直观得血淋淋，靡费公帑的程度却同样惊心动魄。年度汉字评选据说是从日本开始的，但用单个汉字试图“以偏概全”或曰提纲挈领的做法，其实是我们的一项文化传统，早就屡见于前人。

《论语》里子贡问孔子：“有一言而可以终身行之者乎？”有没有一个字可以作为终身奉行的信条呢？孔子说有，是“恕”。紧接着，他又用了“己所不欲，勿施于人”八个字做诠释，要义在于“推己及物”。司马光则强调“诚”，他说自己“平生力行之，未尝须臾离也，故立朝行己，俯仰无愧耳！”他的这一自我鉴定毫无夸饰成分，关于司马光如何之诚的事例不胜枚举。如《萍洲可谈》载其“令老兵卖马”，叮嘱说：“此马夏月有肺病，若售者，先语之。”人家卖东西都把东西说得天花乱坠，司马光却要讲清楚缺陷在哪儿。因为圣贤教导的美德每每停留于文字间，鲜有人当真并见之于行动吧，所以那老兵当时还“窃笑其拙”。但在司马光看来：“欺人者不旋踵，人必知之，感人者益久，人益信之。”他就是要身体力行，证明“君子所以感人者，其为诚乎”。咱们的年度汉字评选进行好几年了，这里也评，那里也评，“百花齐放”出来的年度汉字可以组成一部“微小说”了，但这个“诚”字似乎还没有当选过，虽然众所周知我们各个方面的诚信缺失得一塌糊涂。报道说，台中市长胡志强今年曾力挺“诚”字，不幸最后连前十都没进来。

先出炉的这个年度汉字为什么叫“微”呢？有解释：2011 年在海峡两岸历史上的重要性，体现在一些微小的人、事、物上；许多人还会联想到风靡两岸的“微日志”“微博”。像这样不能“一目了然”，要附上一堆解释的做法，前人名之“衬字”，曲词中常见，就是用来补足语气、增加声情色彩但属曲律规定字数之外的字。两岸的“微”以及孔子的“恕”，都要附上衬字才能明白。钱锺书先生《管锥编》批评一种文风，叫作“字约而词不申”，简是简了，却不知你在说什么，指的就是这种情况。钱先生举《诗经》为例，以为“语每约省太甚，须似曲之衬字，始能达意”。如《小宛》之“壹醉日富”，需郑笺云“饮酒一醉，自谓日益富”；《谷风》之“无草不死，无木不萎”，需孔正义云“无能使草不有死者，无能木不有萎者”。明代李开先也曾嘲笑曰：“衬字太多，如吃蒙汗药，头重脚轻。”

但对年度汉字，也许不该有这种苛求吧。反正没个划一的标准，像各个媒体眼花缭乱地评选年度人物、年度十大新闻一样，那就当它是个年终的大众娱乐项目好了。

（2011 年 12 月 8 日）

决定发展后劲的文化不是文艺演出

文化部日前下发了一个规范音乐节等节庆类营业性演出活动运作与管理的通知，内容不少，诸如节庆演出不得冠以中国、中华、全国、国家、国际字样等等。其中“政府或者政府部门不得主办或者承办节庆演出，不得直接参与投资节庆演出”，笔者以为最值得落实。早几年，一个理论上穷得叮当响的地方——国家级贫困县——也动用巨款追星，曾经被舆论抨击得灰头土脸了一回，然而，口袋里鼓的地方就应该用纳税人的贡献颠来倒去地请那几个人重复来重复去地唱那几首“红歌”吗？

我们为什么要推动文化建设，是因为认识到了文化决定发展后劲。然而，耳目所及，这个“文化”在当下被极大地简化了，简化成了各项具体的文化产业，甚至简化成了各种文艺演出。这些东西跟“后劲”关联得起来吗？“酒旗戏鼓天桥市，多少游人不忆家”，清末民初易顺鼎的诗句，描述的是北京天桥当年的“文化”盛况。我们现在“大力开展”的群众性文化活动，达到天桥的那种程度似无可能；即便达到了，天桥留给世人的也正如齐如山先生所言：“入其中，而北平之社会风俗，一斑可见。”老北京平民社会的典型区域而已，效果仅限于此，后劲从何谈起？从影视中我们还知道，吉卜赛人整天载歌载舞，几百年了，却还是到处游荡。

决定发展后劲的文化不可能是当下聒噪的那种表层的、浅层的东西。文化的价值有其共性的一面，然此民族之所以别于彼民族，此区域之所以别于彼区域，必有其特色的成分。卖弄一下自己的文化人类学专业，这些特色就是本“文化圈”里的“文化特质”。现在不是到处都在评本地的“精神”嘛，评出来的应该就是这些特质，可惜，普遍做法仍然是在为数不多的那几个宏大而放在哪里都无比正确的字眼里打圈圈。决定发展后劲的文化应该是文化特质中得到发掘、弘扬、传播中剔除了杂质的优良成分，对“圈”内的成员凝聚向心，为“圈”外的人们所认知、所激赏。某部进口大片在我们这里“攻城略地”，我们的人往往只看到人家凭借电影能赚得盆满钵满的一面，以为自己的投资还不够大，视觉冲击还不够强烈；实际上，我们更应看到人家的电影对自己民族精神、民族价值理念诠释并传播的另一面，这才是令大片之所以为“大”的脊梁——当然不是“脊梁奖”的那根脊梁。记得《拯救大兵瑞恩》风靡之时，关于“八个救一个”值与不值曾引起讨论。这部电影在开头没有他们惯常出现的“Based on a true story（根据真实故事改编）”，显见是虚构的，但是仍然强烈地打动了我们。最后，当我们看到那位奉献了3个儿子的母亲没有再失去她唯一仅存的儿子时，他们的核心价值如何也就尽在不言中了。我们对此类题材当然也有表现，但得承认在内涵、张力等方面的肋还太软。此外，我们同一类的恶性事故为什么总是接二连三，远一点的如煤矿，近一点的如校车？现在我们把焦点集中在校车条例的制订上，出台了又能怎么样？关于食品安全的法律法规多了去了，效果如何？要么没有法，要么法不健全，要么有法不依，出了事情翻来覆去地在这几个问题上兜圈子。何以至此？根子上正是我们文化中的杂质在作祟，如果不从根本上加以克服，社会就将始终处于“救火”状态，谈不上平稳发展。

把决定发展后劲的文化简化成单纯的文化产业或者文艺演出，应该说在方向上出现了偏差。

（2011年12月15日）

啄一下《咬文嚼字》的年度语文差错

上海《咬文嚼字》编辑部昨日公布了2011年中国出现频率最高、覆盖面最广的十大常犯语文差错。

有“语林啄木鸟”之称的《咬文嚼字》，是我比较喜欢阅读的杂志之一，还专门订了一份，获益匪浅。印象中，他们是第一次有此“公布”。然而结合公布的内容，笔者倒想反“啄”他们一下。因为感到遗憾的是，他们公布的这“十大”，典型性还远远不够。除了排在第一位“社会影响最大的语文差错”——北京故宫的“撼字门”，第三位“出现在媒体上的重大知识差错”——中国共产党党徽上的“镰刀与锤头”成“镰刀与斧头”，第七位“最容易读错的金属元素名称”——“铊”（ta 阴平）读成（tuo 阳平）之外，其他的实在平平。诸如“最容易混淆的繁体字”乃“光复”的“复”字入选，只因为电影《辛亥革命》中多次把“光復”误写为“光複”。说实在的，如果不是《咬文嚼字》在这里提出来，相信好多人根本没留意还有这么回事，太个案了吧，这就名之以年度之最？倘若《咬文嚼字》要借此普及繁体字知识的话，还不如拿“云”“后”之类来说事。“古人云”成“古人雲”，“皇太后”成“皇太後”，日常生活中倒是司空见惯，即便在 2011 年中举例子，也会一抓一把。

诚然，故宫的“撼字门”也是属于极其个别的现象，但故宫方面对这件事的前后态度，以及由此推开的故宫“N 重”深门，使之超越了“语文差错”的范畴，而上升为公共普遍关注的社会热点，其入选并独占鳌头便“当之无愧”。中共建党 90 周年了，一些媒体仍然把党徽上的“镰刀与锤头”弄成“镰刀与斧头”，着实说不过去。6 月间发生的中国矿业大学学生“铊中毒”事件，把这个原本应该远离大众生活的字眼一下子拉到了近前，如果大家都读白字，外人不笑话咱们自己都会不好意思。因而，对这“三大”的入选，笔者并无异议。

“十大”中的多数不仅没有典型性，更不具备“年度性”。比如“最容易误用的称谓是管村主任叫村长”“使用计量单位时常见的错误是把‘摄氏度’分开来说成‘摄氏’多少‘度’”，都属于老问题，掉了牙的，在 2011 年表现出了哪些特殊一面？搜肠刮肚也想不出来。至于“灾害事故报道中经常混淆的词语是：‘泄露’和‘泄漏’”；“工程建设中常见的词语错误是‘合龙’误为‘合拢’”；“学生作文中容易出错的引语是‘一年之计在于春’中的‘一年之计’容易误为‘一年之季’或‘一年之际’”；“街头商店用字中常见的差错是‘家具’误为‘家俱’”，都属于寻常得不能再寻常的错别字，倘若将这些类似“容易出错”的词语列举起来，那可麻烦了，相信每个年度都会不胜枚举，这几个荣膺“2011 年中国出现频率最高、覆盖面最广”，究竟从何说起呢？

留神处处皆学问。我们习以为常的用法、说法，可能是不准确的甚至是错误的，专业机构及时地制定相关标准以正视听很有必要。倘若《咬文嚼字》真的如笔者印象是第一次搞这种活动，那么可能还会有第二次，成为每年的“例牌”也说不定。这样的话，尤其需要“掷地有声”，不要让人随便啄一下，就能啄出“虫子”来。

（2011年12月22日）

《壬辰年》特种邮票至少谈不上成功

《壬辰年》特种邮票将于明天正式发行。好多年了，我一直不明白生肖邮票的发行日期为什么都选择在1月5日，很想知道这究竟出于什么考虑。按生肖交替的时间，“接班”的那天是在农历大年初一，我觉得在那天发行合适些。用眼前的事情来说，“兔子”还没走，“龙”就来了，有那么点儿不伦不类。但今年的问题显然不在这里，而是提前公布的邮票上那个“龙”的图案。

《壬辰年》特种邮票上的“龙”是蟠龙造型：一条金龙正面对人，圆睁双眼，真正的而非形象意义的张牙舞爪。据说这是古代龙图形发展到巅峰时期的“正宗造型”，连盘绕角度和鳞爪造型都有严格的规范。对这个“正牌货”，认同的说是“威武庄严，一身正气”，不认同的说是“凶神恶煞，霸气外露”，与过年的喜庆气氛不符。显然，不认同的还不在少数，否则争议断不至于逐渐升温。本来，对一件艺术作品的品评从来都见仁见智，但生肖龙票在发行到第四轮时人们表现出的反感态度，表明这个“正宗”形象至少在此时此地不大符合国人的审美情趣，而有关方面的回应更加乏力。

比如，中国邮政集团公司邮票发行部负责人冯舒拉的那句“龙本来就应该是这样的”。谁都知道，龙作为中华民族的图腾，仅仅是一个“文化意象”，像凤凰、麒麟一样，根本不存在，用新生肖龙票设计者陈绍华的话说：“除了龙之外，其他所有生肖都可以在现实中找到动物原型。”因此，龙是没有“本来应该”什么模样的。从典籍中我们知道，从前的人们动不动就声称“看见”了它们，纯属扯淡。当然，再扯淡的事情也有人笃信不疑，比如汉宣帝刘询，“每有嘉瑞，辄以改元”，因而他的年号里有“五凤”“黄龙”什么的。再当然，清醒的也大有人在。洪迈《容斋随笔》载，李世民父子起兵攻克隋的西河郡时，只杀了郡丞高德儒，“自余不戮一人”。为什么呢？世民认为高德儒的罪状在于其“指野鸟为鸾，以欺人主取高官，吾兴义兵，正为诛佞人耳”。概因为在此前两三年，有两只孔雀飞过，以高德儒为首的十几个人愣说看到了凤凰。虽然事情“无可得验”，隋炀帝还是很高兴，给高德儒升了官，“余人皆赐束帛”，还在那地方造了仪鸾殿。这样看来，高德儒“欺”的饶是以残暴著称的隋炀帝，世民仍然以之为佞人。

又比如，国家邮政局邮票印制局编辑设计部主任阎炳武说，他想更正一个大家的概念，就是“每一张邮票的印制发行，它都要经过若干个部门把控，经过一道一道审查才走到今天”。其实，没有人蠢到会认为发行国家名片形同儿戏，但经过严格审查不等于拿出来的东西就一定是严谨的。以生肖票而言，第一轮中，就出现过“丁卯兔”尾巴向下、“庚午马”三条后腿等硬伤，一目了然，根本没有遮掩余地。这个时候，那一道一道审查该跟对待食品安全差不了多少了。

新的生肖龙票之所以引起这么大的关注，与这几年关于“龙”的国际话题有关。有人说，龙之英译 dragon，在西方世界被认为是一种充满霸气和攻击性的庞然大物，容易被人家误解。虽然接下来建议应该放弃以龙为图腾，换个别的，闹出天大的笑话，但这个提醒还是值得引起警觉。现在，这个连我们自己也不喜欢的生肖龙票，不是等于坐实了人家的看法吗？拍板的专家领导，显然漠视了或根本不了解那些背景，把本来图个欢乐吉祥的“时令”产品还生硬地赋予了“代表中国自信”的政治含义，实在是弄巧成拙。所以，《壬辰年》特种邮票的设计即便谈不上失败，也根本谈不上成功。

（2012 年 1 月 4 日）

我们也该有方方面面的“最丑”评选

最近，美国有线电视新闻（CNN）旗下的生活旅游网站评选出了全球最丑的十大建筑，引人注目。早几年，国外有个网站也曾评过类似的“十大”，但那次不关我们的事，我们便乐得“老鸦落到猪身上——只看到别人黑，看不到自己黑”。但此番我们的沈阳方圆大厦不幸名列其中，也许是国人注目的重要原因吧。

当然，CNN 评选的最丑，只是 CNN 的标准。我们倘若对此不屑，大可模仿电影界一些人士说人家的“奥斯卡”不过是他们自己的行业奖一样，算不了什么。CNN 如何把握最丑标准，也的确让人费解。沈阳那个“孔方兄”诚然太赤裸裸得毫无余地，但剩下的那些有不少还看得过眼嘛，位于榜首的朝鲜柳京饭店、夺得“榜眼”的迪拜亚特兰蒂斯饭店，以在下的愚眼视之，真没觉得难看到哪里去。如果这些建筑就是最丑，悲观地看，搞不好单是把咱们某个城市里的古怪玩意集中起来，就能把全球的“十大”包圆儿。再当然，人家也认识到了“审美”定义肯定偏向于主观，标准不可能划一，所以特地声明此榜单更准确的说法应该是全球十大“最有争议”的建筑。不管叫什么名堂，这种评选的思路是非常可取的，鲜花要献，臭鸡蛋也要扔。我们这里极度欠缺的正是后者。

早几年的那个“十大”问世时，笔者曾建议我们也评评自己的“最丑建筑”。至今不见动静，本人自然也从没抱任何指望，问题的关键不在于是否人微言轻——事实证明许多大人物拍案一怒的事情，过后他想生气还会照样生气——更在于我们的文化里根本没有这类基因。不错，历史上对应“四大美女”也有“四大丑女”，但后面这四位貌寝而德美才佳，不啻智慧的化身，似贬而实褒。我们干什么从来都是要锦上添花，“拆台”的事、给人难堪的事基本上不干，除非双方存心就要掐架。就建筑而言，我们也评过“十大”，展示的是建设成就。这当然是必要的，但如果看不到消极层面的那些东西，难免沉湎于自我陶醉之中。“乐感文化”是李泽厚先生提出的一个重要概念，对应于西方的“罪感文化”。在下望文生义，没有研究过前者的内涵，不知道绝大多数看上去毫无意义然乐此不疲且呈毫无止境趋向的各种评优，是否正属于“乐感文化”的一种。

我还发现CNN“十大”的另一个可取之处：追溯。一般的评选，都局限于“年度”，包括那些扔鸡蛋的，如电影界的“金闹钟奖”“金酸梅奖”之类，再不济的东西避过了风头，也可以高枕无忧。CNN这里不行，他们是新账老账一起算。比方其他建筑的历史不容易弄清楚，但越南的胡志明陵寝肯定落成好多年了，一样也给拎了出来。这样做好的一面是，但凡“丑”的东西，躲得了初一躲不过十五，迟早要见“公婆”；这样做不大理想的另一面是，这种评选要好多年才能有一次，让人“望穿秋水”。

在当下我们的国度，休说评“最丑”，除了“最佳”，我们好像不评“负面”的什么，即便有的领域有了小小的突破——电影界也有了“金扫帚奖”——但显然还没有形成气候，根本原因在于“揭短”还没有成为我们的思维定式。我们也该有方方面面的“最丑”评选，作为一种警示。再拿建筑说事，提醒那些自以为是的官员不要肆无忌惮，今天你利用权力弄些非驴非马的东西，明天的事实会正告你等于为自己立了一根根“耻辱柱”。

（2012年1月10日）

清理暴力标语不能当成唯一目的

虽然从2007年开始，国家人口计生委就开始清理和更新冷漠、暴力的计生标语，去年又启动了相应的“洗脸工程”，但《人民日报》

最近汇集了一下“漏网”的那些，使这个问题又成舆论关注的热点。那么，从侧面似可推断：那两次专项行动没有取得预期的效果，至少还谈不上净化吧。

众所周知，我们的此类标语不仅仅表现于计生领域，但凡有广而告之意味的宣传，概莫能外。比如关于“封山育林”的，“谁烧山，谁倾家荡产”之类，汇集起来也是洋洋大观。但我们也不难发现，以威胁、恫吓为能事的标语基本上都出现在乡镇以下，属于那些地方的特有景观。用国家人口计生委宣传教育司司长张建的话说，就是“在农村地区，计生标语常被视为政策法规的通俗‘翻译’”。为什么会出现这种状况，是个有意思的话题。这也该属于文化传承范畴吧，只是没有传承好，或者说没有继承好，囫囵吞枣，政策条文与通俗解读之间的界限拿捏得一塌糊涂，结果弄得太过了，过分了。

所谓文化传承，是说利用墙壁等大书标语乃我们的一贯做法，不知道有没有人考证过源自何时。1991 年，我在粤东北平远县进行人类学田野调查，在当地民居的墙壁上看到了很多红军时代白石灰刷的标语。为了让文化素质不高的群众能够看得懂、听得懂，标语都通俗得很，有不少令人忍俊不禁。具体举例的话，要找出当年拍摄的照片了。延安时期，毛泽东名篇《反对党八股》中的“第三条罪状”是“无的放矢，不看对象”，他说他在延安的城墙上看到过一条“工人农民联合起来争取抗战胜利”的标语，“意思并不坏”，可是工字转两个弯，人字加三撇，于是挖苦道：“这位同志是古代文人学士的学生是无疑的了，可是他却要写在抗日时期延安这地方的墙壁上，就有些莫名其妙了。大概他的意思也是发誓不要老百姓看，否则就很难得到解释。”毛泽东借此表明：“共产党员如果真想做宣传，就要看对象，就要想一想自己的文章、演说、谈话、写字，是给什么人看、给什么人听的，否则就等于下决心不要人看，不要人听。”

很遗憾，毛泽东当年反对的党八股今日不知比昨日严重几许，且不理它，倒是乡村墙上的大量标语，语言一直保持着他所倡导的鲜活姿态，真正是有人看，有人听，相比空话套话漫天飞，应当承认这比较难得。以愚意度之，各地那些扎眼、刺耳的计生标语开始出现的时候，都是得到了各地的“上面”认可的，以为非常通俗易懂，频频点头称许也说不定。待成燎原之势之后，量变引起了质变，大家好像才猛地发现，原来里面欠缺了人性。诸如“该扎不扎，房倒屋塌”“逮着就扎，跑了就抓，上吊给绳，喝药给瓶”等等，血腥之气简直是扑面而来。俚俗没错，但俚俗不等于粗俗，粗俗正是不少乡村标语“太过”而备受诟病之所在。矫正了这一点，乡村标语还是充满活力的。

另外我对冷漠、暴力标语还有一点看法，倘若是这么说的，也是这么干的，倒呈现了表里如一的坦白一面；而倘若标语的字眼看上去温和了，充满人文关怀了，实际工作作风并没有变，就难免给人以两面性的感觉。笔者在粤西某乡镇摸爬滚打过一年，参加过镇的计生专项行动，虽然没有目睹到暴力冲突，但计生对象若不是乖乖就范，标语上的话是很可能落到实处的。所以，血腥标语该清，但清理本身不能当成唯一的目的。

（2012 年 2 月 27 日）

电影票价的“该限”与“该降”

国家广电总局日前发出的《关于进一步规范电影市场票务管理的指导意见》（征求意见稿），甫一问世，就引起了较大的非议，集中在“会员票、团体票不低于影院挂牌价格 70%”这一条款。众多业界人士对此表示莫名其妙，“会员票和团体票的价位应该由影院根据自身盈利情况来决定，如果影院对于目前的折扣都没意见，身为第三方的广电总局有什么理由跳出来呢？”也有人大叹可能要“看不起”电影，更有法律界人士明确表示，广电总局“越权”监管电影票价的做法涉嫌违法，因为我国的价格主管部门是发改委和各地的物价局。

随着全国两会的召开，北京电影学院院长张会军和导演张艺谋、冯小刚、尹力、冯小宁、陈国星等6位全国政协委员联名提交了一份提案：加强对电影产业支持和整顿。在这份提案中，6位委员一致呼吁：电影票价该降。在他们看来，当前受场地租金、运营成本及制片方收回电影投资等多种原因影响，电影票价居高不下，外加社会影院和银幕数依然不足，从根本上制约了观影人次的增加。因此，一般的国产电影价格应该在30－40元左右。

前一个意思是“不该低于”，后一个意思是“不该高于”，看似矛盾，其实不然，前一个的70％，不拘后一个的电影票定在哪个价位，概能适用。然二者的出发点显而易见：一个是要确保片方利益，防止影院弄虚作假；一个是要吸引观众走进影院。殊途同归之处是：都在为中国电影着想。

假如我这个判断不错的话，则国产电影的核心问题并不在票价上，亦即“该限”或者“该降”，而在电影本身的水准。坦率地说，对国产电影我有一种“逆反心理”，没办法，基于现实中的教训，某些吹得很响的片子总会让我油然而生出上当的感觉。因而那些号称史诗的国产“大片”对我的吸引力极其有限，相反，倒是关注社会变迁、关注寻常人物生存命运的那些，很能引起共鸣，如张暖忻的《青春祭》、霍建起的《暖》、章明的《巫山云雨》等等。冯小宁导演说，假如观众在看完一部电影后，“对自己的人生产生了一些想法和思考”，这才是真正的好电影，观众的认同、国产电影质量的提高才是中国电影的根本希望所在。那些“小片”的魅力正在这里。国产电影质量又如何提高呢？韩国泰斗级导演林权泽的理念可以借鉴，他说他的电影起码要传递出“这样的电影只有韩国人能拍得出来”；他进一步解释说：“这不是简单的国粹主义，我是想告诉大家，只有深刻了解了自己本土的文化，才能拍出震撼人心的作品。”深刻了解本土文化，是要义所在。

不大客气地说，比照真正意义上的史诗影片，当下的国产导演还驾驭不了这个品种，当然，先得承认图解与史诗完全是两码事。我这个判断没错的话，国产导演不如扬长避短，对一时光鲜的花环不要看得那么重，而发挥自己小角度切入的长处，为中国电影史留下真正值得记录的一笔。衡量一部影片是否永恒，最简单的做法就是过了一段时间再提起来，会不会令人哑然失笑。因此，在关注国产电影能否走向辉煌时，电影票价的“该限”与“该降”都属于细枝末节。冯小宁导演还说了，他们“这次提提案的导演都不是空说的人，我们都在努力制作好的电影”。那么，我们期待着吧。

（2012 年 3 月 6 日）

“老年节”为重阳注入了新内涵

今天，十一届全国人大常委会第二十七次会议初次审议《老年人权益保障法》修订草案，其中规定每年农历九月初九为老年节。农历九月初九是众所周知的重阳节，在草案审议之前，民间事实上已将这一天视为敬老节，然原本意义的重阳节似乎并无敬老内涵，也许在下视野有限，未得其详。

重阳文化的一个重要特质是“登高”，“遥知兄弟登高处，遍插茱萸少一人”，脍炙人口。重阳为什么要登高？南宋陈元靓引南朝著作留下一说。“汝南桓景，随费长房游学累年”，因为有了些交情，长房向他透露了一则天机：“九月九日汝家中当有灾厄，宜急去，令家人各作绛囊，盛茱萸以系臂，登高饮菊花酒，祸乃可消。”桓景如其言，“举家登山，夕还，见鸡犬牛羊一时暴死”。陈元靓认为：“今世人九日登高饮酒，妇人带茱萸囊，盖始于此。”当然，这种传说像众多的节日起源传说一样，属于“齐东野语”，何况费长房是《后汉书·方术列传》里的人物，更不足信。然传说也从侧面告诉我们，重阳至少在东汉时已经出现，且渐渐勃兴。北宋吕原明《岁时杂记》载：“重九日天欲明时，以片糕搭小儿头上乳保祝祷云：百事皆高。”在朝廷，则要“赐臣下糕酒”，这该是步步高升的希冀了。九喻久，糕喻高，顺理成章。

重阳的另一个文化特质为“赏菊”，传说和“采菊东篱下，悠然见南山”的“菊痴”陶渊明有关。与五柳先生同时代的檀道鸾在《续晋阳秋》中说到：“陶潜九月九日无酒，于宅边菊丛中，摘盈把，坐其侧，望见一白衣人至，乃（江州）刺史王弘送酒也，即便就酌而后归。”于是，“菊花如我心，九月九日开，客人知我意，重阳一同来”，便成了陶渊明生活中追求的一大志趣。《东京梦华录》记载了北宋时重阳赏菊的盛况，届时“都下赏菊有数种，其黄白色蕊若莲房曰‘万龄菊’，粉红色曰‘桃花菊’，白而檀心曰‘木香菊’，黄色而圆者曰‘金铃菊’，纯白而大者曰‘喜容菊’，无处无之。酒家皆以菊花缚成洞户”。甚至连《水浒传》里的那些草莽汉子对此等雅事也不例外。他们排定座次之后险些祸起萧墙，就是因此而起。宋江在重阳时搞个菊花会，“但有下山的兄弟们，不拘远近，都要招回寨来赴筵”，“肉山酒海”之余，忠义堂上遍插菊花，“堂前两边筛锣击鼓，大吹大擂，语笑喧哗，觥筹交错，众头领开怀痛饮”。大醉后的宋江填了一阕《满江红》，令乐和单唱，唱到“望天王降诏，早招安”时，武松说话了：“今日也要招安，明日也要招安去，冷了弟兄们的心！”黑旋风李逵则睁圆怪眼，大叫道：“招安，招安！招甚鸟安！”然后一脚“把桌子踢起，攧做粉碎”。

重阳的再一个文化特质，是“茱萸”。茱萸是一种常绿带香的植物，可入药，佩茱萸具备杀虫消毒、逐寒祛风的功能，所以民间有菊花乃“延寿客”、茱萸乃“避邪翁”之谓。刘禹锡甚至数过，唐诗中“用茱萸字者凡三人”，其中以杜甫的“醉把茱萸子细看”为优。不过，宋朝洪迈说他数得太马虎，因为“至少还有十余家”，言罢一一罗列，且认为“比之杜句，真不侔矣”。诗句意境的高低见仁见智，然在唐诗茱萸数量这一事实面前，刘禹锡确实有点“粗心”。

重阳的敬老内涵从何时而起，须待专业人士考证了。即便原本真的没有，如今从法律层面予以确认，无异于为传统节日注入了新的内涵。

（2012年6月26日）

还该注意麻将的危害一面

接连看到两则影响力颇大的麻将新闻：8 月 18 日，“2012 年天府雀王争霸赛四川健康麻将大赛”总决赛在成都举行；8 月 23 日，第三届世界麻将锦标赛安徽赛区的比赛在合肥开赛。印象之中，麻将在十几年前已被国家正式列为体育竞技比赛项目，所以无论麻将比赛的声势有多大，范围有多广，都是名正言顺之事。

但是我们不能因为麻将“名正”的一面，而忽略其历史上声名不佳的另一面。胡适不是就将之列为中国的第四害（另为鸦片、八股、小脚）吗？在前人留下的大量文字中，提到麻将，言及的大抵都是其害。例子不胜枚举。宣统时，王治馨任奉天巡警局总办，“局员中有彭某等三人，恃宠骄蹇，同人侧目”。有天两个客人造访王寓，想打麻将，“而少一人，俗所谓三缺一者是也”。王治馨乃命左右赶紧打电话召人，他的下令很有意思：“叫大浑蛋。若已他出，二浑蛋、三浑蛋皆可。”这种称谓令“二客大愕，询何人”，王治馨说：“吾局多浑蛋，皆嗜博，此乃浑蛋之尤者，故以大二三别之耳。”这就可见，王治馨虽然也有麻将瘾，但对沉迷其中的部下还是嗤之以鼻的。

清末麻将风行，“达乎诸侯大夫及士庶人，名之曰看竹”，听上去有些雅致，也是语含讥讽。东晋王子猷特别喜欢竹子，即使暂时借住朋友家中，如果人家那里无竹，也要赶紧种上。旁人说：“暂住何烦尔？”他反应很大，“啸咏良久”，才指着竹子说：“何可一日无此君？”打麻将曰看竹，借用的只是这一句。彼时的打麻将，像奉天局的那些浑蛋一样，没有不赌博的，“其穷泰极侈者，有五万金一底（局）者矣”，麻将之受诟病，原因正在这里。今天有所谓健康麻将的说法，然而说归说，打起来没有不带“彩头”的，否则打起来“没劲”。尤其是“政治牌”，更成了腐败的载体。前不久被一审判处有期徒刑 13

年的丽江市古城区园林绿化管理局原局长赵桂强，对“巨额财产来源不明罪”就辩称，他打麻将赢了30万元，怎么说不清楚？慈禧太后当年打麻将，陪打者的就更讲“政治”了，借她老人家高兴来达到自己的目的。于是，“每发牌，切有宫人立于身后作势”，当内线，发暗号，比方看到慈禧“有中发白诸对，侍赌者辄出以足成之”，老让她赢。赢了，“必出席庆贺”；输了，“亦必叩头来孝钦赏收”。老太太赢得合不拢嘴的时候，“则跪求司道美缺”。吴伟业《绥冠纪略》认为明朝即亡于麻将，由这些实例去前溯，应该是有些道理的。

正是麻将与赌博如影随形、须臾不可分之故吧，有见识的前人提起来就声色俱厉，当然也有“平心静气”的。如今天苏州“寒山寺”照壁上那三个大字的书写者清末陶浚宣即有“长篇咏之”，其中说到，鏖战了一个通宵，“胜者忻忭负皇遽，面色如土不敢怒。脱下鹔鹴裘，低首长生库。到门踟蹰惭妇孺，誓绝安阳旧博侣”，输得垂头丧气，拍胸脯信誓旦旦，再不玩了；而一旦回过神来，又不是他了，“明朝见猎眉色舞，枭化为狼蝮为蝎。破人黄金吮人血，枯鱼过河泣何及”。陶浚宣悲叹，对这种“方将取汝子，弗仅毁汝室”的“不祥之物”，我国上下却“沉沉大梦真竹醉，白昼黄昏为易位”，而“君不见万国人人习体操，强身强国五禽戏”。这个见解于今亦振聋发聩。但几十年后，麻将也摇身一变为“强身”方式的一种，该是陶浚宣们万万不曾料到的吧。

大学者梁启超也十分好玩麻将，但说自己只有在打麻将的时候才会忘记读书，只有在读书的时候才会忘记打麻将。玩麻将把握住这个度，积极意义才可能彰显。一个不容忽视的事实却是，从来甚至包括当下，多数人却是只知道打麻将根本不知道读书，或者因此而荒废了读书乃至其他。前几年大地震时，某个地方的市民当夜在户外避震，仍然是满大街麻将照打，蔚为壮观。当时的新闻视为那里的人们大灾面前生活如何淡定的一个例证，但我的心理比较灰暗，以为对这种现象用近乎没心没肺来“定性”更准确些。

（2012年8月27日）

“N 大名楼”不妨申请非遗

一则“中国十大历史文化名楼将集体申遗”的消息引起了很多口水，不少专家及文保爱好者表示“不靠谱”。为什么呢？在他们看来，如黄鹤楼等在历史上屡毁屡建，现在立着的，都是前些年的产物，不是真家伙。因此，口水的焦点不在于黄鹤楼等蕴藏的历史文化内涵能否申遗，也不在于这种由社会团体或个人自发组织的申遗是否成功希望渺茫，而在于质疑者根本以为那些实体没有“原真性”，纯粹属于“假古董”。

道理是有的，但是显然也有些自家看不起自家的情愫在内。也难怪，这些年令公众目不暇接的“文化产物”实在太多了，可惜，好多要么“非驴非马”，要么严重“注水”，让大家上了不小的当。但黄鹤楼等还真的不同，其“楼名”本身的确是响当当的且是真正的文化符号。崔颢在黄鹤楼上写下了“昔人已乘黄鹤去”，李白再来的时候就不肯抬笔，因为“眼前有景道不得”了。至于“欲穷千里目，更上一层楼”(王之涣《登鹳雀楼》)、“落霞与孤鹜齐飞，秋水共长天一色”(王勃《滕王阁序》)、“先天下之忧而忧，后天下之乐而乐”（范仲淹《岳阳楼记》)，千百年来，何其脍炙人口？我们祖宗青睐的传统木构建筑，注定没有留传后世若干代的可能，山西应县木塔可能是个唯一的例外，但是，能够仅仅因为这些名楼实体的“改朝换代”，就简单地对所谓“新”的嗤之以鼻吗？

倘若专家们一定要咬住“原真性”不放，则我建议“N 大名楼”不妨另辟蹊径，申请非遗。所谓“N 大”，乃因不知这十大——黄鹤楼、岳阳楼、滕王阁、鹳雀楼、蓬莱阁、大观楼、阅江楼、天心阁、钟鼓楼和天一阁——中，在较真的人们眼里，哪些还有“原真性”，哪些已经没有了。我能说出来没有的，只有前四个，却恰恰是这四个，在民间的知名度最高，“十大”才因之更加凸显文化的厚重。“原真性”高的又怎么样，我相信搞个问卷调查的话，不少人会问你说的是哪里的“阅江楼”“钟鼓楼”呀？肇庆就有“阅江楼”，北京也有“钟鼓楼”，刘心武先生写的同名小说，还得过茅盾文学奖呢。

“N大名楼”申请非遗，完全符合巴黎《非物质文化遗产公约》的定义。按照该定义，非遗是指“被各社区、群体，有时是个人，视为其文化遗产组成部分的各种社会实践、观念表述、表现形式、知识、技能以及相关的工具、实物、手工艺品和文化场所。这种非物质文化遗产世代相传，在各社区和群体适应周围环境以及与自然和历史的互动中，被不断地再创造，为这些社区和群体提供认同感和持续感，从而增强对文化多样性和人类创造力的尊重”。请先注意“文化场所”几个字，然后再读下去，会不会发现这定义就是为黄鹤楼等量身定制的呢？

另外想说，在世界文化遗产的认定标准中，“原真性”诚然是最基本的认定要素，然过分拘泥于此，就钻了牛角尖。除了地下的出土文物，地上传承下来的东西没有多少敢拍胸脯说自己是“原真”的。北京的天安门“原真”吗？不错，它建成于明永乐十八年(1420年)，但今天的解密材料早已毫不讳言，它曾经被秘密拆除重建过，时间就在20世纪60年代末，一定用“原真性”来衡量，是不是该先摘了它的“全国重点文物保护单位”的牌子？往前追溯，滕子京当年“重修”的那个岳阳楼，在后世是真古董，在当时可不也是假古董？登过黄鹤楼的人都看到过，那里陈列了历代的黄鹤楼模型，假设它们同时矗立着，谁能划分出哪个是真古董哪个是假古董？对待文化符号应当摒弃“恋古癖”，更不要一味地贱近贵远。

我是赞成“十大名楼”集体申遗的，真与假的“性质”笼不到一起的话，不妨“各自为战”，N个去申遗，N个去申非遗。如果现在进行成功预测，我看好后者。

（2012年10月11日）

保住城市的历史文化风貌

经湖北省第十一届人民代表大会常务委员会第三十三次会议批准，被称为“史上最严”的《武汉市历史文化风貌街区和优秀历史建筑保护条例》，将于明年 2 月 1 日起正式实施。所谓“史上最严”，在于惩治力度之大。《保护条例》明确规定：擅自迁移、拆除优秀历史建筑的，单位最高罚款 50 万元，个人罚款 10 万元至 20 万元；有关部门滥用审批权限、不履职、违法不纠的，责任人轻则处以行政处分，重则依法追究刑事责任。

这个“史上最严”实则言过其实，因为它并没有严过“上位条例”。2008 年 4 月，国务院《历史文化名城名镇名村保护条例》即已出台，同年 7 月 1 日起发生效力。其第五章即“法律责任”，第四十四条即罚款额度：“损坏或者擅自迁移、拆除历史建筑……造成严重后果的，对单位并处 20 万元以上 50 万元以下的罚款，对个人并处 10 万元以上 20 万元以下的罚款。”显然，二者基本上是可以画等号的。那么，为什么湖北的这个被冠以“史上最严”呢？以愚意度之，一个是国务院的那个因为时间稍远，早被大家忘到脑后去了；再一个是自己制订了什么，似乎才能真正起到震慑作用，老话叫“县官不如现管”，新话叫“政令出不了中南海”。不过，饶是这个“史上最严”要打些折扣，相信任何关注历史文化遗产的人，也都会为之欢欣。盖因这几年来，某些优秀历史建筑在城市化浪潮中惨遭厄运的消息时不时地传来，令人痛心疾首。因此，不断对城市管理者强调历史文化风貌的保护意识，无论怎样重复都不为过。

每个历史悠久的城市，理论上都有自己的历史文化风貌，就实体而言，主要体现在建筑之上。城市的发展，总是在建筑的“新”与“旧”的博弈之中，“旧”的未必就一定是好的，但大浪淘沙，留存下来的那些串联在一起，就形成了城市的一条文脉，构成城市的灵魂。今天的人们都知道诟病千城一面，走到哪里，如果不看机关单位的牌子，的确不知到了哪个城市。不过在我看来，千城一面乃是发展的必然，而且，很可能时间越是推移，城市就越是趋同。用文化人类学的观点阐释，这是“文化传播”作用的结果，限于篇幅，此处不去展开。在千城一面为大势所趋的背景之下，城市的历史文化风貌便价值凸现，因为正是城市这些积淀而成的历史文化底蕴，还能够构成此城别于彼城的核心要素。那么，毁掉优秀历史建筑，就等于毁掉城市的历史文化特色。那种推土机开路式的旧城改造，实际上是把“新”与“旧”之间的关系，定性为你死我活，这样一来，“旧”的东西在城市管理者眼里就只能归为“前朝的遗老”，弃之也没什么可惜了。

今年年初有一项统计，全国已经拥有历史文化名城117座、历史文化名镇名村350个，其中平遥和丽江两座名城还被列入《世界遗产名录》。不过，名单上的某些城市也就是戴着桂冠而已，盛名之下，其实难副，城市本身早已面目皆非，感受不到历史的沧桑之感了。武汉《保护条例》对什么是“优秀历史建筑”开出了明确的条件，建成50年以上的如何，不足50年的如何，等等。亡羊补牢，未为晚也。而“严刑峻法”诚然不是根本解决问题的妙方，但当某个问题积重难返之时，下些“猛药”也十分必要。还应当明确的是，我们保护好一个城市的历史文化风貌，集腋成裘，就是在保护整个民族的历史文化风貌。

（2012年12月10日）

我们其实早有“圣诞节”

今天是西方的圣诞节。在林林总总的洋节中，对我们传统节日冲击最大的可能就是这个。据说有外国人感到不解，为什么不信神的中国人对宗教色彩如此强烈的圣诞节那么感兴趣？我想，国人热热闹闹地参与其中，大抵是相中了其情趣：圣诞树、雪花、星星、彩灯、戴红帽背口袋的胖老人、驯鹿、雪橇……而我们本土无论什么节日，基本上都只剩下吃之一途了。

我们其实也有圣诞节，历史上的事了。他们的是耶稣生日，诞嘛，我们的也属这一范畴。除了特指孔子生日，还泛指神、仙、菩萨等的生日，当然，主要是皇帝或皇太后的生日。李白《天长节使鄂州刺史韦公德政碑序》说：“采天长为名，将传之无穷，纪圣诞之节也。”这里的“天长”即天长节，就是唐玄宗的生日。《元史·世祖纪五》有好几处提到“圣诞”：至元十年（1273 年）“丁丑，圣诞节，高丽王王禃遣其上将军金诜来贺”；次年，“辛未，高丽王王愖遣其枢密使朴璆来贺圣诞节”；再次年，“丙寅，高丽王王愖遣其枢密副使许珙、将军赵珪来贺圣诞节”。这里的“圣诞节”，指的都是忽必烈的生日。

明人撰写的《万历野获编》中也有多处言及“圣诞”。如《禁革斋醮》条：嘉靖六年（1527 年）秋，“时届圣诞”，世宗皇帝说了套冠冕堂皇的话：“朕思每年初度，一应该衙门援例请建斋祈寿，夫人君欲寿，非事斋醮能致，果能敬天，凡戕身伐命事，一切致谨，必得长生。”事理明白得很，但谁要是相信，谁可能就要上当受骗。行必果的话，如何理解流传后世的“嘉靖嘉靖，家家俱净”？

清人笔记《啸亭杂录》也说：“凡遇列圣、列后圣诞、忌辰及元宵、清明、中元、霜降、岁除等日，于后殿行礼，神位前设有等镫酒脯果实焉。”

瞧，这么一罗列，至少自唐迄清，“圣诞”的说法就挂在古人嘴边。我疑心，正是有这个说法在先，汉译之时，才有 Christmas 成为“圣诞”的可能。而我们的圣诞叫法之所以被人家抢去了风头，“圣”太多因而“诞”亦太多是一个重要因素吧。并且，圣诞在我们只是一个笼统的说法，历代不少皇帝的生日还有自己专门的节名，全搞乱了。举唐朝为例，前面说过玄宗的圣诞叫天长节（后改为千秋节），肃宗的叫天成地平节，代宗的叫天兴节，穆宗的叫庆诞节，文宗的叫庆成节，武宗的叫降圣节（后改为庆阳节、寿昌节），宣宗的叫寿昌节，懿宗的叫延庆节，僖宗的叫应天节，昭宗的叫嘉会节（后改为乾和节）……圣诞名跟他们的陵墓名似的，令人眼花缭乱，用到的时候得翻工具书才行。

唐玄宗的圣诞节一定热闹异常，其所以大肆庆生，自然是大臣的溜须拍马，“百僚表请”嘛。每到这天，“天下诸州咸令宴乐，休假三日”，除了“赐宴设酺”，唐朝特有的舞马也要在这个时候“舞于勤政楼下”。与此同时，文人们也各显身手，比如王维就有《奉和圣制天长节赐宰臣歌应制》，“灵芝”“庆云”一类的话说了不少。玄宗自己更是忘乎所以地自吹自擂，“风传率土庆，日表继天祥”云云。此前，东汉光武帝刘秀的圣诞到来时，底下的人也以为找到了献媚的机会，不料刘秀认为自己即位虽然已经30年了，却是“百姓怨气满腹”，没什么好庆祝的。这种清醒的认识，后世能有几帝？

俱往矣。外国的圣诞，今日我们竟有了举国欢庆的意味，这在前人肯定是万万预料不到的。当年，利玛窦把耶稣像引进中国时，时人(姜绍书《无声诗史》）看到后说：“所画天主，乃一小儿，一妇人抱之。”度其语意，还是有一点儿感到奇怪乃至轻蔑的成分呢。不过，话说回来，面对我们传统节日日渐式微的不争事实，一味责怪人家的入侵无济于事。“他山之石，可以攻玉”，在我看来，让我们的传统节日具有或曰恢复情趣，就是一个现成的发力点。

（2012年12月25日）

“甄嬛”该怎么念，我糊涂了

《咬文嚼字》编辑部日前公布了“2012年十大语文差错”。去年这个时候我曾说过，这也许会成为他们的年度例牌，现在看来有这种趋向。我当时所以说那个话，因为对他们去年所啄的“十大”本身也啄了一下，以为其中的多数不仅没有典型性，更不具备“年度性”。如今的“十大”本身尚未留意，倒是郝铭鉴主编的题外话喧宾夺主了一回。郝主编介绍，在评选过程中，曾考虑将今年最热门电视剧《甄嬛传》的“嬛”字收入，因为几亿国人都念错了，大家不是都念“huan（阳平）”吗，其实应该念“xuan”，该读几声他没说，也许他说了记者没写出来，不知道声调在电脑上该怎么敲出来，瞎猜。

这则新闻也有点儿“石破天惊”的味道，金文明先生当年以之“逗秋雨”，现在该是郝明鉴先生“逗观众”了。几亿人都念错，不得了。有个电视台前几天重播该剧，“娘娘”的魅力依然不减，至于有网友恳求电视台放过他妈，因为他家“已经一个礼拜没换台了”。以《甄嬛传》如此之大的影响，不纠正的话，怕是十几亿人最后都要念错。说来不知应否惭愧，在下对这部“如神一般存在的电视剧”居然视若无睹，因而对剧中甄嬛介绍自己名字的由来就只有耳闻：据说娘娘自称出自南宋词人蔡伸的《一剪梅》中的“嬛嬛一袅楚宫腰”，雍正皇帝还赞她“柔桡嬛嬛，妩媚姌袅”，当得起。雍正引用的这句话出自《史记·司马相如列传》中相如所作的《天子游猎赋》。司马相如是个很有名的文学家，他与卓文君的故事千百年来一直是忠贞爱情的代表，直到前两年，有个叫王立群的教授告诉我们，相如骗财骗色包二奶，跟流氓差不多。其惊世骇俗的程度，与这几天又有个教授经过多年苦心研究认为我们应该是“羊的传人”相比，未知孰高孰下。且不理他。

不知别人何种感觉，我是你不说还明白，一说，“甄嬛”该怎么念，倒糊涂了。郝先生说应该读 xuan，在下的本能是翻一翻辞书，手边商务印书馆的《现代汉语词典》（第 5 版）里，“嬛”只读“huan（阳平）”，人家的《前言》开宗明义：“这部词典是为推广普通话、促进汉语规范化服务的。”因而没有穷根溯源的功能，可以理解。再翻上海辞书出版社 1979 年版的《辞海》，问题来了：“嬛”的三个读音中有 huan（阳平）、qiong（阳平）和 yuan（阴平），却偏偏没有 xuan！而在 yuan 旁注明的“冤”，表明不是把 x 误印成了 y，虽然 y 伸一小腿就是 x；且词条例句中，“嬛嬛”捉的正是《史记·司马相如列传》中的那句，却读曰“yuan yuan”。倘说我依据的《辞海》版本过于陈旧，那至少可以说“嬛”在“甄嬛”名字的出处中曾经读过“yuan”，应该没错吧？这其中的演变究竟是怎么回事，只有诚请《咬文嚼字》释疑了。

有网友说，既然几亿人把“甄嬛”都读错了，那就将错就错吧。我不认同这种观点，闻过则喜、闻过即改是咱们民族自古以来就有的优良品德，哪有明知错了，却错得气壮的道理？说到这儿，在下想提供一个读音真正被读错的字，究竟多少人搞不清楚，也许相关的产业工人都那么读。这个字是：淬。查辞书，无不读 cui（去声），并非像“嬛”这样多音。但可怪的是，工厂里有一道热处理工艺叫“淬火”，我在工厂当工人那些年，上上下下一概读作“zhan（去声）火”，而读 cui 的要一概被嘲笑，被视为外行。这里面又是个什么道理，至今仍然糊里糊涂。倘《咬文嚼字》一并能够解惑，则小子定然大喜过望。

（2012 年 12 月 27 日）

“光标”成“光盘”的若干联想

陈光标先生要申请改名了，改为“陈光盘”。“光盘”是当下热得发烫的一个词，当然，谁要是像“光标”一样和电脑联系起来，那就真的“两耳不闻窗外事”了。本来的光盘是以光信息作为载体来存储数据，现在被借用了，借用为在酒楼或馆子吃完饭，打包回家，清光盘子的行为。“光盘”就此外延扩大，汉语词汇的一词多义，就是这么累积并丰富起来的吧。而陈光标的改名之举，正在于以此号召大家节约粮食，兼及春节、婚礼等不放鞭炮，等等。

不过，改成没改成还是个未知数。他自己的微博宣称要改，有报道也说2月3日晚6点，他到所辖派出所南京市江宁开发区派出所户籍室递交了改名申请，可是人家的官方微博说：经我局开发区派出所户籍部门核查，陈光标先生户籍所在地并非我局辖区，故其改名“陈光盘”的申请未予受理。当然，从媒体翻出的旧账——2009年，陈光标曾把太太、孩子的名字分别改成“张绿色”和“陈环保”——来推断，改名是改定了的，出现了些小波澜而已。此举似亦可证光标先生虽然“房多多”，但可能不像新近接二连三涌现的“房妹”“房姐”“房媳”“房爷”那样“户多多”，人家到哪，揣着相应的身份证就行了，而光标先生一下子没搞清自己的户籍所在。

从来改名的原因五花八门，且有主动与被动之别。先看被动的，有的是要避讳，比如司马迁的父亲名“谈”，他在《史记》中把名“谈”的一概改成“同”，如赵同其实叫赵谈；有的是要出口恶气，比如武则天把叛臣李尽忠改成李尽灭（“光标”成“光盘”庶几近之）、孙万荣改成孙成斩。像陈光标先生这种主动的改名，也可以分出类别。比如两汉之际的新朝皇帝王莽，上台时间虽短，但特别喜欢改名，包括官名、地名，因为“一郡至易五名”，把大家都给改糊涂了，乃至下诏书的时候要附上原名，“以益岁以南付新平，新平，故淮阳”云云。当然，他也不是脑袋进水，依据的是《周礼》。他太相信《周礼》了，觉得按照那里的指引，天下自然太平。所以钱穆先生说：“王莽的政治，完全是一种书生的政治。”

如果循着历史上的改名来“归类”陈光标先生的动机，在信息不够充分无法准确“定性”的前提下大体能掂出相关的两种：一种是显示决心，另一种是讨得欢心。前一种，如南朝时的韩延之，刘裕在争夺天下的时候挖他，不想延之忠心耿耿，人不去不说，为了“以示不臣刘氏”，还把自己的字改为“显宗”，同时把儿子改名“翘”。为什么呢？因为刘裕的爸爸名翘字显宗！后一种，如唐朝的蒋乂本名蒋武，宪宗召见他，他说：“陛下已诛群寇，偃武修文，臣名于义未允，请改名乂。”诸如此类，不胜枚举。知名网友薛兆丰认为陈光标此番改名堪比“行为艺术家”，那意思显然是把他与“讨得欢心”对号入座了。我倒是觉得，“行为艺术”与否得要时间来检验，“风物长宜放眼量”嘛。倘若光标先生此番只是权一时之需，今后每逢沾“光”的焦点事件都改他一家伙，那么就不妨这样认为；而倘若人家只改这一次，显示的应该还是决心，现在就他改名本身来定论什么，都嫌轻率。

“改之以名而不以实。”不知怎的，每当看到改名的新闻时，如哪个地方复了古名——回到了××州，或者特产名胜“登堂入室”——如“思茅”成“普洱”，“徽州”成“黄山”，我都会想起南朝人说的这句话。想起而已，证据不足，也不敢随便指摘人家什么。现在又想起来，在于未知是否适用于光标或光盘先生，我们还是拿出足够的耐心吧。

（2013 年 2 月 6 日）

由《文章大家毛泽东》而感

《人民日报》今天用一个整版的篇幅刊登了梁衡先生的《文章大家毛泽东》，令人们对毛主席的文风“窥一斑而知全豹”。今年是毛主席诞辰 120 周年，众所周知标准时间是在年底，现在推出这篇文章，估计一方面表明纪念将隆而重之，现在就拉开了序幕；另一方面，或是“转文风”的战略考虑。“下决心改进文风会风”是十八大报告的要求，涵盖了各级领导干部。

诚如梁文所言，对毛主席的功过已有评说，但对作为文章家的他还研究不够。梁文以大量例证概括了毛主席文章的四个特点：磅礴凌厉的气势，知识渊博、用典丰富，充满辛辣的讽刺和轻松的幽默，通俗与典雅完美地结合。这四个特点，使他的文章魅力十足。毛泽东乃不世出的伟人，在太多方面他人都无法望其项背，但文章的这几个特点却并非高不可攀，气势学不来，其他的总可以照猫画虎。但是，现在领导干部的大量文章为什么不仅丝毫没有此种迹象，相反却滑入了毛主席为“党八股”开列的那八条罪状的泥潭中不能自拔呢？不拘哪个地方的人，看到他们主要当政者的文字都并不难，有足够耐心的话就不妨去印证一下，看看那些文字是否依然“空话连篇，言之无物”，依然“装腔作势，借以吓人”，依然“无的放矢，不看对象”，依然“语言无味，像个瘪三”……

毛主席说，要做对于“党八股”这些东西的肃清工作和打扫工作，是不容易的，要好好地说理，“说理的首先一个方法，就是重重地给患病者一个刺激，向他们大喝一声，说：‘你有病呀！’使患者为之一惊，出一身汗，然后好好地叫他们治疗”。这“偏方”不知有人用过没有，想来除了他老人家自己，对任何人都不合适。现今所见，便是可以大喝的人物，拍案一怒所对准的，往往也是会场上进入“黑甜乡”的人群，而不去理会催人入眠的根本因素。在下自然属于不敢亦无资格大喝的一类，只有小声地嘀咕一下，以所闻所见帮着查找一下“党八股”依然大行其道的原因。该有这么几种吧。一种是读书甚少，能写出什么。我们每两年有一次《国民阅读与购买倾向抽样调查》，每一次都是各种“率”——阅读、购买什么的——“持续走低”，民间的俗话就是“王小二过年”。国民阅读，自然包括领导干部在内。读逄先知等《毛泽东的读书生活》可知，毛主席无论去哪里，出发前都要开个书单，带书上路，经史子集只是基本读物。还有一种是为讲话而讲话，为表态而写文章。他的级别在那里，只为体现重视，或像张天翼笔下的华威先生，忙不迭地“串场”，难民救济会、通俗文艺研究会、文化界抗敌总会，都要讲话；“妇女界有些人组织了一个战时保婴会，竟没有去找他”，还令他“简直吃了一大惊”。作为领袖，毛主席的文章自然有其特殊性的一面，但亦如梁文所说，他的文章是从社会需要出发的，“那种风格、那种语言、那种气派，是浸到骨子里，溢于言表、穿透纸背的”。再有一种是全由别人代劳。黄遵宪那个时候就倡导“我手写我口”，时下却是有政研室一类的班子负责给主要领导起草各种讲话，或者走到哪里讲话由哪里负责，自己只是照念一通。毛主席致完八大开幕词后，大家对“谦虚使人进步，骄傲使人落后”赞不绝口，他说那是田家英的句子，毫不掠人之美。

去年年底，新的中央政治局出台了关于改进工作作风、密切联系群众的八项规定，其中提到要“切实改进文风，没有实质内容、可发可不发的文件、简报一律不发”。各级领导干部理应借此举一反三，在会议中、版面上，何妨把“文件、简报”置换成“文章、讲话”？

（2013 年 2 月 28 日）

周正龙找虎的新闻很好玩吗？

周正龙又出新闻了。周正龙？没错，就是陕西镇坪曾经因拍到野生“老虎”而滑天下之大稽的那位。现在出的新闻仍然是“拍虎”，这回还提高了科技含量，“在山林水源边和山坡平缓地带布下数十台红外动感照相机和摄影机，期待老虎的身影进入相机阵的埋伏圈”。这也许是他背后的“团队”受到了启发之故。去年 6 月，吉林汪清就用红外线照相机在自己的辖区内首次拍摄到了野生东北虎照片，那只“大猫”看上去着实悠闲得很。前些天，央视还播出了内蒙古草原上拍到的七八匹狼进攻马群的情景，饶是夜间，看上去也惊心动魄。

自 2012 年 4 月出狱后到 2013 年 3 月，周正龙就没有停止过“找虎”，报道说他上山已经有 20 余次，仿佛大巴山上的老虎——如果还存在的话——单单只是与他才心有灵犀。正牌的科考队来了，老虎根本懒得搭理，甚至连蛛丝马迹都不给你留下，相反都留给周正龙，让他一会儿“发现”这个，一会儿又“发现”那个。因此，周正龙大概以为，本地老虎的存在不容置疑，只是猫科动物的习性喜欢玩耍，在跟他捉迷藏，现身是迟早之事吧。

前人诚然有云：“只要功夫深，铁杵磨成针。”但这前提是铁杵可以成针，二者不是只是直径不同而已吗？虽然由此及彼很难很难，但功夫到了毕竟就能够实现。“正龙拍虎”则不然，即便我们不使用这个“新成语”的词条释义，“用欺世盗名的手段获取个人利益，而相关监管部门与之沆瀣一气指鹿为马”云云，就纯粹实指而言，又不给周正龙扣上“偏执”一类的帽子，那么说他执迷不悟总不会差，虽然先前因为拙劣低级的“虎照”，他已经一头撞上了南墙。周正龙何以至此？我想恐怕因为他身后猫着一群人，且他们的作用并非“放屁添风”那么微不足道，而像刘禹锡说的，“等闲平地起波澜”。

当年“虎照”喧嚣一时之际，周正龙身后就有一群人，当地若干官员不就是“挺虎派”阵营的中坚力量吗？但他们的目的是很清楚的，当地政府迫不及待地把“闻华南虎啸”制成广告牌竖在路边，作为提升本地声名的一个“抓手”，可为例证。现在，他的身后仍然有一群人。报道说了，周正龙布下的数十台红外动感照相机和摄影机，就是建立“在专家和爱虎人士的支持下”。可惜专家这个概念被当下用乱了，阿猫阿狗尽可为之，不知此中构成都是何方神圣。尤其不知的是，此番他们对“正龙拍虎”推波助澜的目的何在，真的是要印证不可能的现实吗？以小人之心度之，他们各自都在拨弄各自的算盘，周正龙只是算盘上的一粒珠子罢了。

但周正龙这回算老实，没有声称拍到了老虎的什么，而是拍到了“不少野猪、豹猫、獐子等动物的图像，其中野猪在镜头出现就有400余只（次）”。我想，今后新闻的焦点还是不要“言正龙而必老虎”吧。周正龙“发现”、专家教授“疑似”，这样颠来倒去的回合一多，让人不仅觉得十分无聊，而且生出厌恶。一定要报道的话，还是借此普及一下野生动物的生存知识，尤其是大型猫科动物存在的充分必要条件吧。此番报道还说：“对于相机阵中有没有拍到大家期盼看到的华南虎，周则说到时候会告诉大家。”这其中很有撩拨的成分。周正龙可能意识不到，他的一本正经实际上是在被人当猴戏耍。这样的新闻很好玩儿吗？

（2013年3月19日）

应该弄清雷人抗日剧的成因

针对一段时间以来部分抗战题材电视剧存在的过度娱乐化现象，新组建的广电总局开始着手进行整治。电视剧管理司副司长王卫平表示，这些作品中“创作态度不严肃、胡编乱造、不尊重历史、过度娱乐化的抗战题材创作在社会上造成了不良影响，必须予以纠正”。这类过度娱乐化的东西，民间叫作雷人抗日剧。其现状，用前些年大家都听得烂熟了的“非……不可”句式来说，叫作到了“非整治不可”的地步。举凡手撕鬼子、裸体敬礼，将来无论什么时候评价这个时期的影视作品，恐怕都会被拎出来示众。

雷人抗日剧是一种相当文雅的说法，粗俗点应该是：“这都 TM 什么玩意!”这当然不是我们的特有品种，在大量的二战影片中，我就看过不少雷人抗德剧，新近看的英国《华沙间谍》(2013)、荷兰《炸平鹿特丹》(2012)，情节一如当年美国的《加里森敢死队》，残酷的战争形同儿戏，基本上属于扯淡。但在我们这里，至少当下吧，雷人抗日剧集中了些，太多的频道都在按照编导的意图痛击鬼子。我一直弄不大清楚，这些越来越荒诞离奇的东西，锁定的究竟是何种目标人群。因为但凡稍有一点历史常识的人，甚至精神稍微正常的人，都不会接受那些无比粗制滥造的货色。按道理，生产精神食粮的编导们都是可以归入聪明过人一类的，何以脑残到如此程度？所以，应该弄清雷人抗日剧前赴后继的成因，以期治本。

我弄不清楚，业界的人应该清楚。胡乱猜吧，其中一个原因恐怕是现实题材容易被抓辫子，这一点，从写文章中可以一窥端倪。比如，宋神宗元丰二年（1079 年）湖州知州苏轼下狱，看看御史舒亶是怎么发现问题的：“轼近上谢表，颇有讥切时事之言，流俗翕然争相传诵。”舒亶举例说明，“陛下发钱以本业贫民”，他来一句“赢得儿童语音好，一年强半在城中”；您老人家“明法以课试郡吏”，他来一句“读书万卷不论律，致君尧舜知无术”；您老人家“兴水利”，他说“东海若知明主意，应教斥卤变桑田”；您老人家“谨盐禁”，他说“岂是闻《韶》解忘味，尔来三月食无盐”。总之，这家伙“应口所言，无一不以讥谤为主”，所以“伏望陛下用治世的重典，付轼有司，论如大不恭，以戒天下之为人臣子者”。诸如此类的事实表明，对高度敏感的人来说鸡蛋里真能挑出骨头，也总能挑出骨头。清朝何以是训诂学发展的黄金时期？前人就指出成因了。

我们早就毫不讳言转型期社会矛盾多多，有的还很尖锐，但观诸影视作品，很少或基本上没有触及。著名编剧六六日前发问：校长拉孩子去宾馆开房可以写吗？赵红霞和雷政富可以写吗？郭美美和干爹可以写吗？当然可以写。再当然，我在这里站着说话不腰疼，但我的依据是，十八大报告明确了三个自信——道路自信、理论自信、制度自信，下面的人理当遵照执行，树叶掉下来都怕砸破了头，自信又表现在哪里？所以，尽管现在规定现实题材须占比重多少，但如果老是腻腻歪歪的办公室恋情、婆婆跟儿媳如何作对，对推动我们这个社会的进步也说不上有什么益处。

说到最后，很想做个关于抗日电影的广告。姜文有一部《鬼子来了》众所周知，但蒋钦民还有一部《鬼子死了》（又名《葵花劫》），王学圻主演的，讲述发生在东北的一个小火车站上的故事，非常值得一看，却不知为何拍完十多年了，仍然默默无闻。这些严肃认真的影片，为我们认识那段艰苦卓绝的历史才谈得上帮助。八年抗战，今后继续需要以影视的形式展现给后人，然前提得是尊重历史，偶像化、武侠化、游戏化，已有了亵渎的成分。

（2013 年 5 月 22 日）

创意十足的“朕知道了”胶带

台北故宫博物院新近推出的一款纸胶带，让网友疯传、讨论，直呼超想收藏。纸胶带乃寻常之物，台北故宫添加了什么元素而令网友如此心动？上面印着康熙皇帝的手迹：“朕知道了。”今天的大干部看完文件，来个“圈阅”，在自己的姓氏那里画个圈；从前的最大干部如康熙、乾隆等，是“朱批”几个字，“朕知道了”“知道了”，等等。此举当然没有画圈简洁，但台北故宫抓住了区区几个字中流露出的那种霸气，当作文化产品进行了“开发”。这种做法实在值得北京故宫借鉴。

由于历史的原因，故宫博物院有两个，除了台北后建的这个，还有一个正宗的，北京的紫禁城是也。票价还不是死贵的时候，北京故宫我以前常去，台北故宫还从来没有去过，但说老实话，我好像对后者更熟悉一些。北京故宫只是熟悉它的建筑，那一大片差半间而没有逾万的房子，对台北故宫则是通过间接渠道熟悉它的文化内涵。而文化正该是两地故宫发挥自身优势且能够散发出十足魅力的地方。没去过的地方却言熟悉，这样说话似乎有逻辑不通之处，事实却的确如此，主要是手边几乎没有关于北京故宫的令人爱不释手的文化产品。相反，“低首”所见，倒都是台北故宫的。

比如我现在用的鼠标垫画面就是黄公望《富春山居图》的一部分，一套四枚书签是欧阳修、苏东坡他们的书法，名片盒、镇纸上面，也都是台北故宫藏品的复制。知道我有点儿收藏癖好的友朋，自那里归来大抵都送一两件，关键是这些精致淡雅的东西“拿得出手”。北京故宫呢？让人见识其文化的途径似乎只有出邮票之一途。而即便是邮票，台北故宫的品种也比北京故宫多得多。北京故宫基本上是古画，台北故宫光是在下收集的，就还有玉器、珐琅器、漆器、青铜器，前十八宝、后十八宝等，目不暇接；就算单拎古画这一项吧，台北故宫也要胜出一筹，《十骏犬》《百马图》《出警图》《入跸图》……太多了，一旦汇集在一起，那是怎样一种润物无声的文化普及？

这样说可能偏激了，台北故宫以文化取胜，而北京故宫却每每靠社会新闻吸引公众眼球，这两年他们不是“撼”事及憾事连连吗？一个寻常毛贼，可以轻而易举地盗走正在展出的珍贵文物；一个不知为什么生气的年轻人徒手就把玻璃给砸了，还连带打翻了里面的文物。每个长假，北京故宫都人头爆棚，大家去看什么？皇帝的宝座，慈禧的住处……现在，台北故宫将康熙的霸气字迹与纸胶带有机地结合在一起，不仅普及了文物知识，而且带来了可观的经济效益。他们的网络商城表示，纸胶带目前有五款，一组200元内有三卷，其中以“朕知道了”楷书纸胶带询问度最高，不仅台湾观光客爱，连大陆客也抢买，未来还会陆续推出多款纸胶带；而5月初最先推出的“乾隆御览之宝纸胶带”也很受欢迎，不到月底1千多份就销售一空。这才是文化产生的效益吧。文化岂可等同文艺演出，颠来倒去地唱那几首老歌，原汁原味又怎样，决定得了发展后劲？

爱迪生有句名言，长久以来我们只熟知它的前一半：天才就是99%的汗水加上1%的灵感。它的后一半却是：但那1%的灵感甚至比99%的努力更重要。这几年，我们在嘴上不断强调文化创意，但骨子里是看轻的，以为唾手可得。荷兰的大黄鸭甫一登陆香江，内地便群起而效仿之，结果连我们自己对如此缺乏创意的机械模仿都看不过眼。当下，北京故宫如果实在不行，却不妨照着台北故宫的葫芦画画瓢，让国人在潜移默化中领略前人文化精华中的神韵。

（2013年7月8日）

“镇级”改名不必大惊小怪

徐州丰县要把他们的赵庄镇改名为金刘寨镇。网站上征求意见的消息一出，马上招来了一顿板砖。足见这些年来，一些地方胡乱改名带来了怎样的后遗症。看罢消息，登陆了他们的网站，见到“通知公告”栏下果有仍在滚动播出的“关于拟将现‘赵庄’镇更名为‘金刘寨’镇征求意见的公告”，然而却点不开，显示“系统已关闭”的字样，不知唾沫声中是否自家乱了阵脚。虽然失去了第一手材料，但这消息想来不会有多大的出入，起码与时下备受关注的“李××案”不大一样，前面刚言之凿凿，否定接踵而至；否定也同样言之凿凿，弄得大家莫衷一是。

笔者从来是反对胡乱改地名的，“思茅”变“普洱”的时候，“周口”想变“陈州”的时候，北京行政区划调整偏偏舍弃“宣武”“崇文”而保留“东城”“西城”的时候，都曾撰文明确表示反对。不过此一番不同，不是笔者的态度变了，而是问题的性质不同。在笔者看来，对“赵庄”之欲成“金刘寨”的质疑，属于一种条件反射式的质疑。也就是说，改，我就飞砖拍你，管你怎么改，为什么改。还是该冷静冷静，有句话叫作具体问题具体分析嘛，毛泽东在《矛盾论》中名之为“马克思主义最本质的东西”，是“马克思主义的活的灵魂”。

赵庄只是个镇，从来都不是名声在外，绝大多数人根本不知道它，即便改，对绝大多数公众来说并不会导致混乱，哪怕一时间的也不会有。且真改的话，浪费也小得多，毕竟不像县以上行政单位牵涉的面那么广，光换各种招牌、公章就不知得花多少钱。与此同时，“思茅”成“普洱”，“徽州”成“黄山”一类，是将地名中的历史文化要素代之以本地土产，打的是土产的名气牌；而“赵庄”欲成“金刘寨”一类则恰恰相反，赋之以本地历史，打的是历史文化牌。换言之，前者属于弃了雅的，换个俗的；后者则属于弃了俗的，换个雅的。如“赵钱孙李”百家姓式的地名，神州大地上比比皆是。光是“赵庄镇”，据说全国就有500多个，同名的行政村更数不胜数。且赵庄镇的得名，依托古老的“赵庄”集市，还与地域内居民的姓氏无关。

自然形成的地名，恰如人的小名，随意、随机的味道很浓。乏善可陈的地方也就罢了，从报道中看，赵庄镇还是有不少历史文化古迹的。倘如他们所说，所以改此名在于该镇金刘寨村里，至今保留着海内外刘氏宗亲常来祭谒的祖陵——汉皇祖陵，汉高祖刘邦的曾祖父刘清就埋葬在这里，那么改得就有些道理。汉皇祖陵之外，还有千年唐槐、明代烈女牌坊、苏轼和白居易笔下讴歌的朱陈村、康熙年间宰相张玉书故居、清代大庙等。这样来看，“赵庄镇”这个名字真是承载不起了。笔者觉得丰县的公告非常坦诚：一、是否有必要更改？二、这个名称是否合适？三、您是否有更好的名称？四、您是否有更好的意见和建议？对这么坦诚的公告没必要不分青红皂白。

玩味有味道的地名，也是个学习的过程。1991年笔者在平远县差干乡（现为镇）从事人类学田野调查的时候，了解到有个自然村叫“隆武堂”，想到可能与南明小朝廷的隆武帝有关，所以尽管那地方极偏僻，需要徒步两个多小时，还是饶有兴味地走了一趟。当时那里电都不通，村口却有一条由大小鹅卵石铺成的极为考究的小路，很有些“御道”的意味。结合若干其他关于隆武的传说，似可证实在汀州被俘旋即被害的隆武帝朱聿键，是做好了来广东抗清的准备的，广东也做好了“接驾”的准备。“隆武堂”肯定不是那个村子的原名，然而一个“隆武”，足令远方的来客心向往之。丰县现在的做法，正与之相类。

镇名赋有文化含量，无论如何是件好事。更改地名，在当代可能有急功近利之嫌甚至之实，但镇级范围的亦不妨为之。

（2013年7月24日）

全民阅读立法着重的是“硬件”

今天有消息说，全民阅读立法已列入今年国家立法工作计划，国家新闻出版广电总局将争取在年底形成较成熟方案提交国务院法制办，全民阅读立法起草工作小组目前已草拟了《全民阅读促进条例》初稿。对这则消息，自然不乏本能的抬杠式质疑。但质疑者应该耐心地把新闻看完，不要凡事望文生义，一触即跳。

总局相关负责人在消息中谈到了全民阅读工作中需要立法推动解决的主要问题，并不是如一些网友所想当然的，什么不读书犯法一类的耸听之语。人家这么说的：我国国民的平均阅读水平低于世界文化强国水平，需要采取有力的推进保障措施；未成年人阅读状况不容乐观，亟待改善；国民阅读公共资源和设施不足、不均衡；阅读内容良莠不齐，需要积极引导和扶持；全民阅读工作缺乏统一规划、组织保障和经费支持。头两句是问题的严重性，后两句即此项立法的目的：通过组织和投入，为全民阅读建设必要的“硬件”；从娃娃抓起，营造好读书的浓郁氛围。硬件方面的建设，是可以通过立法来解决的。苏东坡说自己小的时候贪玩，“父兄驱率读书，初甚苦之，渐知好学，则自知趣向，既久则中心乐之，既有乐好之意，则自进不已”。为全民阅读而立法，正有达成“驱率”的意味。

清朝陈京卿说过一句很有见地的话：“有目而不观览与无目同，有手而不披寻与无手同，有口而不吟讽与无口同，有心而不思绎与无心同。”第一句即针对读书，在他看来，有眼睛而不阅读，跟没有一样。古人在读书方面也确实留下了许多故事，“凿壁偷光”“囊萤映雪”什么的虽然脍炙人口，但有一点儿极端，用现在的话说就是有点儿“装”。近人刘声木对此类先进典型不大看得惯，他说：“三代读书，亦必藏焉修焉，息焉游焉，绝非终日疲精劳神于简册中者。凡人苟能勤学好问，每日光阴以三分之一读书，岁月浸寻，历久不渝，何患不学富五车，才高八斗。奚必三更灯火，五夜鸡声，始能谓之读书乎？”也就是说，对真正爱读书的人而言，阅读是一件很自然的事情，不必染上悲情，甚至作秀给人家看。顾炎武“自少至老，手不释书”，平时出门，“以一骡二马，捆书自随”；若遇边塞亭障，“呼老兵诣道边酒炉，对坐痛饮，咨其风土，考其区域。若与平生所闻不合，发书详正，必无所疑乃已”；倘若“马上无事，辄据鞍默诵诸经注疏”。毫无疑问，这才是真读书的人。

读书终究是有些“功利”色彩的，不是“颜如玉”“黄金屋”那种功利，而是增强修养，学以致用。再用东坡的话说，就是：“以我观书，则随处得益，以书博我，则掩卷茫然。”刘声木对此做了进一步发挥：“藏书而不能读，读而不能用，何以异是。”因此，为阅读而营造的“硬件”只是前提，关键更在于“软件”——阅读与否以及效用。如果“读而不能用”，读了也等于白读。举个实例说，有一天我们的国民阅读率像GDP一样上去了，名列世界前茅，但是如果每一轮涉及文明的运动或活动，还是要从不乱闯交通灯、不随地吐痰这样的基本事情提起和做起，那这个阅读率就不具备实质意义，与被诟病的一味追求GDP便并无本质区别。显而易见的是，“硬件”与“软件”之间，没有必然的因果关联，不是“硬件”建设好了，“软件”就能同步得到提升。

今天的消息还说，国家新闻出版广电总局下一步还将通过征求部委意见、网上公开征求意见、地方调研等多种方式，广泛听取各界意见，以期将《全民阅读促进条例》继续修改完善。这个环节太重要了。笔者对各项条款的“庐山真面目”正很有一种期盼。

（2013年8月5日）

还是不要“看楼入魔”

上海在建的中国第一高楼“上海中心”刚刚结构封顶，就吸引了网友的眼球，可惜不是它的高度，而是它的造型，有人戏称之为“打蛋器”。并且，这个新家伙还连累了早已矗立在那里的邻居——上海环球金融中心和金茂大厦。三者排列在一起，被调侃为“厨房三件套”，另两位被看成“开瓶器”和“注射器”。

对照“三件套”的那帧图像，给人这样一“诠释”，很多人都要会心一笑。给各地比较突出的新建筑起绰号，是当下网友觅到的一大乐趣。一方面在于有些建筑确实奇葩，给人以“口实”，比如沈阳的“孔方兄”、广州的“大金环”、苏州的“秋裤”之类，太直观了，直观得甚至不用他人提示，本能地产生联想；而另一方面，也在于网友的“看楼入魔”，眼睛盯着新立起来的东西，必欲起个绰号才肯善罢甘休。上海这“三件套”我就觉得有点儿牵强：“开瓶器”尚可；“注射器”不觉得像；因为从未用过“打蛋器”，也就未明所以。我不知道，有多少人家用“打蛋器”，亦即有多少人能描绘“打蛋器”的尊容？还是不要“看楼入魔”了吧。

不要说稍微高一点儿的楼太多，有统计说，全球在建的摩天大楼中有87%在咱们中国，未来十年内，将有1318座落成。吓死人了。真要“看楼入魔”的话，有得大家忙乎。看架势，这千把座建筑在本名之外都混上个绰号，只是时间问题。就像“上海中心”是本名，绰号为“打蛋器”；早前，“中央电视台新址”是本名，绰号为“大裤衩”；“广州塔”是本名，绰号为“小蛮腰”。这样一来，即便庙堂级的东西也难免染上江湖的色彩。《水浒传》中梁山内外的好汉、地痞，在本名之外都有绰号，一百单八将不用说了，虽然好多根本名不副实，但这也不是上了梁山的人才有的专利，比如被鲁达在肉铺头三拳打死的郑屠叫“镇关西”，被鲁智深在瓦罐寺打死的崔道成叫“生铁佛”。可怪的是，射死晁盖的曾头市武术教师史文恭却没有，用《说唐》的语气，那也是一条好汉。以此观之，摩天楼的绰号倘有若干“漏网”的，也该算是正常了。开个玩笑。

记得十几年前，全国到处都是“看山入魔”。这里的山形像伟人，那里的山形像佛，无不以为自己那里的东西当真纤毫毕现。这些年偃旗息鼓，大概是该发现的都发现完了。“山的形状未变，海的颜色未变，明天已成了今天。”日本电影《二十四只眼睛》里的这句台词，是在感叹白驹过隙，逝水流年。咱们的山形同样未变，却能够“发现”出天大的秘密，进而打起经济效益的主意。山形毕竟是自然形成的，建筑则是由人来设计的，人可以决定它的外观。纵观各地的建筑绰号，无不根据外观而来，这一点，倒是远没有《水浒传》来得丰富多彩，人家既有根据外形的，如“青面兽”杨志、“赤发鬼”刘唐；也有根据特长的，如“浪里白条”张顺、“鼓上蚤”时迁；还有根据内涵的，如“呼保义”宋江、“智多星”吴用。正是因为奇葩建筑一直是一个吸引网友的话题，如今各地普遍青睐兴建的“标志性”建筑，就更要慎重，尤其不要让那些喜欢标新立异的设计，把咱们国土继续当成试验场。

一定要“看楼入魔”就入吧，充其量那只是一种想象，设计本无意，网友自扰之。比较而言，一些地方党委、政府兴建的办公楼的外观，倒是更值得关注。它们有的像官印、官帽子，有的像白宫、国会山，超标修建不说，这种设计上的“有意为之”，于闹市中骄傲地昂着头，毫无羞涩之相，不仅值得关注，更值得警惕。

（2013 年 8 月 6 日）

对“雨神”不妨娱乐到底

自从被冠上“雨神”“龙王”的名目之后，台湾歌手萧敬腾所到之处，似乎处处有雨，有心人统计他的“唤雨成功率达 83.3%”。因此，前些天杭州气温高达 41℃，城市渴雨时，不知哪个黑客就瞄上了萧敬腾，在攻击其经纪公司喜鹊娱乐网站的同时，还在萧敬腾个人页面上强制跳出写有“杭州人民需要你”的视窗。未几，貌似孙悟空当代“化身”的六小龄童，也通过微博请小萧来北京“降雨”，惹得网友调侃“悟空这是在向龙王求助”。

无论怎么热闹，终究是民间的自娱自乐，种种巧合有趣而已，未必有人当真。同样有趣的是，官方——中国气象局的官网中国天气网——出来“正本清源”了，他们的“小编”汇总整理了萧敬腾的行踪，发现在 2012 年 1 月至 2013 年 7 月之间，小萧的 43 次出行中共有 26 天遇到了降雨，占总数的 60.46%，结论是：并没有八成多那么夸张。不过，即便是六成，成功率也相当之高了。问题的关键似乎在于，虽然小编声称“决定追随大众娱乐的脚步，‘科学’地八卦一下”，但潜意识中有把“雨神”当真的倾向。在下估摸，小编的出发点在拒绝“造神”吧，当下能够“呼风唤雨”的“大师”实在太多，理应发现一个，掀翻一个。然而，留着“雨神”还是有些趣味的，况且娱乐圈里的萧敬腾，与那些政商通吃、行狐假虎威之能事的“大师”有着本质上的区别。

祈雨在今天成为娱乐，在从前则一本正经，方式也五花八门，但求“奏效”。如大辽“射柳祈雨，复以水沃群臣”；如宋太宗某一年，“以时雨久愆，遣常参官十七人分诸路按决刑狱”。按照史书的记载，很多时候都得到应验。太宗那一次，当晚就下了雨，更有把下雨与否与德政关联的理由了：“朕所忧者，在狱吏舞文巧诋，计臣聚敛掊克，牧守不能宣布诏条，卿士莫肯修举职业耳。”窦俨《水论》干脆把旱涝与德政视为“双胞胎”，他说唐德宗时有一场大水，就是“政之惑”导致的。当其时，“德宗之在位也，启导邪政，狎昵小人”，因而“百川沸腾，坏民庐舍，固其宜也”；如果“能修五政，崇五礼，礼不渎，政不紊”，下的雨才能恰好，“谓之时雨”。当然了，前人也有不信这一套的。还拿宋太宗时说事，郭贽知荆南府，“俗尚淫祀，属久旱，盛陈祷雨之具，贽始至，悉命撤去，投之江”。德政与旱涝之间肯定没有必然联系，但听一听总无坏处。

逻辑上推断，既有“雨神”，也应当有“驱雨神”，前面那个走到哪儿哪儿下雨，后面这个走到哪儿哪儿晴天。与祈雨相对应，祈晴在从前也是一种常态。《续资治通鉴长编》载，1029 年，宋仁宗就曾“遣官祈晴”，就此他又阐述了自己的“感应”观：“昨令视四郊，而麦已损腐，民何望焉！此必政事未当天心也。古者大辟，外州三覆奏，京师五覆奏，盖重人命如此。其戒有司，审狱议罪，毋或枉滥。”于是来了个“赦天下，免河北被水民赋租”，又是果然，“京师自三月朔雨不止，前赦一夕而霁”。接着，自然要再“遣官谢晴”。

当年的一本正经，我们尚视为一种文化，现在的娱乐大众，又何须急于证否？相反，我倒是觉得“打造”了一个“雨神”萧敬腾还不够，不妨娱乐到底，索性再“寻找”一个“驱雨神”。当下辽宁、黑龙江以及广东汛情不断，尤其广东遭受了 1951 年以来最大范围、最大雨量的暴雨袭击。且台风“尤特”刚刚离去，“潭美”又开始虎视眈眈，天气预报说从明天起，粤东和粤北市县将有大暴雨局部特大暴雨降水过程。有一个“驱雨神”在，不是唯心，对纾缓一下人们绷紧的抗灾神经或是有所裨益的吧。

（2013 年 8 月 21 日）

让《字表》融入我们的生活

《通用规范汉字表》日前正式公布。收录其中的8105个汉字，成为中国拥有首批“身份证”的方块字。报道说，此一研制工作历时10年，先后修改90余稿，召开各种研讨会120余次，海内外专家、学者4000多人次参与讨论。这些数字，足以表明《字表》问世的严谨。

我得承认，《字表》先给我恍然大悟之感。比如“昇”“喆”“堃”“淼”这些，从来没有淡出过视野，在我熟悉的友朋中，就有几个名字中含有这几个字，公共人物或曰名人也有不少。当代著名电影演员有冯喆、项堃，男排运动员有汤淼，男篮运动员有吉喆，等等。使用归使用，却原来都“名不正”，属于“异体字”，此番才连同它们另外的41个“兄弟”被调整为规范字。当然了，这种“名正言顺”，也可以说是“顺乎民意”的结果。因为异体字的“转正”，对待一些“历史问题”不必再纠结了。“庆历中，有布衣毕昇，又为活版。其法用胶泥刻字，薄如钱唇，每字为一印，火烧令坚……”，沈括《梦溪笔谈》中的这一记载，告诉我们毕昇是活字印刷的先驱者，而在此前写这个人名，因为“升”是“昇”的简体，用“昇”有违规的嫌疑，用“升”却又有不大准确的嫌疑。

《字表》问世之后，接下来要做的该是如何让公众熟悉它，使汉字的魅力不再因电脑输入法的大行其道而单纯地成为工具的一种，黯然失色。瑞典汉学家林西莉写过一部有趣的书，叫作《汉字王国》。在书中，她从最基本的汉字讲起，对涉及的每一个字都进行了刨根问底的探讨，并以散文的笔法写下它们的来龙去脉，阐释它们的美。这样一来，她的描述就超越了汉字本身，而上升到了中国文化的范畴。林西莉在20世纪50年代跟随本国著名汉学家高本汉（曾任瑞典皇家人文科学院院长、瑞典皇家学院和丹麦皇家学院院士）学习，也就是从那时起就迷上了汉字。林西莉总想弄清楚，一个个汉字为什么是这个样子，一笔一画代表着什么，它们的最初形式如何。她说：“我惊奇地发现，即使一些受过很高教育的中国人对自己语言的根也知之甚少。人们在小学、中学和大学机械地进行着汉语教学，却很少加以解释。”（引文据李之义译本）林西莉的话多少令我们惭愧，不要说对根知之多寡了，中国青年报近日完成的一项调查显示，65.7%的受访者正在收看《中国汉字听写大会》这个节目，98.8%的受访者坦言自己曾遇到过提笔忘字的情况。看，离了键盘，我们很多人连字都写不顺溜了。

使《字表》真正融入我们的生活，方式方法有很多，《中国汉字听写大会》就不失为一途。前几天在央视看了一期，觉得很有意思。节目采用听写的方式，参赛的都是中学生，说实在的，不少题目倘说“提笔忘字”都不够坦诚了，有的还真得认输。比如主持人出的那道题：“cheng（阴平）zi，一种软体动物，有两扇狭长的贝壳”，我就不知道是“蛏子”，若在场上就被淘汰出局了。一个“中国好声音”火了，各个电视台的各种“声音”不是都蜂拥而至，惹得人烦，但对《汉字听写》一类节目，以为倒是不惮其多。《字表》中的 8105 个字分为三级，其中一级字表为常用字级，共有 3500 字；二级字表收字 3000 个，常用度仅次于一级字；三级字表收字 1605 个，包括姓氏人名、地名、科学技术术语和中小学语文教材文言文用字中未进入一、二级字表的较通用的字。此类节目不妨以此为依托来“定级”，然后把参赛对象扩展至各种人群。

总之，《通用规范汉字表》不能满足于出台了事，而是要借此唤起国人对汉字的关注与重视，进而重新审视并发掘汉字蕴含的文化之美。

（2013 年 8 月 28 日）

“百度一下”，不如脚踏实地读书

今天是中国抗日战争胜利纪念日暨世界反法西斯战争胜利纪念日。有记者在洛阳市的一所高校随机采访了20名大学生，问他们知不知道“抗日战争胜利纪念日是哪一天”。面对这个算是非常简单且国人应当作为常识的问题，大部分同学却表示不知道。有同学表示“中学历史太久远，已经忘记了”，还有6名同学回答了“8月15日”日本宣布投降的那个日子。我觉得，这个问题扩展到其他城市、其他高校、其他人群，答案也未必能乐观。

早就有人估算过，浙江横店影视城里的“抗日根据地”打死的鬼子，可以环绕地球若干圈了。荧屏上，手撕鬼子、裸体敬军礼、手榴弹炸飞机……热闹非常，目不暇接，但是这些粗制滥造的货色究竟传递了什么“正能量”呢？现实中，我们的一些高校学子——高考考场上的胜出者，却连抗日战争胜利纪念日这个值得中华民族骄傲自豪的日子都不知道，这种子孙用“不肖”名之并不为过。当然，你可以说二者之间并没有直接关联，但是，间接的呢？

对这则新闻，还应当关注一点，那就是有同学向记者建议：“你可以百度一下。”的确，“百度一下”可能会得到答案，但是不可以成为获取知识的主要依赖，而现在百度正有成为依赖对象的趋势，一些“聪明人”以为找到了所谓捷径。套句俗话说，“百度一下”是柄双刃剑，它既可以为检索带来极大的便利，同时也可以是一个陷坑。便利的一面人人都有体会，想当初，为了以备日后查阅，多少人养成了剪报的习惯并且因为累积得太多而“成灾”？现在多好，输入关键词就行了。那么，“陷坑说”又从何说起？由此想到的是前几天满城热议的宋朝即有城管且有500名的问题。

我首先“百度一下”，了解到网上有若干篇在此前即谈论宋朝城管的文章，集中提到《宋史·职官志》有“街道司，掌辖治道路人兵”的字样，据此认为宋朝的城管大队就叫“街道司”。500名的出处在哪里我没找到，然读书所见，李焘《续资治通鉴长编》载，宋仁宗嘉祐二年（1057年）十二月，“置街道司指挥兵士，以五百人为定额”，应该是这句了。两相叠加，可不是能得出前面的结论？然而，倘若不只满足于“百度一下”，看看原著，就会发现《宋史》中的那句话始作俑者并未引全，足本是：“街道司，掌辖治道路人兵，若车驾行幸，则前期修治，有积水则疏导之。”这意思不难理解，皇帝要动弹了，街道司要先做好道路方面的准备工作。为皇帝出行服务的建制，与城管不是南辕北辙吗？我又“百度一下”，发现不少相关评论都在煞有介事地引用《宋史·职官志》如何说，他们显然都没有读过那册书，而只是“百度一下”而已。

顺便说一句，本人无意否定宋朝有城管，只是说现有的证据并不充分。并且，即便宋朝有城管，大概与流动小贩也很少产生交集。《水浒传》里，武大郎武松两兄弟偶遇于阳谷县的县衙前，哥哥正是在那里卖炊饼。武家本在与阳谷相邻的清河，武大郎娶了潘金莲，在清河县住不下去了，便“搬来这阳谷县紫石街赁房居住，每日仍旧挑卖炊饼”，这是一个标准的流动小贩。张择端名作《清明上河图》中，京城街道两旁的空地上有不少张着大伞的小贩，看上去不乏占道经营的意味。《东京梦华录》里有“鬼市子”即天光墟。诸如此类，均不见城管驱之逐之的踪影。倒是拆违建的记载不少，但也不是由城管来出面。打住，本文不是要探讨宋朝究竟有没有城管的问题。

但这一例证，足以揭示了“百度一下”的陷坑所在：始作俑者一旦开了黄腔，后面“借用”的便纷纷跌倒。电脑的检索功能再强大，也替代不了脚踏实地地读书。你相信吗？

（2013年9月3日）

何不公开上官婉儿墓志铭?

咸阳发现了上官婉儿墓。这几年，古名人的墓不断被发现，帝王级的就有曹操的、隋炀帝的，先是言之凿凿，然后变得“疑似”。但这一回不同，虽然此墓破坏较为严重，墓葬规格一般，但出土了一方墓志，盖题“大唐故昭容上官氏铭”，可以佐证为上官婉儿。先睹为快的人说，志文楷书，近一千字，除溢美之词外，记载的历史，也对还原上官婉儿和唐朝这段历史有着重要的价值。

陕西方面的考古人员昨天表示，该墓遭到了大范围破坏，不似一般盗墓所致，应系大规模、有组织的破坏行为，很有可能是“官方毁墓”。我不是要为“官方”辩护，但觉得考古人员的话未必理智。即便真的是官方毁的，也未必是有意行为，遑论“有组织”。在当下，不少地方对八竿子打不着的古人还要强拉硬拽到自己这里来，以文化之名来开发他的经济价值呢。陕西饶是全国文物强省，这些年也不断因为人造景观而引来非议。他们打造的“曲江池”我去看过，挺漂亮的，缺憾是无甚幽情可思。前几天，西安又传出投资 380 亿元再造阿房宫的消息，随后他们说是被“误读”，但把大家吓了一跳不假。面对原装的、又是“影视红人”上官婉儿的墓，假如事先知道的话，恐怕会像安阳的曹操墓那样忙着算经济账不及，又焉有破坏之理？现在“官方”自身都十分懊恼也说不定。

既然该墓墓室“未发现棺椁痕迹，无文物出土”，那么其价值只剩下佐证的墓志铭了。其实，有没有价值，有的话又有多大，都待那千把字公之于众。我不大理解，马上就可以拓个片，有什么难的？说句丧气的话，不可能有多大价值。墓志铭，乃旧时放在墓里刻有死者生平事迹的石刻，这种盖棺定论性质的文字，的确不乏名篇，如高步瀛先生选编笺注的《唐宋文举要》里，有不少文章就归属此类，韩愈的《柳子厚墓志铭》、皇甫湜的《韩文公墓志铭》，等等。此类文字能写得那么漂亮，成为后人眼中那个朝代的代表作，当然不能完全排除墓主的事迹如假包换，值得那么写，写得恰如其分，但也不能排除“外力”——比如润笔作用的结果。就说前面那两位吧，皇甫湜给人家写东西，价码是“每字三匹绢，更减八分钱不得”；韩愈也是因为写得太多，致有“谀墓”之讥。当然了，上官婉儿的墓志铭有没有这些成分，前提是一睹真容。

如今关于上官婉儿的电视剧不少，形象如何未知，没看过，但婉儿名声在外。电视剧这点的功效十分了得，纪晓岚故乡的人们早就想打他的“文化牌”，但是诸多努力终不如“风流才子”呀，“铁齿铜牙”呀带来的效应轰动。荧屏里的上官婉儿估计是靓丽的完美形象，李冰冰、阮丹宁这些大牌美女都演过嘛。不过，新旧《唐书》均未提及她的外貌，可见不扬，又反而说她“忤旨当诛，则天惜其才不杀，但黥其面而已”，那么估计脸上平时得贴块膏药，宋江一类被刺配过的人出席公众场合都要如此。婉儿的生活作风也很不检点，为了向上爬，颇有些不择手段。《旧唐书》云，“婉儿既与武三思淫乱，每下制敕，多因事推尊武后而排抑皇家”；“又通于吏部侍郎崔湜，引知政事”。这个“通”，《新唐书》明确为“与崔湜乱”。此外，“婉儿与近嬖至皆营外宅，邪人秽夫争候门下，肆狎昵，因以求剧职要官”。不错，她“有文词，明习吏事”，《全唐诗》中还收有她的 32 首作品，但那些电视剧究竟展现的是些什么，我倒有些瞄上一眼的想法了。

期盼上官婉儿的墓志铭早些面世，至于它能否“结合史书一定会解决一些历史问题”，别由专家在那儿自弹自唱，让我们也瞄上一眼，发表点儿意见，“三个臭皮匠，顶个诸葛亮”嘛。

（2013 年 9 月 11 日）

背《岳阳楼记》免门票，有创意

国庆“黄金周”期间，有两则景区门票新闻形成鲜明对比。一则发生在江西庐山，另一则发生在湖南岳阳楼，算是一正一负。

“负”的这个，源自10月5日央视报道了庐山的“票中票”问题，且引用网友的计算称“逛遍庐山所有景点需花1792元”。庐山风景名胜区次日即在其官网——中国庐山政务网——上做出回应，称此统计方式“实际上几乎将庐山核心景区、九江市区、星子县、湖口县等九江所有重要景点一起算进去”。虽然网友的算法“并不科学”，但毕竟不是无中生有，只是对寻常游客来说，没法分清哪些是庐山核心景区，哪些是借了庐山的招牌来浑水摸鱼就是。

“正”的这个，是岳阳楼的“免费通行”。免费有一个门槛不高的条件：游客在10分钟内用普通话背出《岳阳楼记》。结果，国庆“黄金周”期间，近三千游客因此受惠。据岳阳楼管委会介绍，早在今年春节期间，他们就开始推出“背《岳阳楼记》，领免费门票”的活动了，截至目前，已有万名游客通过背诵免费登上了岳阳楼。这个做法很有创意，它把自身蕴含的文化因子与游客的文化知识有机地结合在了一起，无论从主观动机上还是从客观效果上，对光大这一千古名篇都起到了不可估量的积极作用。正如很多参与者所云，通过背诵这篇千古美文，获得的不仅是一张免费门票，更是一种美好的文学体验和思想境界提升。

“庆历四年春，滕子京谪守巴陵郡。越明年，政通人和，百废俱兴，乃重修岳阳楼……”脍炙人口的《岳阳楼记》，有一定文化程度的国人都会比较熟悉，即便当下不能全背下来，很多人当年无疑曾经背诵过。本人没有到过岳阳楼，想来如今即便登上去，“衔远山，吞长江，浩浩汤汤，横无际涯”的“岳阳楼之大观”也已不可复见。唯其如此，“先天下之忧而忧，后天下之乐而乐”这句范仲淹的“平日自诵之言”，更凸显了其超越时空的非凡魅力。事实上，《岳阳楼记》的价值和灵魂，也正在于范仲淹的这一借景抒怀。滕子京本身乏善可陈，其所以被贬到巴陵郡，因“前在泾州费公钱十六万”，经济上出了问题，挪个窝就算处理了。司马光《涑水记闻》载，滕子京重修岳阳楼时，筹资“近万缗，置库于厅侧，自掌之，不设主案典籍，楼成，极雄丽，所费甚广，自入者亦不鲜矣”。可见到了新的地方，他的“伸手”习性丝毫没改。今天有岳阳的人士还考证了，什么“百废俱兴”？一些见诸记载的所谓“工程”，根本连影子都没有。比如他“尝欲起巨堤（即偃虹堤）以捍怒涛，使为弭楫之便”，没开工呢，先“求文于欧阳永叔，故述堤之利详且博矣，碑刻传于世甚多”，把目的意义先吹出去再说。而实际结果呢？王得臣《麈史》云：“治平（英宗年号）末，予宰巴陵，首访是堤，郡人曰，滕未及作而去。”可叹欧阳修这个大文豪，在《偃虹堤记》里已把滕子京赞得不留余地，什么“不苟一时之誉，思为利于无穷”，高帽子一顶一顶地甩。而他所重修的岳阳楼，也难说不是“政绩工程”。

今天游览岳阳楼，不是要翻这些历史的旧账，但旅游勃兴后一个不争的事实是，诸多衷情于此的国人只有“旅”而没有“游”。所谓“旅”，就是在路途上奔波个不停，从这个地方急忙忙地赶到那个地方。所谓“游”，则是在“旅”的过程中受益与否，受益几何。对景区文化未必要深钻细研，但总不能只是把到过的景点拍下来留个影，表示我来过就满足了，其他的懵然无知，这就失去了旅游的乐趣所在。当然，你说旅游中“撒尿、拍照、睡觉”就是乐趣，那我闭嘴就是。

岳阳楼景区的做法，可以为具备人文内涵的景区所仿效，由此升华出新的创意未尝不可。倘若大家不是一门心思赚游客的钱，尤其借前人留下的文化遗产在“黄金周”大捞特捞一笔，这一点就不难做到。

（2013 年 10 月 7 日）

当“土豪”卷土重来

“土豪”这个词忽然又流行起来。“与土豪做朋友”“为土豪写诗”云云。所谓“又”，在于稍微有点儿年纪的人，对“土豪”原本所指都不陌生。“打土豪，分田地”，绷过“阶级斗争”那根弦的，谁不耳熟能详？在革命的语境下，土豪是横行乡里的地主、恶霸。且其往往与“劣绅”并用，表明二者就像批林批孔时的一句歌词一样：“×××××（两个人名，一今一古），一对儿坏东西。”

然而，“土豪”卷土重来，不似当年的胡汉三要反攻倒算，“谁拿了我的什么给我送回来，谁吃了我的什么给我吐出来”。但其究竟何指，在下却着实懵里懵懂。深圳罗湖海关近日截获了一批山寨iPhone 5S手机，颜色居然是“土豪金”！晕了。土豪，按网上的说法，用于讽刺那些有钱又很喜欢炫耀的人，尤其是通过装穷来炫耀的人。确否？不知。网络时代的用语实在眼花缭乱，要么“大舌头”——如“胖子”成“胖纸”，“同学”成“童鞋”；要么谐音——如“妹妹”成“美眉”，“大侠”成“大虾”；要么原本不堪入耳的粗俗说法好像洗了心革了面——如“屌丝”“二逼青年”；如此等等。但是现在，这些简单的规律显然无以解释“土豪”。检索其所以横空出世，好像是来自不知何方神圣杜撰出来的“青年与禅师”的对话。青年说自己很富有，却一点儿也不快乐，请禅师指点。禅师反问他什么是富有，青年说“银行卡里8位数，五道口有3套房”。禅师这时伸出一只手，青年问意思是不是让他懂得感恩与回报，禅师答：“不，土豪，我们可以做朋友吗？”今天的“土豪”真的就是这么问世的话，是不是太过无厘头了呢？

钱锺书先生说过：“字有愈用愈宽者，亦复有愈用愈狭者，不可株守初意也。”所谓愈用愈宽，就是外延不断扩大；所谓愈用愈狭，就是内涵不断缩小，像“美而艳”“姣无双”一类，当年都是可以形容纯爷们儿的。钱先生的意思是，字义像社会一样，同样会发生变迁。狗尾续貂，我们不妨认为词义也是如此。衡之以当下的“土豪”，算是符合“愈用愈宽”吧。概检索《汉语大词典》，土豪的两个义项与“卷土重来”的这个都相去甚远。其一，指地方上有钱有势的家族或个人。举《宋书·殷琰传》为例：“叔宝者，杜坦之子，既土豪乡望，内外诸军事并专之。”又《南史·韦鼎传》：“州中有土豪，外修边幅，而内行不轨。”前一个尚“中性”，后一个就属于当年“打倒”的对象了。其二，指一方的首领。举文天祥《己未上皇帝书》为例：“至如诸州之义甲，各有土豪；诸峒之壮丁，各有隅长。彼其人望，为一州之长雄。”这里就是完全褒义的了。只是如今“土豪”硬“外”出来的东西能否经受住时间的淘洗，要打上一个大大的问号。

历史上恐怕没有哪个时代，如此热衷于“新词”的创造以及词义的“推陈出新”；但恐怕也没有哪个时代，创造的“成果”如此短命。与之相类的，还有我们司空见惯的淘宝、甄嬛、梨花等“××体”，同样是咳唾间便成过眼云烟。网友们的架势似乎是：有话一定不要好好说。我们这些跟不上所谓时代的人想弄明白，得像杨子荣上威虎山之前需了解土匪黑话一样。这种现象说是文化快餐大抵都有抬举的成分，应该纯粹是网友找乐的一种方式。他们自然可以不断地玩儿下去，乐此不疲，但我以为与文化始终了不相涉。所以，当“土豪”或者别的什么今后卷土重来，忧虑汉语是否遭到污染的人们，大可不必心生焦虑。

（2013 年 10 月 10 日）

不要“看楼入魔”的前提

8 月份的时候写过一篇《还是不要“看楼入魔”》，由上海的“开瓶器”“注射器”和“打蛋器”等“厨房三件套”而起，觉得网友给人家那三座建筑取的绰号太牵强了，看楼入魔了。文中虽然也说到有些建筑——比如沈阳的“孔方兄”、广州的“大金环”、苏州的“秋裤”之类——因为外形太直观而给人以“口实”，但板子多少还是打在了网友一方。

自那之后几个月过去了，鉴于神州大地上的奇葩建筑仍如雨后春笋，现在不能不想完善一下自己的观点，力求逻辑谨严一些，自圆其说一些，因而打算对不要“看楼入魔”增加一个前提。还提板子的话，此番就是拍向另外一方，不是本人看问题态度骑墙，实乃“势不容不如此”。前提是什么呢？建筑本身得庄尊起来，不要很轻易地就能让大家“想入非非”。倘若一座建筑一眼就让人有“不雅而登堂入室”之感，或者给机灵的人稍加“点拨”便恍然大悟，进而由衷地发出坏笑，在我看来那建筑本身就是不够庄尊。说老实话，“庄尊”的确切意思是什么我还真不知道，专门查了一下《汉语大词典》，亦无此词条，但这又不是我的杜撰，在下没有网友那种动辄造字、造词的本领。此番记起的是《西游记》，那是我爱不释手的一部书。孙悟空和如来佛打赌，大圣在人家巴掌上翻完跟斗，写好“到此一游”之后，“又不庄尊，却在第一根柱子根下撒了一泡猴尿”。这情节印象太深，就给搬来使用了。联想孙悟空的举止，“庄尊”的含义即便没有“言传”，但我们也总可以“意会”了。当然，此种借用庄尊与否，要由读者诸君定论了。

每个时代都应该留下每个时代的标志性建筑，也可以留下，事实上也留下了不少。如今那些被戳戳点点的，尤其是标志性建筑的设计方案，想来都是经过庄尊的讨论而拍板确定的，往往还都是从很多个方案中择优的，何以还是产生了怪异的奇特效果？由我这个外行来估计，该有两方面因素。一方面，人家要的就是那个效果，此之谓得其所哉。另一方面，绝对不曾料想。与设计邮票不同，那里是光看设计大图不行，还得注重浓缩与方寸之间以后的效果；建筑正相反，光看设计小图不行，光看沙盘模型不同，还得充分考虑到放大之后的效果。

游览过丹霞山的人，对那根作为招牌的“阳元石”想必都要啧啧称奇，三尺童子也知道那是什么。对这种自然奇观，除了赞叹“造化钟神秀”不会有其他杂念，但倘若是人工弄它一个，比如人民日报刚亮相的新办公楼，饶是某个角度才像，也大不同，至少会觉得不够庄尊。对建筑而言，“百年大计，质量第一”我们都听得烂熟，没人有什么非议，但在质量第一的基础上，排在第二、第三的呢？美感就是俗话所说的耐看，该占一席之地。现代人非常钟情老民居、校园的老建筑，未必是恋旧的心理在起作用，正是从前的那些建筑确实比较耐看。我母校中山大学的怀士堂，是历届毕业生合影的必选所在；母系马丁堂也是个寻常的长方形建筑，但这个岭南第一座钢筋混凝土建筑在细节设计上仍然产生了与众不同之感。而后来的建筑便乏善可陈了，有的居然神似坟墓！至于有位气愤的著名教授撰文说，在校园里居住的他，决不从那建筑前经过。看，简直势如水火了。

一座建筑既然矗立于公共视野，就由不得公众不去品评。然建筑美感的产生，与外观的标新立异完全是两个概念。各地、各级的标志性建筑还将层出不穷，不要让公众“看楼入魔”，不要为后世留下笑柄的话，建筑自身首先要庄尊起来。否则，遑论今后，“只在当时已惘然”，公众已经不能以庄尊的态度视之。

（2013 年 10 月 16 日）

“包青天三铡”的象征意义

应邀来我国访问的俄罗斯总理梅德韦杰夫，日前在合肥参观了包公祠。报道说，这是包公祠接待过的国外来访的最高级别贵宾。当讲解员介绍到龙、虎、狗三口铡刀时，梅德韦杰夫说：“三口铡刀所斩的人不同，但效果是一样的。”效果一样，自然说的是寒光闪处，人头落地。全俄民意研究中心10月23日发布的一项民意调查显示，80%的俄罗斯人认为俄罗斯是一个腐败程度高的国家，其中地方权力机构是最腐败的领域。结合这个背景，可知老梅这句话是有感而发。

几年前曾经路过合肥，虽然停留的时间极短，还是去拜访了包公祠和李鸿章故居。后者纯粹是个新建筑，没有半点幽情可思；包公祠则不同。犹如全国有众多的孔庙、关帝庙一样，包公祠也为数不少，但以合肥的最为著名，那是人家的故土所在。关于包公，国人无不耳熟能详，他不仅敢对皇亲国戚动铡刀，而且极其清廉。《宋史·包拯传》载，他在咱们肇庆任职时，“端土产砚，前守缘贡，率取数十倍以遗权贵”。人家都是打着进贡的幌子借机加码，以上下打点即所谓“道路往来”，包公不这样，“命制者才足贡数”，进贡多少就做多少。别说到处送人情了，“岁满，不持一砚归”，自己也不瓜田李下。

包公为后世所铭记，更在其“包青天”之谓。“旧制，凡讼诉不得径造庭下。拯开正门，使得至前陈曲直，吏不敢欺”。关于包公的严厉，史上有两个有趣的比喻，一曰“包希仁笑比黄河清”，一曰“关节不到，有阎罗包老”。前句见于沈括《梦溪笔谈》，说他“天性峭严，未尝有笑容”。《左传》援引《周诗》云：“俟河之清，人寿几何!”这是说人的寿命很短，等待黄河变清是不可能的，进而比喻期望的事情不能实现。包公不笑，有没有先天的因素未知，后天则在于其“性峭直，恶吏苛刻”，并且“与人不苟合，不伪辞色悦人”。后句见于《宋史》包公本传，与之共事过的司马光，在《涑水纪闻》中对这句民谚也进行了阐发。说包公“为人刚毅，不可干以私”，他办案时，谁要是“有所关白”，则“面折辱人”，一点儿面子也不给；然包公“刚而不愎”，人家说的“若中于理，亦幡然从之”，因此“吏民畏服，远近称之”。就这样，“阎罗包老”更固化成了词语，泛指刚正无私的人。

然《宋史》本传中却并无包公使用铡刀的记载，甚至连个“铡”字的踪影也不曾见，更不要说品种细化到龙、虎、狗了。我估计，要么是“三铡”在包公身上只是一个微不足道的文化符号；要么就是在包公生前，铡刀并没有与他发生逻辑关联，种种痛快淋漓的刀起头落，出自后人的臆想，后人对现实无奈而产生的美好期冀。包公铡刀使用的最著名的一次，就是今天还在上演的《铡美案》了。而这出传统剧目，脱胎于明朝的《包公案》和清朝的《三侠五义》两部公案小说。有人更干脆考证出，陈世美是明末清初人，让包公铡他，简直是“关公战秦琼”。但包公终究是敢于触动权贵的，“中官势族筑园榭，侵惠民河，以故河塞不通，适京师大水，拯乃悉毁去”。

梅德韦杰夫听完讲解员介绍后说，在俄罗斯，清廉官员同样得到人民爱戴。他随后还主动告诉中方接待人员：“我刚刚已经通过俄罗斯电视台的报道，将包公介绍到了俄罗斯。”包公走出了国门，是一件值得我们自豪的事情。当然，老梅肯定清楚，包公铡刀在现代法治社会所具有的只是象征意义；在我们，期望“包青天三铡”发挥作用，不也就是期望“苍蝇”与“老虎”一起打吗？

（2013 年 10 月 24 日）

对一个通知的“得陇望蜀”

国家新闻出版广电总局昨天发布了《关于进一步加强卫视频道播出电视购物短片广告管理工作的通知》，要求自 2014 年 1 月 1 日起，全国各卫视频道每天每小时播出电视购物短片广告不得超过 1 次，每次不得超过 3 分钟，每天播出同一内容的不得超过 3 次；禁止使用“矫形”“塑形”“透脂”“甩脂”等宣传或变相宣传丰胸、减肥产品，不得使用新闻报道、新闻采访、现场访谈，以及“叫卖式”夸张配音、语调、动作等形式进行宣传；在每天 18 点至 24 点的时段内，不得播出电视购物短片广告；如此等等。

这种极其针对现实的《通知》，想来很多观众都要为之叫好，在下正是其中的一个。不少电视广告真的太烦人了，别说一天播 3 次，每一亮相就敢来它 3 遍。祥林嫂叨咕阿毛才叨咕几次啊，就把鲁镇的上下给惹毛了，“叫卖式”的劣质广告得惹毛多少全国电视观众？前些天看中网直播，插播广告虽然不属“叫卖式”，但来来回回，车轱辘似的一遍又一遍地转，也让人腻歪透了。倘若广告制作与播出的出发点不是出于要搞恶作剧的话，则从业者真该恶补心理学的知识。新《通知》对准的是全国各卫视频道，其他频道呢？电视“有线”之后，购物频道就钻出来好几个，拿着遥控器乱扫难免“路过”，那里基本上都属“叫卖式”，它们还可以继续“夸张”下去？

《通知》是有了，如何生效接着想必成为关注焦点。概因诸如“18 点至 24 点时段内不得播出”一类内容，2009 年原国家广电总局下发的《关于加强电视购物短片广告和居家购物节目管理的通知》中早就有过。新《通知》说，“近段时间以来，广告违规问题出现反弹”，我可没这么乐观，感觉上情况从来如此。感觉嘛，大谬也说不定。当然了，凡事不可陷入经验主义的泥淖，以为这一个一定会步先前那些的后尘：《通知》归《通知》，现实归现实。此番我们不妨先做一个乐观的展望，这一个确实不同于那些个，从规定的时间节点上开始，真的能做到令行禁止。苟如是，我又生出一个希望，希望用同样的办法治理一下广播电台的“叫卖式”广告。这就是俗话所说的“得寸进尺”。

把着方向盘的时候，会听听收音机，发现权威广播电台的购物广告也非常夸张。一段时间以来，“宝鼎”啦，“玉玺”啦，如何“限量”啦，“绝对升值”啦，好端端的节目间隙，这种聒噪之声就来“拾遗补缺”。治理这些明显不着四六的东西，实在也是爱护权威媒体。显而易见，权威性与可信度在某种程度上是紧密关联的，但二者之间并不存在必然的等号。不仅不会因为媒体具有权威性就使广告具备可信性，而且因为广告事实上的不可信性反而会“连累”权威媒体的权威性。这一点，挥霍自己信誉的权威媒体不知认识到了没有，你不自重，地位上权威又怎么了，公众也未必敬重。

倘若把“叫卖式”规范了，在下索性再“得陇望蜀”一回，以为新组建的广电总局还该发个《通知》，至少有这么些禁止：禁止电视节目的片头都出来了，观众以为马上进入正题了，忽地又蹦出了广告；禁止在节目进行的过程中，招呼都不打就插入一堆广告，令观众猛地以为这是节目的一部分；禁止节目中插入了一大堆广告之后，主持人再次露面，却开口来了个“这次的节目就是这样”。我所列举的，是某个电视权威媒体每天的惯常做法。因为我要看他们的节目，就每每被如此捉弄，不爽得很。

新版广电总局已经亮了几把剑，我没大留意。但治理痼疾，发个《通知》显然不行；而面对其“辖区”内当下存在的种种问题，更叫万里长征还没有走完第一步。他们对此早就有足够的心理准备了吧？

（2013 年 10 月 31 日）

哈佛版“中国朝代歌”的有益一面

哈佛大学“中国课”视频中用《两只老虎》曲子改编的“中国朝代歌”即出，报道说“萌翻了众多观众”。看那段视频，两位教授唱起来的确有些意思：“商周秦汉，商周秦汉，隋唐宋，隋唐宋。元明清 Republic（注：中华民国），元明清 Republic，毛泽东，毛泽东。”视频中的演唱者之一、哈佛东亚语言文明系讲座教授包弼德说，他经常教学生们唱这首歌，用以帮助学生记住中国的主要朝代。

记住我们历史上的朝代，不是件容易的事。别说他们外国人了，我们现在如果仿照“汉字听写大赛”来个“朝代听写大赛”，除了精心准备的参赛者之外，场外的“成人组”也未必有多少人能按照顺序写下来。举个例子，梁唐晋汉周为“五代”还好说，但“十国”究竟是哪十国，定会放翻不少好汉。不过，哈佛版“中国朝代歌”萌则萌矣，实在也太粗线条了一些。不知有意还是无意，我们王朝历史开篇的“夏”，在那里就不见了踪影。说他们有意，也许是夏朝究竟是否存在，虽然《三字经》早就说了“夏有禹，商有汤”，但在我们这里却一直是个争议较大的学术问题，关键在于缺少有分量的考古学遗址作为实证，哈佛哪里敢因此而采纳了否定一方的意见？但我们的“九五”国家重点科技攻关项目——夏商周断代工程，在2000年9月就已经通过国家验收了，该工程的“夏代年表”明确夏朝自公元前2070年起，到公元前1600年止，其间经历了禹、启、太康，到皋、发、夏癸等16王。对我们十几年前就已经公布的这样一个成果，哈佛版“中国朝代歌”不能不正视之。

有网友指出“中国朝代歌”中三国六朝缺席，于是自编了一个：“五帝夏商两周秦，西汉东汉三国晋。凉燕赵，夏汉秦，北继胡，南承晋。隋唐两宋夏辽金，蒙元明清中华民。”其实，哈佛版的除了夏，缺席的岂止三国六朝，而网友补充的这一个，同样残缺不全，“五帝”与朝代无涉，就算硬要拉上，“三皇”呢？而且，“凉燕赵”那些，哪儿跟哪儿呀，估计编写者自己都没弄明白怎么回事，就为了韵脚上的顺口，来了番削足适履。哈佛此举一开，大量智慧之士或许都要跃跃欲试弄一个版权属于自己的，像前些年各地着了魔一样编写五花八门的“新三字经”，结果为编而编的东西形同制造了垃圾一堆。对于“中国朝代歌”，根本不用自以为是地另起炉灶，把《三字经》从“考世系，知终始，自羲农，至黄帝”开始，到“至世祖，乃大同，十二世，清祚终”那段熟稔了，足够了。

说了半天，有人也许要问：“中国朝代歌”一类的东西有用吗？有用。钱穆先生在《中国历史研究法》中谈及如何研究历史地理时说的一段话非常精辟：“学习中国历史，更应先熟谙中国地理。姑从最浅显处说，如治春秋史，若我们不知道晋国在哪里，楚国在哪里，齐国、鲁国在哪里，秦国、吴国又各在哪里，试问我们如何能了解得春秋史？”钱穆先生的这段话足以给我们启发：不了解中国的朝代，弄不清他们并存时的相互关系、更迭时的前后关系，也就无以读懂弄通中国几千年的历史。即便了解，也是孤立的、割裂的，正如哲学概念中的“只见树木，不见森林”。

同时，我们也需肯定哈佛版“中国朝代歌”有益的另一面：提供了一种趣味学习方法，让看似单调的内容不那么枯燥。《两只老虎》的旋律，不光我们听起来熟悉，老外听起来可能更熟悉，因为这并非我们的土产，舶来的，就像毕业惜别时唱的“长亭外，古道边”，词是咱们李叔同先生的，曲是美国作曲家奥德威的。因为熟悉，对记忆自然大有裨益。我们的各种教学状态如何我不大清楚，综合各类见闻似还不能逃脱填鸭式死记硬背的干系，还是应该注意到趣味学习的一面吧。

（2013 年 11 月 6 日）

漫画的“力量”不逊文字

近日，中纪委监察部网站为河北邱县的廉政漫画开辟了专栏，挂出一批作品。同时，中纪委面向全国征集、推广一批以反腐倡廉为主题的优秀漫画作品，河北邱县成为典型。此举甚至“惊动”了境外媒体，韩国有媒体称，中纪委征集廉政漫画这一举措意在把漫画打造成反腐利器，引发人们兴趣和关注；美国有媒体称，中国的反腐“斗士”们已经全面进行“战斗”，而“触角”也伸入到与民众贴近的“接地气”的一切事物。

漫画是用简单而夸张的手法来描绘生活或时事的一种艺术形式。廉政漫画从来不乏，邝飚先生关于财产公开的《脱吧！到你了！》，我以为就是不可多得的一幅漫画精品。但廉政漫画以集群的态势出自农民之手，“用农民的漫画，来对官员进行廉政文化教育”，不能不成为人们关注的话题。报道说，30 多年来，邱县这个小县城因涌现了大批农民漫画而独具特色，漫画因之成了邱县的名片。现在，为了能及时将最新的廉政理念融入漫画创作，邱县“每周都组织骨干漫画作者集中学习，在中央重大部署、中央领导重要言论发布后第一时间组织学习，3 天内启动创作工作，保证紧跟反腐倡廉新形势”。那么，邱县廉政漫画能够得到中纪委书记王岐山的青睐，也就并非偶然了。

就“力量”而言，漫画不仅毫不逊于文字，而且一幅好的漫画，抵得上千言万语。任何看过丰子恺先生《剪冬青联想》的人都会过目不忘：园丁挥动着手中的大剪刀，把站成一列却个子高矮不等的人群，按照他自己拟定的高度一概排头剪去，冒头的只好没了脑袋或者剩下半截脑袋……那是丰先生《护生画集》中的一幅，本意是告诫人们要让生物自由地生长，不料文革中成了被集中批判的“黑画”。20 世纪 90 年代，继《老照片》一炮打响之后，山东画报出版社又推出了《老漫画》丛刊，令人爱不释手，却不知怎么才出到第五辑就戛然而止了。胡乱估计，该是漫画那种同样入木三分的刺透力量令某些说了算的人物受不了吧。

漫画的“力量”当然不止于“战斗”，不止于针砭。还说丰先生，其《人散后，一钩新月天如水》所展示的疏朗简洁至极的笔触，又能够引发人们多少无尽遐想？跳出“凡人贱近而贵远”的窠臼，捡身边人说，这几天台湾星云大师正在广州开讲，《看见梦想的力量》《幸福与安乐》等等，我的漫画家朋友赵晓苏昨日即代表广东省禅宗文化研究基地向星云大师赠送了禅画和艺术瓷瓶，令星云大师连声赞叹“太珍贵了”。夺得过第 14 届日本读卖新闻国际漫画大赛最高荣誉“近藤日出造奖”的晓苏先生，近年来尝试将笔墨功夫、诗词书法与国画技法的漫画融为一体，借以表现“禅在画中，画在禅里”的意境，成就不凡，让我们看到了大别于《护生画集》的禅画，展示的就是漫画的一种新“力量”。

在中纪委监察部的网站上还看到，江苏赣榆县组织以获得赣榆非物质文化遗产称号的王老三民间剪纸为首的民间剪纸艺人和爱好者共同参与，开展了一系列以“和安清风”为主题的剪纸艺术创作及评比活动，即所谓“民间剪纸‘剪’出廉洁新风气”。由这些农民艺术品的大放异彩，想到当年陕西户县农民画、本省龙门农民画都曾名噪一时，国家还为前者发行过一套六枚邮票，龙门县也曾被文化部命名为

“中国现代民间绘画画乡”，不知为什么如今让人感到寂静无声。就龙门而言，是真的寂静了，还是秉承了广东“只做不说，多做少说”的传统？如果是前者，应该在方方面面都在强调文化决定发展后劲的今天考虑重振雄风；如果是后者，应该知道那句传统的著名俗语已经改成了“酒香也怕巷子深”。

（2013 年 11 月 7 日）

对“世界厕所日”不可等闲视之

今天是联合国明确的首个“世界厕所日”。厕所也有“节日”，有趣得很。同样有趣的还有它的简称：WTO。WTO，那不是众所周知的世界贸易组织（World Trade Organization）吗？没错，但它也是世界厕所组织（World Toilet Organization）；这且不止，还是世界旅游组织（World Tourism Organization）以及早就解散了的当年极其著名的华沙条约组织（Warsaw Treaty Organization）的简称。这种“殊途同归”的效果，该怪老外的语言没我们的丰富多彩了。有了“世界厕所日”，今后再讲 WTO 要留点儿神，至少不要人家说的是“厕所”你却以为“贸易”。

联合国设立“世界厕所日”的目的，是为了推动安全饮用水和基础卫生设施的建设，倡导人人享有清洁、舒适及卫生的环境。他们说，全世界大概有 25 亿人没有适当的卫生设备可用，而在第三世界，厕所有可能是一个生死攸关的问题。“方便”而已，如何就上升到了这样的高度？他们统计了，世界上有十多亿人只能露天排泄，每年有无数的人因此而罹患传染病死亡，而每年有 80 万 5 岁以下的儿童死于痢疾，也和没有干净的厕所可用有绝对的关系。这对我们是一个警醒了。在我们的广大农村，现在不知道还是不是以露天排泄为主。20 世纪 80 年代末，我在粤西一个乡镇“劳动锻炼”，村里的公共厕所一般都建在鱼塘上，栈道一样走过去，排泄物“扑通扑通”径直掉下去，当地人以此为一举两得：上面的人舒服了，下面的鱼也有得吃了。这种貌似双赢之举，以联合国的标准衡量不仅极不卫生而且害处不小。但彼时笔者也觉得当地人真是聪明，只是那种简易厕所的围栏太低，蹲着也还露出个头，固可兼顾风景，但亦有光天化日之下无所遁形之感，不大自在。

厕所在我们的城市里也曾“几度”成为问题。有一“度”要溯源改革开放之初，不少报道对此毫不讳言，就是彼时我们的厕所因为“脏、乱、差、少”，吓跑了不少外国游人，且失去了不少商务谈判的机会。于是，我们对先前根本不当回事的厕所问题重视起来了。还有一“度”是前几年的事情，全国各地普遍公厕短缺，大家在街上找不着方便的地方。于是各地开始纷纷发力，但有不少地方把方向弄拧了，一时间大手笔投入的“星级公厕”“天价公厕”纷纷粉墨登场，殊不知当务之急是满足“数量”而非提升“质量”。当然了，也许是他们佯装不知，但非如此则不能惊世骇俗，干点儿分内的民生事情而唯恐他人不知。这个问题现在好多了，但根据国家对城市公厕布局的要求，比方人流量较大的繁华地区 300 到 500 米的距离就要设置一座，显然还任重道远，且“数量”满足之后也要面对“质量”问题。

今年“世界厕所日”的主题是“使用卫生厕所，享受幸福生活”。使用厕所而未必卫生，由来已久。20 世纪后半叶的中国厕所尚能吓跑海外人士，古代就更是如此了。所以从前的奢侈之家在厕所门口备有“塞鼻之枣”。战国时魏人范雎能言善辩，出使齐国而深得齐王敬重，却被人诬陷，回国后被魏相魏齐治罪，“笞击范雎，折胁，折齿”，再把他卷上席子，“置厕中，使客醉者更溺之”。西汉吕后把戚夫人弄成“人彘”之后，也是丢进厕所里。可见从前的厕所肮脏得足以辱人。不知谁统计的，人每天要上 6 到 8 次厕所，一年约 2500 次，一生约有 3 年在厕所度过。如此，则良好的如厕环境更显得十分重要，如今甚至还是衡量一个国家经济实力强弱、文明程度乃至价值取向的标志。观诸我们的现状，对这个想要发笑的“世界厕所日”不可等闲视之了吧？

（2013 年 11 月 19 日）

珠算不该被我们遗忘

12 月 4 日，我们的珠算被联合国教科文组织正式列入“人类非物质文化遗产名录”。虽然算上这一个，名录中属于我们中国的已有 30 个之多，凭此即赢得了一项“世界之最”，但锦上添花，仍是值得高兴和自豪的事情。

珠算是以算盘为工具进行数字计算的一种方法，凭借口诀指导拨珠而成，“一上一，二上二，一下五去四，二下五去三……”，有“世界上最古老的计算机”之誉。有人考证，珠算之名最早见于汉朝徐岳撰写的《数术记遗》。现在说珠算有 1800 多年的历史，应该就是根据这个时间点计算出来的。不过，那个时候的算盘运算法与今天还是有很大区别的，现代珠算起于元明之间。元朝朱世杰的《算学启蒙》载有的 36 句口诀，即与今天的大致相同。陶宗仪《南村辍耕录》里更记载了一段有趣的俗谚：“凡纳婢仆，初来时曰擂盘珠，言不拨自动；稍久曰算盘珠，言拨之则动；既久曰佛顶珠，言终日凝然，虽拨亦不动。”顺便说一句，把这里的“婢仆”换成职能部门的某些工作人员，同样熨帖。

至于说珠算是“中国第五大发明”，能否上升到这样的高度，要就教于方家了。比方“世界七大奇迹”是公认的，谁是第八便炸锅了。越南人说是他们的下龙湾，埃塞俄比亚人说是他们巨石凿成的拉利贝拉教堂，德国人说是他们的慕尼黑国王宫殿，英国人说是他们的巨型泰晤士河屏障……就在咱们本土，也有万里长城、秦始皇陵兵马俑、三星堆遗址在参与“角逐”。不管能否达到那个高度，珠算的功能至少超越了计算工具，就像《三字经》《百家姓》《千字文》等蒙书不止于识字一样，兼具独特的教育功能。珠算口诀中便衍生了若干成语或习语，除了我们非常熟悉的“三下五除二”——形容做事及动作干脆利索——之外，还有“二一添作五”“三一三十一”等等，分别借指双方平分，以及三方平分。

《水浒传》里有个神算子蒋敬，在一百单八将中排名第五十三，地煞系列中的会星。这个人“原是落科举子出身，科举不第，弃文就武，颇有谋略，精通书算，积万累千，纤毫不差。亦能刺枪使棒，布阵排兵。因此人都唤他做神算子”。梁山排定座次之后，蒋敬“掌管考算钱粮支出纳入”。许是“神算”“考算”之故，这几年拍的电视剧《水浒传》以及电影《神算子蒋敬》里，给他安排了一把铁算盘当作兵器，这该是编导的戏说了，虽然看上去合情合理，考算嘛，哪能离开算盘？不过，不要说那段登场介绍，即使关于蒋敬“有诗为证”的判词——高额尖峰智虑精，先明何处可屯兵。湖南秀气生豪杰，神算人称蒋敬名——也同样表明，神算是神机妙算。再者说来，宋朝应该还没有算盘，现存最早载有算盘图的书，为明朝洪武四年（1371 年）的《魁北对相四言杂字》刻本，隔了一朝半（南宋加元朝）呢。

珠算曾经与我们的生活那么地密不可分，神州处处，“噼噼啪啪”之声不绝，如今回忆起来，多么地悦耳动听？随着计算机技术的发展，珠算的计算功能渐渐被削弱直到被完全取代。也正是因此，珠算需要保护了，首先列入我们的非遗，现在又得到了国际的认可。不错，在 2001 年教育部颁发的《义务教育数学课程标准》中，因为功能的被替代以及为学生减负，珠算被取消了。但此番申遗成功，不意味着再把珠算请回课堂。其退出计算舞台是必然的趋势，指望它在现代社会大显身手、保持旺盛的生命力极不现实。只是，它不该被我们遗忘。

珠算成功申请到世遗，无疑将有助于唤回我们的记忆，且让后来的人更好地认识珠算，了解珠算，为民族自豪感增添一项可骄的资本。与此同时，将珠算保护并传承下去，也将成为每一代国人义不容辞的使命。

（2013 年 12 月 5 日）

年度字词评选，娱乐而已

时值岁末。各种“年度汉字”评选又纷纷亮相出炉，起自何时忘了，反正已成了例牌。如刚过去的冬至，北方人这天要吃饺子，南方人要吃汤圆。

年度汉字，就是用一个字来概括即将过去一年最让公众刻骨铭心的事情，当然这只是理论上。因为但凡“之最”的事情，就是可能有却未必经常有。在我的感觉里，除了某年的“涨”字名副其实之外，其他年度的都有“充数”之嫌。名副其实，就是大家都感同身受，对当选的汉字由衷地认同。

转型期的社会现实，吸引全国公众眼球的事件此起彼伏，能够归“类”的也数不胜数，用任何一个字来概括全年，都难免力不从心。但这显然丝毫不能打消主办者的热情。蓦地发现，年度汉字评选早已扩容，各地、各国的纷至沓来，甚至好多行业也不遑多让。

举例来说。各地的，比如重庆评出了“实”；南京正在进行，目前是“霾”字高票领先；江西也是要等到年底公布，候选的是“梦”“变”“新”“霾”“拆”等等。各国的，比如年度汉字的始作俑者日本，今年评了“轮”；马来西亚评了“涨”；按照预订计划，明天（12 月 24 日）晚些时候，由新加坡联合早报举办的“字述一年”活动也将公布公众的投票结果，截至昨天，“霾”“人”“贪”“网”和“盼”暂列前五。所谓各行业，比如对冲基金那里弄出了“势”；理财市场弄出了“突”；某省的家居市场甚至也凑番热闹，弄了个“微”……总之是目不暇接，是不是“乱哄哄”不敢定论，“你方唱罢我登场”或者同时登场则绝对没错。

定睛一看还可以发现，评选还跳出了字的藩篱，展示了国际的视野。比如今年的年度汉字除了试图代言国内的“房”之外，还有了国际的“争”，以及国内和国际的年度词：“正能量”和“曼德拉”。韩国干脆还来了个年度四字成语，当选的是“倒行逆施”。怎么评出来的呢？是其《教授新闻》对 622 名教授的问卷调查，支持率为 32.7%。中央大学历史系教授育英洙表示，之所以推荐这句成语，是因为朴槿惠政府上台以后违背国民期望，一意孤行地实施使历史车轮倒转的政策和人事调整。韩国仁济大学法学院教授姜载圭认为，朴槿惠违背“通过经济民主主义建设福利社会”的竞选承诺，令人失望。他们的事情用赵本山的话说“爱咋咋地”，咱们不去干预，但结果跟咱们的却有本质上的相似，不到 200 名教授认同而已。咱们当选的那些，今年没公布票数，有一年我记得不过就几十万最多几百万票的事，也就是得票第一罢了。

因此，今年这个“房”字，我就觉得欠缺“个性”。诚然它是“2013 年中国一年的真实写照”，但这样看问题的话，它也是去年的、前年的、大前年的，还可以再往前推；并且可能还是明年的、后年的、大后年的，还可以再往后推的“真实写照”。一言以蔽之，房子问题这些年都不会是我国的什么新鲜事，肯定不是。让百姓买得起房、租得起房，也就是让他们住得起、住得安心这一全中国最大的民生问题，在相当长一段时间都会存在。“争”字当选国际词，报道说是不仅今年美国民主共和两党因为一系列政策而争得不可开交，以至于政府“关门歇业”，而且叙利亚和泰国也因为种种原因而使国内反对派和政府争个不停，国际局势并不太平。那么，我觉得此字可以永久坐庄。

不客气地说，年度字词评选结果没有多少实质意义，充其量只是娱乐而已，年底了，玩个文字游戏热闹一下。这样理解，不知主办者和读者诸君认同与否？

（2013 年 12 月 23 日）

从毛主席给儿子的“书单”聊起

中央档案馆编定的《毛泽东手迹》丛书近日已由北京出版社出版。报道说，丛书精选了毛泽东不同时期的手迹，共1200余件，计2300余幅图片，其中有一封写给毛岸英的“罕见家书”。在家书中，毛泽东给儿子开的“书单”很有意思：“你要看历史小说，明清两朝人写的笔记小说（明以前笔记不必多看）。”

将历史小说和笔记小说分列，说明二者是有些区别的。前者是小说的一种形式，以历史人物和事件为题材的创作；后者即通常所说的野史，出自亲见亲闻，因而同样颇具史料价值，相对于官修“正史”而言，即所谓“野史”。正史与野史，并非泾渭分明，正史的编纂往往吸收野史，野史也可以作为正史的必要补充。唐代笔记小说《朝野佥载》，内容不见于正史者共有300余条。野史也未必轻率，五代笔记小说《北梦琐言》，作者孙光宪“每聆一事，未敢孤信，三复参校，然始濡毫”。正因为正野之间可以相互补充，比对阅读，有时就是件很有趣味的事。历史小说亦然。

比如历史小说《三国演义》里有夏侯惇“拔矢啖睛”的故事，读来惊心动魄。吕布一方的高顺败阵，曹操一方的夏侯惇“纵马追赶，顺绕阵而走。惇不舍，亦绕阵追之”。曹性见状，“暗地拈弓搭箭，觑得亲切，一箭射去，正中夏侯惇左目。惇大叫一声，急用手拔箭，不想连眼珠一起拨出，乃大呼曰：‘父精母血，不可弃也！’遂纳于口内啖之，仍复挺枪纵马，直取曹性。性不及提防，早被一枪搠透面门，死于马下”。夏侯惇这一连串举动，令“两边军士见者，无不骇然”，我们读到这里也每为其英雄气概所折服。正史《三国志》呢？只有一句：“太祖自徐州还，惇从征吕布，为流矢所中，伤左目。”少了活灵活现不说，作注的裴松之引《魏略》更表明，夏侯惇从此很不开心，因为军中还有另一位将军叫夏侯渊，大家为了区别，就叫夏侯惇为“盲夏侯”。夏侯惇不爱听，“恶之”，但是一照镜子，又不能不接受现实，只好自己生闷气，“每照镜恚怒，扑镜于地”。两相结合，夏侯惇的形象就更加“丰满”了。

“明以前笔记不必多看”，不大理解，假以时日会有专家释疑吧。当下揣摩之，应该无涉内容好看与否，因为唐宋笔记小说同样煞有趣味，这也是野史的一大特点。比如笔记小说《墨庄漫录》载，宋徽宗时京都汴梁“李师师、崔念月二妓，名著一时”，晁冲之“每会饮，多召侑席”，找她二人来助兴。李师师这个名字我们都不陌生，《水浒传》说徽宗赵佶与她也有一腿。宋江到京城看灯，先逛红灯区——“两行都是烟月牌”的街道——一边在茶坊里吃茶，一边琢磨去哪家。发现目标后问茶博士，人家告诉他头牌歌妓李师师的家。宋江脱口而出：“莫不是和今上打得热的?”茶博士吓坏了：“不可高声，耳目觉近。”另一部笔记小说《浩然斋雅谈》也说，周邦彦当太学生时每游李师师家，有天前脚刚到，后脚徽宗也来了，乃“仓猝隐去”。这些有鼻子有眼的东西，被当代罗忼烈先生予以证否。罗先生说，北宋只有一个李师师，比周邦彦小 6 岁，比赵佶大 20 岁；其与晏几道、秦观、周邦彦、晁冲之都曾交游不假，但由于年龄悬殊，赵佶不可能“幸”她，周邦彦和赵佶更不可能因她而打破醋坛子。

但历史小说和笔记小说与正史一样，文化的养分无疑取之不尽。中华书局近年来或再版或标点，在陆续出版“历代史料笔记丛刊”，分为唐宋、元明与清三个部分，已经出版的粗略数了一下，逾 140 种，码在书架上大概有两米半长。别看数量似乎庞大，像愚公那样每天“挖山不止”，通读一遍也非难事。毛主席为什么给儿子开了那份“书单”，其用意自然亦会有专家解析。我倒觉得，从事社科或沾边的人都不妨一读。但入宝山，便不会空手而归。

（2013 年 12 月 26 日）

故宫还应当告诉公众什么

从今年元旦起，除法定节假日和暑期外，故宫博物院正式实行周一全天闭馆。1 月 6 日是第一个闭馆日。同一天，俗称“金銮殿”的太和殿启动了近 10 年来的首次彻底保养，20 多位文保科技人员或用墩布擦拭“金砖”，或用软毛刷拂去“龙椅”上的浮尘。这一切，应了单霁翔院长所说，闭馆期间“歇马不歇人”，从中轴线开始，太和殿、中和殿、保和殿依次推进，他们将对原状陈列宫殿及文物除尘保养。

每周闭馆一天，是要给文物建筑一个“喘息”时间。国际惯例也是如此。去过的人说，法国卢浮宫、大英博物馆都是每周休息一天。资料显示，20 世纪 80 年代，故宫也有过每周一闭馆的制度，但伴随游客的增多，才不得不 365 天连轴转，因而给文物保护带来空前压力。当然，不独故宫如此，如今每个“黄金周”期间，神州大地但凡有些名气的地方，大抵都人满为患。但比较起来，皇帝住过的紫禁城显然更具诱惑，概无论彼时还是此时，人们都有“一窥此数千年神秘之蕴藏”的好奇之心吧。

1925 年 10 月 10 日，故宫正式作为博物院对外开放。那志良先生在《我与故宫五十年》中记载了当天情景：早晨“不到八时，神武门外，已站满了人，九时开门，一拥而入，真是万人空巷，拥挤不堪”。参与创建故宫博物院的吴瀛先生予以了佐证：“余适以事入宫略迟，中途车不能行者屡，入门乃与眷属及三数友人，被遮断于坤宁宫东夹道至两小时之久，始得前进。”而对“展览室中的拥挤”情形，那志良先生的描述更有意思，为了体现原汁原味，就当了一回“文抄公”，“我被派在外东路的养性殿照料，这里陈列的是大婚图、南巡图等，是画得鲜丽精细，雅俗共赏之物，看的人愈看愈有兴趣，停在那里不走，后面的人陆续拥入，他想走也走不出去了，于是室内拥挤得堵塞在那里。我起初是立在那里，嚷着请靠近门口的人走出去，让后面的人陆续松动，没有人理会，后来我登在凳子上嚷，依然无效，只好听其自然”。有一名衣着颜色别致的游客，被那先生当作了参照物，“我看他一进门，便被后面的人与前面的人夹在当中，作了‘夹馅饼干’的‘馅子’，夹了许久，徐徐移动，然后被夹了出去，在室内虽看他时时伸伸脖子，但他什么也没有看到，挨夹一个多小时，又转向其他展览室去了。这种情形的参观人，恐怕不在少数”。开幕嘛，情况有点儿特殊，与今天的“黄金周”相比，不遑多让。

从《我与故宫五十年》中我们还知道，故宫当时似乎就是周一闭馆。在开放的另外六天，也采用“轮休”法，即每逢星期日、四，开放中路，包括乾清宫、交泰殿、坤宁宫等；每逢星期二、五，开放内西路即皇族的住所，包括储秀宫、翊坤宫、太极殿、养心殿等处；每逢星期三、六，开放外东路，包括皇极殿、宁寿宫、养性殿、颐和轩等处。彼时“轮休”是鉴于人手不足，但同时也提供了另一种文物建筑“休养生息”的思路。

人要休息，文物建筑同样如此，需要休班和减压。故宫实行每周闭馆一天，告诉了公众这个简单的道理。接下来，故宫还应当想办法告诉公众，来到故宫单纯地看看皇帝的宝座、看看稀世之珍是并不足够的，这样就将其“博物院”的功能“矮化”了。宝贝当然要看，但不该是唯一的目的。在台北故宫，有多少游人看了一眼“翠玉白菜”就心满意足了？不仅故宫，各种拥有“镇馆之宝”的博物馆都是如此。博物馆、博物院，不仅仅是凭借宝贝才散发魅力的所在。

（2014 年 1 月 7 日）

单纯乐道“马上体”是不够的

农历甲午马年到来之前好久，“马上体”就开始流行了起来。“马上有钱”“马上有房”“马上有对象”云云，总之，什么都“马上……”。嫌单个“马上有”不过瘾的，干脆在马背上放条茄子，美其名曰“马上有一切（茄）”。“马上体”利用了马年的马，与“马上”这一表达急切心理的副词来了个混搭，寄托了人们对新一年的美好期冀。

这些年来，大做生肖文章已经成为一个常态动作。狗年来的时候，“旺旺”（汪汪）之声不绝于耳；牛年来的时候，连“牛屎”都可以美滋滋地挂在嘴边，“牛市”嘛，吉祥。利用汉字的谐音和寓意，人们总能从十二生肖中找出娱人娱己的欢乐因子，集体狂欢一阵。有人此番甚至考证，“马上体”早已存在于古代的民间工艺品中，或图案，或造型，马和鹿或猴的组合很常见，寓意“马上封禄”或“马上封侯”。不过，马背上有茄子，诚然可以是“马上有一切”，但照笔者看，也可以是“马上瘪了茄子”。瘪茄子，在我们那里的民间很常用，就是蔫巴了、变老实了的意思。我在这里无意扫灭大家的兴致，但凡事皆不可单向度地考量，一味地一厢情愿，就与掩耳盗铃相去不远了。

忽然想到，曲阜那个名噪一时的“马上就办”办公室可惜早生了几年，倘在此时出世，会不会又增添几许趣味？当然，从另一角度看，也可能幸而是早生了几年，否则如今谈论起来，网友在冷嘲热讽之余，或许非但不视为趣味，反而会以之为“凑趣”了。当下越来越流行的诸多“马上”，其实正有凑趣的意味，为凑而凑。想到这里，未免又有些牵挂“马上就办”办公室的命运。当时笔者认为它有值得肯定的一面，但能够坚持多久，尚需拭目以待。弹指间“待”了三年有余，有哪路记者能去追踪调查一下，进而给出答案否？

用某个从事语言词汇研究的专业人士的看法，“马上”二字从语言性质上来讲属于表短语时的副词，用来修饰殷切的需求和渴望。当然我们都知道，常见的“马上”，也可以是实指，即“马背上”。西汉的陆贾有句名言：“马上得之，宁可以马上治之乎？”这里的两个“马上”，就是骑马的意思。陆贾这话是针对刘邦“乃公居马上得之（天下），安事《诗》《书》”而言的，告诉他不能用打仗的方式治理国家。刘邦很瞧不起读书人，《史记》上有这么一件事：“诸客冠儒冠来，沛公辄解其冠，溲溺其中。”把人家的帽子给摘下来当尿盆，即便来的果真是“砖家”“叫兽”一类货色，这样的举止也可视为刘邦身上散发的流氓性的一个表征。但陆贾的“马上”得与治之说，显然触动了刘邦，令其先是“不怿而有惭色”；陆贾再“粗述存亡之徵，凡著十二篇”，刘邦就更入耳入脑了，十二篇中每奏一篇，“未尝不称善”。那些寄望自己的欲望能够迅即得到满足的人们，同时也不妨玩味一下陆贾之类的“马上”。

去今整整120年前，1894年，也是甲午马年，了解历史的人都知道，那年我们和日本打了一场战争，结果打败了，被迫签订了丧权辱国的《马关条约》。其中，我们将辽东半岛、台湾全岛及其所有附属各岛屿、澎湖列岛割让给日本，使台湾沦丧日本长达半个世纪之久。宏观地看，《马关条约》的签订，还进一步加深了中国社会的半殖民地化。基于此，当新的一个甲午马年即将到来之际，我们无妨津津乐道“马上体”，但是唯此便有“商女不知亡国恨”之嫌，温习一下历史，尤其别忘了疮疤，非常重要。

（2014年1月28日）

看春晚的感觉已犹如过年

除夕到了。央视年度春节联欢晚会这台大戏，今晚也要正式开锣了。

今年的春晚早就被寄予厚望，众所周知是以幽默风趣见长的冯小刚先生接手了导演一职。去年 8 月，在首次召开的语言类节目碰头会上，他更“大胆地”给作品定了调子：摒弃那些煽情、唱赞歌的东西，所有创作者要放开手脚，敢写敢说，呈现出带尖带刺、有棱有角的相声和小品来。不过，昨天红彤彤的春晚节目单甫一亮相，因为演唱类节目太多，语言类节目只有 5 个，立刻被大家揶揄了一回，不高兴的人说，干脆开演唱会得了。当然，冯导说了，小品宁可少，但绝不将就，“只要上去了，我一定觉得是行的”。究竟能否达成他的初衷，未几便见分晓。只是如果公众习惯性地吐槽了，但愿冯导真的只是当成“年轻人的一种娱乐方式”，而不是像对待批评其电影《私人订制》的“影评人”的那种不良态度。

春晚已经连续搞了那么多年，以我的观察，无论导演是谁，公众对春晚本身都说不上翘首以盼了；倒是看过之后挑刺，有渐成“新民俗”的趋势。打个也许不恰当的比方，当春晚导演和当足协主席差不多，接手的人，都得有足够的抗压能力。新任足协主席蔡振华先生日前在发表就职演说时，甚至有一句“知道这份工作很难，也是走上一条不归路”，导演春晚自然还到不了这般悲壮的程度，但冯导前两天在与网友聊天中，“再次强调希望观众的期望值不要太高”，还有诸如“春晚任务太多”“想改变它的任何一个部分都很难”“无论春晚弄成什么样都会是挨骂的”那番话，如果拿来和他当初“定调”时的锐气进行比对，可窥其此气打折的程度。他说自己也就能做到“防止全体都睡觉”的程度，此话固然可视为一种调侃，但也不排除会成为现实，只是除夕之夜不分东西南北，国人向来一概有守岁的习俗，大家都不会睡得那么早就是。

人们反思春晚的魅力不再，往往从其节目承载的内涵太多太重等方面落笔，认为其出发点该是要带给全国人民笑声，云云。我觉得，这只是问题的一个方面，这里试提另外一说：大家的感觉变了。对待春晚的感觉，实际上跟对待过年本身的感觉已经差不多。从前都盼着过年，有物质短缺的诱因，无论如何，过年期间都会有相应的改变，享受变得非常难得。当生活好了，天天都像过年了，过年的文化内涵没有相应地跟进得到弘扬、光大，过年就难免变得如同鸡肋一般。看春晚正是一样，当晚会难得一见、当李谷一等难得在荧屏上亮一回相的时候，看到了，自然兴奋不已，某个实行观众点歌的春晚，李谷一不是欲罢不能连唱了七八首之多吗？而在中央三令五申整治之前，荧屏上的晚会是多如牛毛的；且不局限于荧屏，在若干国家级贫困县，在荷包稍鼓一点儿的珠三角乡镇，人们也不难觅到各种大牌、大腕的影子。好像是王兵电影《铁西区》里面记录的吧，沈阳一个寻常开彩票的现场，居然也有著名的国家一级演员在献唱！司空见惯的排场、人物，即便搬到除夕、搬到央视的舞台上又能怎么样？新鲜不起来了。

春晚作为新民俗，今后肯定还要不断进行下去的，我有个提议：过程就不用那么张扬好了。想想这大半年以来，关于春晚的话题简直与公众如影随形，三天两头出新闻，连几审几审都要浓墨重彩，吊足了大家的胃口。而俗语有云：“希望越大，失望越大。”我的意思是说，且让春晚本身成为陪伴国民欢度除夕的文化“大餐”，不要让过程先抢足风头，如此则届时带给公众一个惊喜也说不定。

试试呗。

（2014 年 1 月 30 日）

让元宵民俗活起来闹起来

明天是传统的元宵佳节。今年巧了，我们的元宵节与人家的情人节撞在了一起。没这么巧的时候，“元宵”每每输给“玫瑰”，尤其是年轻人愿意过人家的，不愿意过自己的。对此当然不可能也没必要苛责，这在某种程度上预示着我们传统节日的魅力不再。今年“合二为一”了，“胜负”问题只是今年不存在了，不等于可以放松振兴传统节日的种种努力。

就节庆的热闹程度而言，元宵节今不如昔是不争的事实。比如宋代，那可称得上是“狂欢节”。按宋人朱弁《曲洧旧闻》里的描述，这个时候，“故族大家，宗藩戚里，宴赏往来，车马骈阗，五昼夜不止”。人们“每出必穷日，尽夜漏乃始还家，往往不及小憩，虽含酲溢疲思，亦不暇寐，皆相呼理残妆，而速客者已在门矣”。女士们更是要精心打扮一番，“首饰至此一新，髻鬓参插，如蛾、蝉、蜂、蝶、雪柳、玉梅、灯毬，袅袅满头，其名件甚多”。再按宋人周密《武林旧事》里的记载，杭州大户人家届时“闲设雅戏烟火，花边水际，灯烛灿然，游人士女纵观，则迎门酌酒而去”；非大户人家，那些“幽坊静巷”所在，也是“多设五色琉璃泡灯，更自雅洁，靓妆笑语，望之如神仙”。

《水浒传》中，我们也可以一窥宋时元宵节的盛景。怒杀阎婆惜之后而投奔花荣的宋江，在清风寨逍遥了一阵，赶上元宵节。看他们是怎么准备的：“土地大王庙前扎缚起一座小鳌山，上面结彩悬花，张挂五七百碗花灯。土地大王庙内，逞赛诸般社火。……市镇上，诸行百艺都有。虽然比不得京师，只此也是人间天上。”宋江晚上出来逛，“只见家家门前搭起灯棚，悬挂花灯：灯上画著许多故事，也有剪彩飞白牡丹花灯并芙蓉、荷花，异样灯火。……只见前面灯烛荧煌，一伙人围住在一个大墙院门首热闹。锣声响处，众人喝采。宋江看时，却是一伙舞‘鲍老’的。宋江矮矬，人背后看不见。那相陪的梯己人却认得社火队里，便教分开众人，请宋江看”。什么是舞“鲍老”？戏曲研究大家叶德均先生认为是宋代流行的一种民间艺术。当时的大文豪杨亿有一首傀儡诗：“鲍老当筵笑郭郎，笑他舞袖太郎当；若令鲍老当筵舞，转更郎当舞袖长。”由此亦可揣知，鲍老乃戏剧中的丑角。因为鲍老“身躯扭得村村势势的，宋江看了，呵呵大笑”。这一笑，笑出了何种严重后果，读过《水浒传》的人们自然清楚。

清风寨，只是青州的一个寻常市镇，元宵灯火也已经如此繁盛。总体来看宋朝的这种景象，岂是今日所能比拟？多数人家估计也就是守着央视的晚会就把元宵节给打发了。因此，在振兴传统节日上发力，就应当先把那些濒于灭绝或已经消逝了的相关民俗振兴起来，让它们从历史记载和人们记忆中重新走进现实，活起来，闹起来。今天在报纸上看到，梅州市丰顺县汤南镇真丰村以“跳火堆”来闹元宵，他们先在村里大街小巷“游老爷”，然后一个个高擎灯笼的小伙子勇敢地冲向火堆，腾空而起跳越熊熊大火，动作迅猛，干脆利落，引来人们的阵阵喝彩与鼓掌；接着，还有第二堆、第三堆……诸如此类，正是值得努力的方向。这些独具特色的民俗，才真正既是民族的，又是世界的。

我想，各地把闹元宵的传统民俗活动都充分发掘出来，“元宵”何愁不击败“玫瑰”？他们的王牌，不就是每逢此时便价格猛涨的鲜花嘛。有媒体记者走访京城多家花卉市场发现，今年情人节的玫瑰价格与去年同期相比上涨了近三成，达到了往年平时价格的将近10倍。这样下去，套句烂熟的话，他们的叫作没有发展后劲，这一点，咱们得有足够的文化自信。

（2014年2月13日）

让乡村更像乡村吧

今天看到一则报道，一名北漂女士和丈夫两年前在北京郊区买下了房子，在他人看来这是告别了“北漂”生活，正式成为“北京人”，但他们自己不这么看，以为尽管居住、工作都在北京，却仍然只是奔波于城市和乡村之间的“村里人”，而自己从乡村出来，上完学就了业，转一圈等于又回到了“原点”。我虽然身在南国，但报道所云发生在我自幼成长过的地方，加上不久前又回去了一趟，耳闻目睹，就有些感触。

报道举的是昌平区、大兴区的例子，我们那里是通州区、顺义区与河北省三河市的结合部，属于顺义区。此番从通州方向回乡，前几年视野所及还以农作物为主，因为地势极其平坦，作物成片播种，蔚为壮观。这回映入眼帘的不同了，尽皆高高低低，但显见是作为住宅的楼房。刚开放时我们引进过一部美国电影《恶梦》，两名女大学生假期驾车出游，出城后高兴地感慨真是太好了，“一幢高楼也没有”。记得此语一出，电影院里一片窃窃私语之声，那个时候我们正极其神往高楼，私语无疑是对此语的不可理解。现在，当高楼真的出现在原本肥沃的土地之上时，真正算有些理解人家为什么要那么说话了。只是她们因为看到旷野平畴而兴高采烈，本人因为再也看不到而难免多愁善感一回。

我们村旁有条不窄的河流，跟珠江在广州市区的宽度差不多，是北京市与河北省的界河，我们这边是西岸，东岸那边即河北省三河市。当年若去对岸，就在河边乘木船，没有动力，船工撑根竹篙还是什么就行了，颇有“一苇杭之”的意味。因为前些年上游不远的地方修了水坝，等于给这条河判了死刑，河床上因非法挖沙留下的大大小小的坑也全都暴露无遗，长了癞痢一般。按老习惯来到河边，眺望对岸，最惊诧的是那里由右及左，沿着河边，居然立起了一排排的楼房！已经建到了我所站立地方的对面，看那架势，要向左一路建下去。此情此景，尽管旁边没有同来的小伙伴，我也着实惊呆了。这些房子，无须调查，也知道是为北漂族预备的了。世世代代居住在这里的人们就那么多，中小学还在不断裁并，哪有这种需求量？

去年岁末，中央召开了城镇化工作会议，李克强总理明确了城镇化的六大任务，其中之一是提升城镇化建设水平，“要体现尊重自然、顺应自然、天人合一的理念，让城市融入大自然，让居民望得见山、看得见水、记得住乡愁”。对城市来说，“要融入现代元素，更要保护和弘扬传统优秀文化，延续城市历史文脉”；对农村来说，“要注意保留村庄原始风貌，慎砍树、不填湖、少拆房，尽可能在原有村庄形态上改善居民生活条件”。记得住乡愁，这几个字轰动一时，这个要求太有现实针对性了。然处于远郊区的村庄上也建了那么多商品化的住宅，破坏了原始风貌自不待言，从今天这则报道中可知，住的人也并不满意。这岂不是两败俱伤？归根到底，厘清城市的边界何其重要！全国各地的城市扩张可以慢一些甚至停下来了，城市无限发展，带来的不仅仅是各种无法治愈的“城市病”，还殃及了乡村这条“池鱼”，乡村出现“村中城”，非驴非马。

村庄当然一定是要发展的，不可能为了满足游子的回忆而止步不前。但是，应该像城镇化会议所说的，保持其原有的形态，发展并非只有变得丑陋乃至消失之一途。杂志《碧山》第二期有一篇《郝堂素描》，讲的是湖北襄阳一个村落如何在艺术家的帮助下进行“让农村更像农村”建设并大获成功的故事。限于篇幅，此不赘引。但这样的案例，各级决策者尤其应当认真看看。

（2014 年 2 月 19 日）

后　记

“矮人看戏何曾见，都是随人说短长。”清朝大学者赵翼的句子，他是论诗。琢磨本书的书名时，某一天脑袋里忽然跳出了这两句。

诗与新闻评论，自然是两个品种，却不妨借用一下。当然，截取了后面的这句，却不可忽略前面的那句。前面那句正是后面这句的前提，因为“矮人看戏”，看不见或看不清，又要发表意见，才会有“随人说短长”的情况发生。想一想，新闻评论不也正是如此吗？当新闻本身都左右摇摆、飘忽不定的时候，不仅是“矮人看戏”，简直还是“盲人看戏”。比如新近发生的湖南产妇死亡事件，初始的新闻报道大量充斥着“产妇惨死”“护士医生跑路”“死者赤身裸体”“满口鲜血眼含泪水”等撩拨公众情绪的字眼，而随后真相才渐渐浮现。又比如地方政府对不利于己的“负面新闻”，否认，否认之否认，不是早已司空见惯了吗？基础不牢，地动山摇。在摇动的时候发表“看戏”的见解，不是“随人说短长”才怪也乎哉，“随”的是提供新闻之“人”。此外，一篇好的新闻评论理当发人之所未发，或发人所发之未尽其意。做不到这一点，也难以摆脱“随人说短长”的嫌疑，形同鹦鹉。

用赵翼的诗句来定义汇集在此的文字，在于“知人者智，自知者明”。果然“都是随人说短长”的话，便没有必要浪费出版资源，制造废纸。然自家亦绝对不敢摆开世事皆能洞明的架势，相反，叮嘱自己时时要有“矮人看戏”一类的惴惴焉。

本书得到洪威社长、山丹副社长一如既往的支持，老友晓苏先生出手绘制了封面所需图案，再加上此番还得到南方日报人才基金的出版资助，好事连台，喜不自禁。借此之机，一并致谢！

田东江

2014 年 9 月于广州